내 손 안의 경남 *010*

경남의 독립운동,
그 현장과 운동가들

내 손 안의 경남 *010*

경남의 독립운동, 그 현장과 운동가들

초판 1쇄 발행 2016년 2월 28일

저 자 _ 김두천 · 남부희 · 이귀원 · 배석만 · 양미숙 · 전명혁 · 남재우 · 안순형 · 신은제
펴낸이 _ 윤관백

편 집 _ 박애리 ▮ 표 지 _ 박애리 ▮ 영 업 _ 이주하
펴낸곳 _ 도서출판 선인 ▮ 인 쇄 _ 대덕문화사 ▮ 제 본 _ 바다제책
등 록 _ 제5-77호(1998.11.4)
주 소 _ 서울시 마포구 마포동 324-1 곶마루 B/D 1층
전 화 _ 02)718-6252/6257 ▮ 팩 스 _ 02)718-6253
E-mail _ sunin72@chol.com
정 가 15,000원

ISBN 978-89-5933-968-6 04900
ISBN 978-89-5933-373-8 04900(세트)

내 손 안의 경남 010

경남의 독립운동,
그 현장과 운동가들

김두천 · 남부희 · 이귀원 · 배석만 · 양미숙
전명혁 · 남재우 · 안순형 · 신은제

 도서출판 선인

올해는 해방70주년이 되는 뜻 깊은 해다. 이를 기억하기 위해서 창원대 경남학연구센터에서는 '경남의 독립운동가들, 그리고 기념'이라는 주제로 학술심포지엄을 개최했다.

독립운동과 독립운동가를 기념하는 것은 너무도 당연한 일이어서 아무리 강조해도 지나치지 않다. 하지만 올바르게 기념하고 있는가 하는 것은 되짚어 봐야 한다. 자주독립을 위해서 목숨까지 버려야했던 많은 선열들에게 정말 부끄럽지 않으려면 그들이 원하던 세상이 지금 이 땅에 실현되고 있는가를 확인하고, 그러지 못하다면 반성하고 사죄해야 하는 것이 기념의 의미이다. 그리고 그들이 원했던 세상을 어떻게 만들 것인가를 고민하고 실천해야 한다.

해방 70년을 맞이하여 경남지역에서의 독립운동현장과 운동가들을 잘 기억하고 기념하려는 목적으로 개최되었던 학술심포지엄 내용을 보충하여 조그마한 책으로 내놓으려 한다. 경남학연구센터가 발간하는 '내 손안의 경남'이라는 연속 간행물, 열 번째 도서이다.

옛 독립현장이 어떤 모습으로 남아있는지 확인해 볼 것이다. 경남도민일보 김두천기자가 2015년 한 해동안 경남지역을 누비며 기록했던 내용을 간추려 보았다. 독립운동가들의 삶을 옮겨 보기도 했다. 여기에 그 많은 사람을 다 실을 수 없는 안타까움이 있었다. 그래서 부록에 서훈을 받은 경남지역 출신 독립운동가를 옮겨 보았다. 그리고 독립운동현장, 독립운동가에 대한 기억과 기념을 어떻게 해야 할 것인지에 대한 고민도 곁들였다. 또 하나의 부록에는 일제시기의 경남지역에서 일어났던 독립운동 관련 사건을 년표로 작성해 보기도 했다.

경남도민일보의 기획기사의 일부와 사진을 도서에 활용할 수 있어 내용이 알차게 되었다. 경남도민일보 관계자에게 고마움을 전한다. 흔쾌히 글을 주신 필자들께는 감사할 따름이다. 그리고 '내 손안의 경남' 10번째를 폼나게 묶어주신 도서출판 선인 편집부에 감사함 잊지 않겠다.

2016. 2.

경남학연구센터 남재우 씀

Ⅰ. 경남 독립운동의 현장 _ 김두천

I

경남 독립운동의 현장

Ⅰ. 경남 독립운동의 현장 _ 김두천

1. 현장과 기억

2015년은 우리나라가 일본 제국주의로부터 해방된 지 70년 되는 해였다. 폭압적이면서도 교활한 통치 전략으로 한반도를 농락한 일본 제국주의 잔재는 해방 70년이 지난 지금도 우리 정치와 경제, 문화, 생활, 정신 곳곳에 스며들어 있다. 해방 이후 이승만, 박정희, 전두환, 노태우 등 친일군사독재정치 세력은 집권 기간 항일독립운동사를 폄훼한 것도 모자라 독재 정치를 더욱 강화하는 정신적 수단으로 역이용해 왔다.

문민정부라 일컫는 김영삼 정부는 일제와 단절한다는 의미로 조선총독부(당시 국립중앙박물관) 건물을 해체하는 등 '역사 바로세우기' 사업을 펼쳤다. 하지만 우리가 뼈아프게 되돌아보고 반성해야 할 근대 역사와 관련 유적을 반일 감정에 의존해 '공백'으로 둔 오점을 남겼다. 이러한 시련 속에도 양심적 학자들을 중심으로 한 항일독립운동사 연구는 면면이 깊고 넓어졌다. 특히 문헌 사료를 중심으로 한 역사적 맥락 분석에 관한 연구가 활발했다.

한데 정작 항일독립운동 역사적 현장의 보존과 기억에 대한 고민은 그리 깊지 않았다. 독립기념관 한국독립운동사연구소도 지난 2007년에야 관련 현장 기록을 남겨두는 작업

을 시작했다. 해방 70년이 지난 지금 전국에 수많은 항일독
립운동 유적이 사라지고 있다.

경남도 마찬가지다. 상당수 유적이 멸실되거나 보존 손길
이 미치지 못하고 있다. 그 장소가 일제강점기 항일독립운동
이 일어났거나 그 중심에 섰던 독립운동가가 살아 숨쉬던 역
사 현장이라는 것을 알리는 작은 표지마저 없는 곳이 많다.

이에 경남 전역 항일독립운동 현장을 찾아 그 속에 숨겨진
이야기를 끄집어내고 현재를 조명해 앞으로 어떻게 기억할
것인지 고민하는 작업이 필요하다.

2. 창원

잊혀진 마산 3 · 1운동 시발점, 추산정

일찍이 한말 개항(1899년)기부터 일제의 경제적 수탈에 민
중의 삶이 피폐해져가던 마산은 한일 강제병탄 이후 폭압적
인 무단식민통치에 분노와 저항 의식이 더욱 고조됐다.

마산지역 3·1운동은 서울의 민족운동 지도자들과 밀접한
관계를 맺고 있던 지역 인사들로부터 시작됐다. 비밀 결사
조직인 조선국권회복단(朝鮮國權恢復團) 마산지부 활동가 김
용환은 3월 3일 고종 국장을 참관하고자 마산 두척산에 모
인 군중에게 독립선언서를 나눠주고 조선 독립과 항일 투쟁
당위성을 힘줘 말했다. 이로부터 일주일 뒤인 3월 10일 창
신학교 관계자아 하생, 이신학교 교사, 지역 인사들이 무여

추산정(현 창원시립마산박물관 아래)에서 독립선언서를 낭독했다. 이들은 낭독 후 마산민의소(옛 시민극장)을 거쳐 구마산 장터로 행진을 꾀했다. 하지만 일제 헌병에 의해 참가자 전원이 연행되고 만다. 이때 김용환이 모든 책임을 지고 구속되기로 하면서 16일 나머지 인원은 훈방돼 다시 모의를 진행했다.

| 옛 추산정

　장소는 구마산 장터(현 창동사거리 일대). 먼저 21일 1차 의거가 창신학교와 의신학교 교사, 학생들을 중심으로 이뤄졌다. 낮 12시 마산발 삼랑진행 열차 기적 소리를 신호로 이들은 '조선 독립'이라 크게 쓴 깃발을 흔들며 "대한독립만세"를 외쳤다. 보부상으로 가장한 김익렬은 태극기와 독립선언서를 군중들에게 배포했다. 이때 합세한 군중 인파가 3000명에 이르는 것으로 전해진다. 일제 헌병은 평화적 시위임에도 총칼로 강압·폭력 진압을 자행했다. 시위는 오후 6시, 39명이 검거되고서 끝났다.

　닷새 뒤인 26일에는 1차 의거에서 부당하게 투옥된 애국지사와 학생들 석방을 요구하며 2차 시위 불꽃이 타올랐다. 이날도 군중 3000여 명이 모였다. 이들은 마산형무소로 행진해 독립 만세와 함께 구속 인사 석방을 외쳤다. 일부는 형무소 내에 진입해 수감된 애국인사 구출에 나섰다. 이날 시위에서도 14명이 체포 연행됐다.

시위는 극심해진 감시와 탄압에도 아랑곳 않았다. 다음 장날인 31일 오후 4시 군중 2500명이 다시 집결해 독립만세를 외쳤다. 마산형무소로 몰려 간 시위대는 애국지사 석방을 요구했다. 형무소 밖 만세 소리에 옥중 지사들도 감옥 안에서 창밖을 향해 목이 터져라 만세를 불렀다. 이 열망에 형무소 간수 박광연이 간수복을 벗고 시위대 속으로 뛰어들기도 했다.

일본 헌병은 이때 또 20명을 연행했다. 생각해보면 '저항 마산'의 역사적 공간은 3·1운동, 3·15의거, 부마민주항쟁, 1987년 6월 항쟁 때 모두 겹쳐 있다. 마산의 대중 시위는 시대를 뛰어넘어 장소와 동선이 모두 비슷하다. 마산 시가지에서 열린 3·1운동은 이렇게 켜켜이 다져진 마산의 저항 정신의 시발로도 굉장히 중요한 역할을 한다.

마산시내 장날을 기해 시작된 대규모 만세 시위는 3월 말 들어 외곽 농어촌지역까지 확산해 4월 3일 마산 삼진 의거로 폭발하는 계기가 됐다.

이 폭발적 열망은 다시 마산시내로 되돌아온다. 4월 22일 마산공립보통학교(현 성호초등학교) 학생들이 교내에서 대한 독립만세를 소리 높여 외친 것이다. 이곳 일본인 교장과 교사들은 필사적으로 만류하려했으나 소용이 없었다. 이튿날도 계속되는 학생들 독립 만세 열망에 학교는 이윽고 24일 임시 휴교하게 된다.

함께 잊힌 마산조면공장과 노동운동

마산합포구 북성로 46. 현재 삼성회관 건물이 들어선 이 일대는 옛 마산조면공장이 있던 자리다. 일제강점기 제조업과 상업이 발전한 마산지역은 노동운동이 활발하게 전개됐다. 1924년 3월 1일 마산조면공장 직공 18명은 임금 인상을 요구하며 파업에 나섰다. 마산구락부회관에 모인 직공들은 결의안 7개 조를 정한 후 공장주와 교섭했다.

| 마산조면공장터 전경(독립기념관)

주요 내용은 일급 2할 인상, 일과 시간은 오전 7시부터 오후 6시까지로 할 것, 공장 사정으로 해고한다면 3개월 근속자에는 일급 40일분을, 6개월 근속자에는 일급 20일분

지급할 것, 이번 사건으로 희생자를 내지 말 것 등이었다. 사태는 공장주 양보로 타결됐는데 이때 경험을 바탕으로 그해 12월 분산적이었던 조면공 100명이 결속해 파업을 벌였다. 노동자들은 임금 인상과 위생시설 설치, 식사시간·월별 공휴일 확보 등을 내걸었다. 극한 노사대립은 경찰 개입으로 이어졌으나 마산노농동우회 조정으로 노동자 측 9개 요구가 관철될 수 있었다. 마산지역 본격적인 노동운동의 시작으로 지역 노동운동사에 의미가 깊은 사건임에도 이일대에 이를 기억할 만한 장치가 없다는 게 아쉽다. 마산이 1970년대 노동자 도시로 이름 날린 데 비하면 초라한 대접이라 할 수 있다.

일제 억압 파편 곳곳에 박힌 신마산

일본인 거류지이자 진해 군항을 뒷받침하는 병영으로 조성된 신마산에는 일제 통치 흔적이 여럿 남아 있다. 현재 경남대학교 평생교육관 자리는 개항과 동시에 일본영사관이 들어선 곳이다. 일본영사관 마산분관으로 문을 연 이곳은 개항 이듬해인 1890년 1월 일본영사관으로 승격됐다. 일본은 1905년 을사늑약 체결 이후 '통감부 및 이사청 관제'를 공포하는데 이에 따라 이곳은 1908년 마산 이사청으로 탈바꿈한다. 통감부 지휘·감독을 받는 이사청 주요 기능은 일본 자국민 보호와 관리 업무를 계승함과 동시에 개항장의 외교·통상 업무를 담당한 창원 감리서 폐지와 함께 그 업무도 인수했다. 다시 말해 식민 수탈의 중심 관청이었던 셈이다. 현재 반월동 통술거리 일대는 일본 상권 중심인 쿄마치 거리 일대였다. 이곳 거리는 지금도 옛 일본식 건물 흔적이 곳곳에 남아있어 마산 근대 문화를 느끼기에 좋은 곳이다. 상업이 발달한 이곳은 현금 흐름 또한 활발했을 터. 또 인근 월남동 성당 자리는 일본 제일은행 마산출장소가 영업을 하던 자리다. 마산에 세워진 최초 금융기관이기도 한 이 출장소는 1911년에는 조선은행 마산출장소로 그 이름이 바뀌었다 이후 조선식산은행에 흡수됐다. 일본 제일은행은 을사늑약 이후 일본인 재정 고문에 의해 화폐 개혁을 단행하고 신-구 화폐 교환 과정에서 수많은 조선인 금융 자산을 수탈했다. 이 점에서 마산출장소 역시 일본의 지역 경제 수탈 첨병 역할을 한 점을 미루어 짐작할 수 있다. 을사늑약 이후 일본 군대 마산 진출도 속도를 내기 시작했다. 러일전쟁 승리와 함께 진해 군항 건설에 박차를 가하던 일본은 1908년 신마산 일대 병영 건설에 착수해 1909년 7월 완공한다. 이때 진해만 요새 사령부와 진해만 육군 중포병 대대를 진해에서 마산 월영동으로 이동시킨다. 그해 12월에는 대구에 주둔한 헌병분견소를 신마산에도 설립함으로써 병영 체계를 완성한다. 진해만 요새 사령부는 이후 1913년 진해로 다시 이동하지만 중포병 대대는 해방 때까지 남아 군사 활동을 펼쳤다. 현 해운중학교 인근 창원시내버스협의회 사무실 자리에 있었다. 이곳 지형은 지금 봐도 나지막한 언덕배기를 형성하고 있다. 포대 건설 당시는 바로 앞 해안이 매립되기 전이라 바로 바다와 맞닿아 있었음을 짐작할 수 있다.

이 포대에서 일본군은 가끔 포 사격 연습을 했는데 그 표적은 돝섬 너머 삼귀지역 구실 해안 야산에 있었다고 전해진다. 마산헌병분견소는 김해·웅천·진해·진동·배둔·장목 등 7개 분견소를 담당하면서 마산뿐만 아니라 경남 인근지역에서 활동하던 많은 애국지사를 탄압했다. 1919년 3·1항일 독립만세운동 때는 시위 진압을 위해 삼천포까지 헌병을 파견했다. 3·1운동 이후 일본은 헌병 경찰제를 보통 경찰제로 바꿔 경찰이 치안을 맡도록 한다. 이에 1921년 현 마산중부경찰서 자리에 있던 헌병분견대 건물을 증축해 마산경찰서로 사용하고 1926년 마산합포구 월남동 3가 11 현재 자리에 분견대 건물을 새로 지어 이전했다. 지금은 건물 주위로 터가 한정돼 있으나 신축 당시에는 인근에 분견대장 관사가 있는 등 대지가 꽤 넓었다. 붉은 벽돌에 직사각형 건물로 권위적이면서도 서양식 부재와 건축 양식을 써 이 같은 이미지를 다소 완화한 모습을 지녔다. 이 덕분인지 해방 이후에도 옛 보안사령부 마산파견대가 '해양공사' 간판을 달고 이 건물을 사용하면서 민주화 인사 사찰을 하기도 했다.

| 마산헌병분견대(경남도민일보)

유교세력이 주축이 된 창원읍장터 3.1운동

창원읍장터(현 북동공설시장 인근 소답동 일대) 3·1운동은 설관수, 배중세 등 유교세력과 비밀결사조직 선각자들에 의해 진행됐다. 독립선언서를 입수한 이들은 3월 중순 읍내 중동 청년회관에 모여 거사를 의논했다. 장날인 23일을 거사일로 정한 이들은 당일 오후 2시 20분께 시장 한 가운데 서서 대한독립만세를 외쳤다. 그러자 시장에 모인 6000명 ~7000여 명(경찰 기록 5000명) 사람들이 호응해 만세를 외쳤다. 시위가 고조되자 일제 헌병과 경찰, 주재소원. 심지어 마산중포병대대와 진해요항부 장교 등 대병력이 나서 무력으로 진압했다.

이날 이후 이 지역 청년들은 4월 2일을 재거사일로 정하고 당일 오후 3시 대한독립만세를 부르며 시장으로 뛰어들었다. 청년들이 외친 우렁찬 대한독립만세 소리에 사람들이 열광적으로 호응하면서 만세시위가 펼쳐졌다. 이곳 주재 헌병들은 지원 온 마산헌병분견소 헌병 등과 함께 총검 등으로 위협해 해산을 종용했다. 하지만 오후 4시 20분께 시장 상인과 장꾼들이 다시 만세 열기를 드높였다. 6000명 ~7000여 명이 용광로처럼 끓어오는 민족적 한을 분출하자 마산으로부터 지원 병력이 추가로 급파됐고 더욱 무자비한 진압이 이뤄졌다.

이 일로 20명이 검거돼 가혹한 고문을 받고 재판에 회부됐다. 일제가 "열광적인 소요가 야기됐다", "겨우 해산됐다"고 기록을 남겼을 정도로 이날 시위는 격렬했다.

ㅣ3·1운동 당시 창원읍장터 의거를 기념하고자 1985년 10월에 건립된 창원읍민 만민운동비(창원시 의창구 소답동 어린이공원 내, 경남도민일보)

민족교육 산실 진해 개통학교, 계광학교

창원시 진해구 웅동과 웅천동 일대는 조선시대 삼포(三浦) 가운데 하나인 제포(薺浦)가 있었던다. 태종 7년(1407) 선린 정책에 따라 제포는 부산포, 염포(현재 울산 현대자동차공장 자리) 와 함께 일본과 교류 선봉에 섰다. 제포에는 왜관과 함께 일본인 거류지가 생겼다. 세종 초기 60호에 불과하던 항거 왜인 가옥이 성종 대에는 400호, 인구만 2000명이 넘었다.

한데 중종 5년(1510) 4월 제포를 비롯한 삼포 거주 일본인들이 성종 대 이래 엄격한 교역 통제와 연산군 대 운영상 모순에 불만을 품고 '삼포왜란'을 일으켜 조선인 272명을 학살하고, 민가 796호를 불태우는 만행을 저지른다. 1905년 11월 일본은 조선과 을사늑약을 강제 체결한 후 본격적인 한반도 식민화 작업 중 하나로 진해만 일대에 군항을 세웠다,

이때 일본은 웅천과 웅동 일대 군항 예정지에 살던 조선인들을 강제 이주시키는 등 온갖 핍박을 가했다. 일본과 떼려야 뗄 수 없는 악연으로 묶인 것이다.

이렇듯 일찍이 국제 교류로 근대화 물결이 일렁이던 웅천과 웅동지역은 근대적 민족교육도 활발하게 일어났다. 진해 근대 교육기관으로 1906년 웅천에 개교한 개통학교(開通學校·현 웅천초등학교)와 1912년 웅동에 개교한 계광학교(啓光學校·현 웅동초등학교)는 신식교육 산실로 민족교육에 큰 역할을 담당했다.

| 사립웅천개통학교 교사로 사용하였던 웅천현 객사

주기효(1877~1941) 선생이 설립한 개통학교는 처음에 북부동 선생 사저에 개교했다. 이후 교실이 비좁자 10월 성내동에 있던 옛 웅천현 서기청 건물로 이전했다가 다시 웅천현 객사를 교실로 사용했다. 현재 웅천초등학교 일대로 보면 된다. 이곳에서 주기철, 문석주 등 많은 독립운동가들이 배출됐다.

| 개통학교 설립한 주기효공적비

　개통학교는 이제 옛 모습을 찾아 볼 수 없다. 다만 이 학교가 독립운동가들 산실이었다는 사실은 주기효 선생 제자들이 그의 공덕을 기리고자 1941년 9월 세운 공적비가 알려주고 있다. 또한 개교 100주년을 기념해 만든 역사체험관이 교내에 있어 학교 과거를 기억할 수 있도록 한다. 한데 기념관 내부 전시물을 보면 민족교육이 이뤄지던 사립학교 시절 관련한 자세한 정보를 찾기 어렵다. 이곳은 주기철 목사, 문석주 등 웅천지역 수많은 독립운동가를 배출했다. 민족개량주의를 내세워 훗날 친일 인사로 분류된 이광수·최남선 등이 교편을 잡은 적이 있을 정도다. 그러나 역사체험관은 이와 관련한 역사보다는 일제에 의해 웅천공립보통학교로 변모한 후 현황을 보다 자세히 전시해뒀다. 특히 초대 교장이 1917년 웅천공립보통학교로 변모했을 당시 일본인으로 전시해놓는 등 이 학교가 민족교육 산실이었던 점이 크게 부각되지 않았다.

웅동지역 민족교육 산실인 계광학교는 배익태, 이병두, 문석윤 등 지역유지들이 서당인 금동재를 신식학문을 가르치는 교육장으로 바꿔 세운 창동학숙(昌洞學塾)으로 1912년 10월 20일 개교했다. 초대 교장은 웅천 출신으로 민족학교인 오산중학을 졸업한 선각자 백광 김창세가 맡았다. 신식학문을 배우려는 학동이 많아져 금동재 건물로는 감당이 안 되자 그해 교사를 초가 3칸으로 신축했는데 이는 웅동면민회관으로도 쓰였다. 이 학교는 민족운동가들이 주로 교사로 교단에 섰는데, 이들이 1919년 웅동 3·1독립만세 운동 중심에 서 대부분 구속되고 말았다.

私立啓光校增築

昌原郡熊東面私立啓光學校는 設
立以來狀況의 發展을따라 別로 女生
徒가 三百餘人에 達함으로 敎室이
狹隘하야 該敎室로는 到底히 收容
키 難하더니 昨年十月頃에 一般學
父兄이 會集하야 敎室增築資金을
募集方法等 硏究한結果 各自出錢하
야 敎室一棟과 宿直室一棟을 今番
무러 工事에 着手中인대 來十月 上
旬頃에는 全部竣工되리라더라
(熊浦)

| 동아일보, 1922.9.24

이 학교는 3·1운동 당시만 해도 마천동 뒷산 마봉산 기슭 소성재(인천 이씨 재실)에 있었다. 현재 웅동초등학교 자리로 온 것은 1921년 기성회에서 고등과 설립과 함께 교사 이전

을 확정하면서다. 이전 후에도 민족교육은 계속됐다. 3·1 운동 이후 이 학교 교사로 온 민족운동가 조맹규와 조원갑은 1930년 8월 29일 일본에 나라를 빼앗긴 국치일을 맞아 항일독립정신을 고취하는 격문을 뿌려 구속되기까지 했었다. 이 일로 학교는 폐교되고 1932년 웅동공립보통학교가 들어섰다. 이렇듯 민족교육에서 중요한 위치에 있음에도 웅동초등학교 일대에는 이 같은 내용을 기릴 만한 작은 표지마저 없어 안타까울 따름이다.

여성운동가 배출 요람 창원

웅천초등학교 북쪽 웅천사거리에서 웅천로를 따라 웅동 방면으로 500m를 가다보면 창원시 농업기술센터 동부지도과(진해농업기술센터)가 나온다. 이곳 시내버스 정류장 옆은 일제강점기 여성운동가이자 독립운동가인 김조이(1904~미상) 선생이 살던 집터이다. 김 선생은 웅천군 마지막 군수 김재형 손녀로 태어나 계광학교를 졸업했다. 서울 동덕여자고등보통학교 재학 중이던 선생은 항일의식에 불타 1925년 1월 허정숙(허헌 딸)·주세죽(박헌영 아내) 등 경성여자청년동맹을 창립, 집행위원이 됐다. 창립 1년 동안 선생은 국제부인데이 제정과 세계무산부인운동가 전기 발간 등 사업을 진행했다. 이를 위해 매주 토요일 밤 여성 해방 서적 연구와 토론, 국제부인데이와 청년데이 기념을 위한 간담회를 열었다. 자본가에 착취당하는 불쌍한 노동 부인을 위한 위안음악회도 열었다. 이후 조봉안이 노려오료 러시아 모스크바 동방노동자공산대학에서 2년 동안 유학한 뒤 귀국해 사회주의 운동에 매진했다. 1932년에는 함경남도에서 조선공산당 재건 운동을 하다 피검돼 징역 3년형을 받아 옥살이를 했다. 사상적 동지이자 동반자이던 조봉암과는 1944년 3월 29일 정식 혼인신고를 했다. 이 둘의 만남은 1939년 7월 김 선생 출옥 후인 것으로 추정된다.

해방 후 김조이는 부녀총동맹 인천지부 결성에 주도적으로 참여해 부위원장으로 활동하다 한국전쟁 때 납북됐다.

| 치안유지법 위반으로 수감되었을 때의 김조이의 모습

선생의 집터는 그러나 현재 도로와 대나무 밭으로 변해 흔적조차 찾아볼 수 없다. 일제강점기 여성 해방과 조국 독립을 위해 애쓴 선생의 역할에 견줘 관련 표지 하나 두지 못한 것은 반성이 필요한 지점이다. 현존하는 여성운동 대모로 알려진 이효재(1924~) 선생은 마산 출신이다. 이 선생은 한국 여성학 이론을 확립하고 한국정신대문제대책협의회를

꾸려 일본군 위안부 피해 여성 문제를 수면 위로 끌어올렸다. 김조이 선생은 이효재 선생에 앞서 여성 해방에 선구자적 역할을 한 인물이다. 이에 창원을 한국 여성운동가 배출 요람을 각인시킨다는 의미에서 선생 집터에 그의 업적을 담은 작은 표지를 세우는 일이 필요하다는 견해가 있다.

3. 진주

진주 항일독립운동 시발이기도 한 진주성

진주지역에 본격적인 항일독립운동 시작은 을사늑약(1905)으로 한일병탄이 일어나기 10년 전인 을미년(1895), 민비시해사건(을미사변)으로 촉발한 전기 의병운동부터로 볼 수 있다. 을미의병이 전국으로 확산한 때는 1896년 초다. 척사파 계열 노응규를 의병장으로 한 진주의병은 을미사변과 단발령에 반발해 일어났다. 함양 안의 사람인 노응규는 장수사 승려 서재기를 선봉으로 삼아 그의 문인들과 함께 거의했다. 1896년 2월 19일 진주에 도착한 노응규 의진은 진주향교에 대기했다가 20일 새벽 진주성을 점령했다. 노응규는 진주관찰부 관찰사 집무실인 '선화당'에 지휘소를 두고 기거했다. 선화당(宣化堂)은 지금으로 치면 도지사 집무실과 같다. 선화당은 애초 경상도 우병영 관청이던 '운주헌'으로 쓰이던 건물이다. 주로 진주병사가 이곳에서 병무를 봐왔는데 1894년 병영 혁파와 함께 운주헌이 폐지됐고,

1896년 4월 13일 경상도가 남도와 북도로 나뉘어 경남관찰도라는 지방행정구역이 정해져 관찰사가 부임하면서 선화당으로 명칭이 바뀌었다. 선화당은 조선 말 개화기와 일제강점기 도청 이전으로 용도가 폐기될 때까지 30년 동안 경남도정 총본산으로 기능을 했다.

노응규 의진이 진주성을 장악하자 진주 유림은 비봉산 아래에서 별도로 의병을 조직하고 정한용을 의병장으로 추대했다. 이들 진주의병은 몇 차례 관군을 격퇴하고 일본인 근거지인 부산으로 진격하는 등 과감한 행보를 보였다. 노응규는 한말 서부경남지역 최초이자 최대 의병운동을 이곳에서 진두지휘한 것이다. 임진왜란 3대첩 주무대로 항일정신이 오롯이 남아 있는 진주성은 한말 항일독립운동 현장으로서 그 역할을 한 것이다. 선화당 터는 영남포정사 뒤부터 경절사에 이르는 곳까지 이른다. 지난 1998년 국립진주박물관 발굴 조사 결과 터를 확인했으나 현재 멸실돼 당시 기억을 전혀 떠올릴 수 없다. 경절사 왼편에 '운주헌' 터에 대한 설명이 있으나 의병운동 관련 내용을 포함하지 않았다. 경절사 오른편에는 진주성 비석군이 있다.

| 진주성내 선화당 터(경남도민일보)

서부경남지역 향토사학자 추경화 선생은 "선화당 터는 진주의병 주둔지로서뿐만 아니라 이후 경남도청으로 사용되는 등 사적지로 의의가 높음에도 이를 복원하지 않은 점은 안타까울 따름이다"면서 "더구나 진주성 비석군에는 친일인사를 기리는 비석까지 있어 임진왜란서부터 이어지는 항일 성지 진주성을 되레 욕보이고 있다"고 지적한다.

진주 항일독립 사회운동 구심 객사 터

진주성이 이 지역 항일독립운동 시발이었다면 구심점은 진주 객사 자리였다. 진주 객사는 고려 말부터 존재한 유서 깊은 건물이었다. 일제는 1908년부터 이곳을 진주재판소로 사용했다. 객사 건물은 1937년 허물어지는데 이 자리에 2층 벽돌 건물로 된 법원 청사가 지어졌다. 해방 후에도 진주법원이 자리를 지켰으며 진주문화방송이 있기도 했다. 지금은 롯데인벤스 아파트가 들어섰는데 일제강점기 항일독립을 위한 각종 사회운동은 이곳을 중심으로 반경 1㎞ 내에서 주로 이뤄졌다. 특히 국채보상운동 집회가 이곳에서 열렸다. 대구에서 1907년 2월 시작한 국채보상운동은 3월 진주로 확산한다. 열기도 뜨거워 안택중·안효정·김기대 등 20명이 발기한 애국경남회는 애국상채소 사무실을 진주낙육학교(현 진주중앙요양병원 자리)에 두고 3월 13일과 19일 각각 진주군 단위와 경남도 단위 모금행사를 열어 수익금을 진주농공은행에 보관했다. 진주 객사 의봉루 앞에서도 관련 단체 활동이 이뤄졌는데 특히 객사 앞 연설회는 구름 같은 인파가 아홉 번 탄식하고 열 번 눈물을 흘렸다 할 정도로 호응이 대단했다.

| 진주국채보상운동이 벌어진 진주 객사 터(경남도민일보)

　예닐곱 군데에서 시발한 진주면 3·1만세운동 주력지도 진주재판소였다. 객사 동북쪽 호주인 의료선교사 커를(Dr.

28

Hugh Currell) 부부가 세운 진주교회는 천민 백정 계급과 일본인 교인이 함께 예배를 보게 한 형평운동 시발로 이름나 있다. 또한 진주면 3·1만세운동 신호탄인 종소리가 이곳에서 울렸다. 호주선교회가 진주교회 옆에 세운 사립 시원여학교는 1939년 6월 신사참배를 거부해 일제로부터 자진폐교 통보를 받자 폐교신청서와 기독교 자유에 대한 탄원서를 함께 제출한 후 폐교했다. 시원여학교는 신사참배를 거부하다 폐교처분을 받은 첫 기독교계 학교였다. 폐교 후 교사는 진주사범학교 기숙사로 사용되다 한국전쟁 중 미군 폭격으로 전소했다. 진주 객사 북쪽 진주공립보통학교(현 진주중·진주고)는 1929년 일어난 광주학생운동에 동조해 이듬해 동맹휴학 운동을 벌인다. 진주공립보통학교 학생들은 진주공립농업학교에서 일본인 교사가 학생들에게 행한 모욕과 극심한 차별 대우 소식을 듣고 1928년 7월 이 학교 학생들과 연합해 조일공학제 폐지, 노예 교육 철폐, 조선어 시간 연장, 조선역사 교수, 교내 언론·집회 자유 보장 등을 요구하며 동맹 휴학한 전례가 있었다. 1930년 1월 17일 당시 3학년이던 조방제가 아침 조회가 끝난 후 연단에 올라 만세 삼창을 하자 이를 신호로 이웃 일신여자고등보통학교(현 갤러리아 백화점, 옛 향청과 진주진위대 터) 학생들이 동참, 시위대는 500명으로 급증했다. 시위대는 시내를 돌면서 노예교육 폐지, 경찰 학내 침입 금지, 광주학생 석방 등 구호를 외쳤다. 이후 진주제일공립보통학교, 시원여학교도 동맹휴학을 단행해 이날 진주는 시민교육 반대 열기로 가득했다.

객사 서남쪽 옛 진주낙육학교 뒤편에 있던 진주청년회관
은 사회주의 독립운동가들 주무대였다. 1862년 농민항쟁
때 발현해 이어져 온 진주지역 저항적 농민·노동운동이 이
곳에서 꽃을 피웠다. 특히 1922년 2월 발기모임을 통해
탄생한 조선노동공제회 진주지부 활동이 두드러졌다. 이
들은 진주노동공제회로 이름을 바꾼 후 1928년 초까지 활
동하며 1920년대 진주지역 사회운동에 중추적 역할을 한
다. 1922년 9월 전국에서 처음으로 소작노동자대회를 열
고, 1924년에는 삼남지방 노동·농민단체 대표자가 모인 경
남노농운동간친회를 주관했다. 진주노동공제회는 이들 활
동을 바탕으로 지역을 넘어 전국적 수준의 사회운동 단체로
자리매김했다. 진주청년회관에서 열린 소작노동자대회는
특히 다른 지역 농민운동에 끼친 파급이 대단해 설립 1년
이 채 되지 않아 문산면을 제외한 전 군에 출장소 18개, 인
근 사천·하동에 4개 지회가 설립되는 성과를 낳았다. 이들
출장소는 이후 소작조합 조직으로 개편됐다. 진주노동공제
회 활동을 이끈 강달영은 훗날 조선노동총동맹 중앙집행위
원, 조선공산당 책임 비서 등 역할을 하며 항일민족통일 최
전선에서 활동했다. 1926년 순종황제 인산일에 맞춰 단행
한 6·10만세운동을 조직하고 조선공산당 재건에 힘쓰다 일
본 경찰에 체포돼 옥살이를 했다. 강달영은 출소 후 모진 고
문으로 정신병을 얻어 피폐하게 생활하다 해방을 3년 앞둔
1942년 숨을 거뒀다. 이 밖에 진주교회에서 시발해 진주좌
터에서 창립기념식을 한 형평사 운동 관련 각종 논의 역시

주로 이곳에서 이뤄졌다. 진주청년회관은 이렇듯 항일독립 운동에 관한 사상과 이념, 방법론을 모두 아우른 명실상부 항일독립을 위한 사회운동 구심으로 역할을 했다.

| 진주청년회관터(독립기념관)

4. 하동

후기 의병 치열한 전장, 하동

지리산과 섬진강을 사이에 둔 하동은 충청도와 전라도에 인접해 두 지역 의병들간 연계 속에 활발한 의병활동이 펼쳐졌다. 하동지역을 무대로 한 의병은 1907년 일본이 한군대 해산 이후 들불처럼 번진 후기 의병이다. 후기 의병은 을사늑약 이후 빼앗긴 국권을 되찾기 위한 적극적인 무장투쟁이었다. 전투 수와 격렬함, 사상자 수가 전기 의병을 훨씬 능가하다

이 당시 하동은 전역이 의병 본거지였다 해도 과언이 아니었는데 산악 지형을 가진 화개, 악양, 옥종, 청암지역이 대표적이었다. 이 중에도 화개면 범왕리 칠불사는 김용구 의병장을 비롯한 서부 경남 의병부대에 주요한 활동 근거지였다. 화개면 대산리 의신마을은 1908년 1월 말 거창 의병 50여 명이 음력 설을 지내려 왔다가 2월 2일 토벌에 나선 함양수비대의 지리산 토벌군과 전투를 벌인 곳이다. 칠불사에는 의병운동 관련 현황과 표지를 찾아볼 수 없으나 의신마을에는 의병 무덤 인근에 관련 표지가 세워져 있다.

하동은 전역에 걸쳐 의병운동이 활발했기에 일일이 현장을 찾아 기억의 흔적을 남기기에는 어려운 점이 있다. 또한 이곳 의병운동은 충청도와 전라도 지역 의병과 연계 속에 이뤄졌다. 전투도 험준한 지리산 자락을 이용해 경상남도 서부, 전라, 충청을 넘나들며 게릴라 식으로 벌어졌다. 하동이라고 해서 하동 출신 의병만 기억하기에는 의병운동의 규모와 심연이 넓고 깊다. 항일의병운동을 기억하려 한 하동의 방법은 '융화'였다. 악양면 정서리 취간림에 세워진 지리산 항일투사 기념탑은 '융화된 기억'을 제공한다.

| 하동 취간림 지리산 항일투사기념탑(경남도민일보)

　이곳은 1908년 1월 박매지가 이끄는 의병대가 일본군과
격전을 벌인 현장이다. 박매지 의병대가 전투 이후 이곳에
진지를 설치하자 일본군 수비대가 밀정을 통해 이 사실을
알고 습격을 한 장소다. 의병 300여 명이 이곳에서 전투를
벌이다 80명이 전사한 구국의 애환이 서린 장소인 것이다.
지난 2008년 건립된 이 기념탑은 이에 1907년부터 1915
년까지 지리산 일대에서 일제와 무장투쟁을 벌인 전국 1만
무명 항일의병과 행적이 뚜렷한 하동 출신 의병 13명을 기
리고 있다.

항일의병 기운이 맺힌 하동청년회관

　한말부터 일제강점 초 지식인과 청년층이 주도한 의병운
동은 하동지역민들 항일독립에 대한 열망과 정신을 더욱 단

단하게 했다. 이는 하동 전역에 일어난 3·1독립만세운동과 함께 해방 70년이 지난 지금까지 계속되는 하동항일청년회 관보전회 활동 등을 보면 알 수 있다. 현재 하동청년회관 건물은 하동읍사무소에서 300m정도 떨어진 곳에 있다.

만세운동으로 표출된 항일독립 열망은 1920년 청년운동으로 확산하는데, 이를 상징하는 건물이 하동청년회관이다. 하동청년회가 앞장서고 지역 독지가들이 출연해 하동읍 읍내리 441-1번지에 건립됐다. 하동지역 청년지도자들은 이곳을 3·1정신을 계승한 민중 계몽, 독립정신 함양 등 향토의 민족교양강좌를 위한 장소로 사용했다. 이 회관에서 '하동청년동맹'과 '하동여자청년동맹'이 창립됐다. 하동 최초 신문인 벽보신문(壁報新聞) 〈뭇소리〉 1호도 이곳에서 발행돼 청년운동단체 대변지 역할을 했다.

전국 처음으로 좌·우파 계열이 통합해 발족한 '신간회' 하동지부 결성식도 이 회관에서 열리는 등 하동지역 청년·독립운동 거점 역할을 했다. 이를 못마땅하게 여긴 일본은 청일전쟁 승리 이후 항일독립운동 탄압을 강화해 청년회관을 빼앗을 계획을 세웠다. 이를 안 청년회는 일제가 불교에 유화적이라는 점을 이용해 회관을 일시적으로 쌍계사 포교당으로 사용하도록 해 위기를 넘겼다. 청년회관 터도 개인이 아닌 하동청년동맹 소유로 등기해 특정 개인이 처분하지 못하도록 한 것도 효과를 봤다.

| 하동청년회관

　이곳을 포기하지 않은 일제는 1939년 회관을 접수해 '공회당'(公會堂)으로 명칭을 바꿔 각종 집회 장소로 활용했으나 다행히 건물 자체는 살아남았다. 해방 이후 재건학교로 이용됐는데, 한국전쟁을 전후해 '국민보도연맹' 사무실로도 쓰인 아픈 역사도 간직하고 있다.

　한국전쟁이 끝난 뒤로는 하동문화원이 입주해 지역 문화 공간으로 이용돼 오다 1971년 하동청년회관으로 원상회복했다. 1973년에는 청년회관관리위원회가 출범, 건물을 개·보수하고 하동항일청년회관으로 바꿨다. 이 과정에서 쌍계사와 소유권 다툼이 있었는데 하동군 부산 향우들이 중심이 돼 소유권 되찾기 운동을 벌여 법적 다툼 끝에 승소, 소유권을 되찾았다.

　2001년에는 하동항일청년회관보전회가 발족하면서 보존에 체계를 갖추고 2009년 하동항일청년회관으로 등기를 변경해 지금에 이른다. 지금은 보전회와 하동지역자활센터가 함께 공간을 사용하고 있다. 특히 이곳은 일제강점기 건립된 전국 청년회관 26곳 중 지금까지 활용하는 유일한 곳으로 알려져 있다.

5. 양산

젊은 도시 양산, 항일독립역사 깊어

양산 상북 좌삼 출신으로 한의업에 종사하던 서병희는 1905년 을사늑약이 체결된 후 국운이 기울자 업을 버리고 1907년 서울로 갔다. 의병장 허위 부대에 참여한 뒤 13도 창의군 서울 진공작전에 참여했다. 이 작전이 무산되자 허위는 경상도에서 거사하라는 밀지를 서병희에게 보냈다. 서병희 의병장은 밀지 내용을 받들어 해산병을 인솔해 고향인 양산에서 거병, 경남 전역을 무대로 활약했다. 처음에 양산을 중심으로 활동하던 서 의병장은 1908년 6월 13일 밤 양산 하북면 답곡리 통도사 인근 성천마을 여인숙을 급습해 숙박 중이던 일본인 2명과 한인 3명을 총살하고 도주했다. 일본군·경의 계속되는 추격에도 서 의병장은 산청과 함안, 합천, 창원, 고성을 종횡무진하며 전과를 올리다 이듬해 밀고로 체포돼 향년 43세로 순국했다.

양산지역 3·1항일독립만세운동은 통도사 지방학림 유학승들과 양산읍내 유지인 엄주태, 전병건 등에 의해 3월 13일부터 4월 초까지 통도사 인근 하북면 신평, 양산읍내 등

지에서 이른 시기에 전개됐다. 서울 3·1운동에 참여한 오택
언은 5일 통도사에 도착해 통도사 지방학림 학생대표 김상
문, 통도사 강원 승려 등과 함께 13일 신평 장날에 만세 시
위를 하기로 계획했다.

오택언이 밀고로 검거되는 시련에도 신평장날 하북면 줄
다리기 대회를 빙자한 군중집회를 열었다. 이때 통도사 부
속 보통학림과 지방학림 학생 수십 명, 불교 전수부 학생
10여 명 등이 군중과 합세해 독립선언서를 낭독하고 대한
독립만세를 외쳤다. 이는 밀양과 함께 경남지역 최초의 3·1
항일독립만세운동으로 기록돼 있다.

양산 중부동에 살던 엄주태는 1919년 3월 12일 분위기
를 파악할 겸 부산에 갔다가 마침 13일 동래고등보통학교
학생들이 벌인 대대적인 만세 시위를 목격한다. 이튿날 전
병건과 만난 엄주태는 부산 소식을 전하며 양산 의거를 논
의했다. 거사일을 27일로 정한 이들은 엄주태 집에서 대량
으로 독립선언서를 등사하는 등 만반의 준비를 한 후 예정
한 27일 양산장터에서 다른 주요 인사, 군중 3000여 명과
함께 독립만세를 외쳤다. 장터는 삽시간에 독립만세 함성으
로 뒤덮였고 시위 군중은 여세를 몰아 양산군청으로 시가행
진을 감행했다.

양산헌병분견소 헌병과 순사들은 시위 군중을 저지하며
주요 인사들을 체포했으나 이에 더욱 분노한 군중은 헌병
분견소(현 양산시장애인복지관)와 군청(현 중앙동주민센터) 앞에서 대
치하며 구인된 자들 석방을 외쳤다. 구인된 청년들 석방을

약속받은 시위 군중은 자진해 해산했으나 양산헌병분견소는 엄주태를 비롯한 주요 인사 7명을 다시 구인해 부산헌병분대로 이관한 후 부산 감옥에 수감시켰다. 해산 군중은 이들이 재구속됐다는 소식을 듣고 4월 1일 재궐기했다. 군중 2000여 명이 양산 시가지를 누비며 만세 시위를 벌이며 양산헌병분견소로 진격, 구속자 석방을 외쳤다. 일본 헌병은 이들을 공포탄으로 위협해 강제해산하고 이때 중심 인물인 이귀수와 류경문 등을 구속했다.

| 옛 양산군청 양산헌병분견소 앞 도로(경남도민일보)

6. 거제

비운의 섬 거제 – 송진포 일제 군사 침탈 흔적

일본이 한국과 한국인에 가한 군사제국주의적 만행 흔적은 우리 땅 곳곳에 남아있다. 일본은 한일강제병탄 전부터

반도 지형 특성을 이용해 우리 해안을 군사기지 또는 요새화했다. 어업 수탈을 위한 전진 기지를 구축하기도 했다. 이 같은 군사제국주의 일본의 한국 침탈 주요상을 잘 살펴볼 수 있는 곳이 있다. '비운의 섬' 거제도다.

잔잔한 바다는 고요하다 못해 적막하다. 해안에 흔한 파도 소리조차 들을 수 없었다. 이름만 바다지 호수로 불러도 손색이 없을 정도다. 해무가 낮게 깔리는 날이면 바다에 뜬 그 무엇도 제대로 분간하기 어렵다. 외해로부터 안으로 깊숙이 들어와 군항이 들어서기 좋은 천혜 자연조건을 가진 진해만. 그 안에서도 거제 섬 안쪽 작은 내만을 이뤄 깊숙이 몸을 숨긴 송진포는 수심이 깊고 잔잔해 적함으로부터 은폐, 엄폐가 용이한 함대 훈련과 대기에 최적 장소였다.

청일전쟁 승리 이후 러시아·프랑스·독일의 삼국간섭으로 랴오둥반도를 내주게 된 일본은 이후 복수의 칼날을 갈며 군사력 증강에 온힘을 쏟았다. 일본은 특히 영국과 손잡고 해군력을 종전의 4배 수준으로 끌어올린다. 러시아도 마산포 연안 측량, 용암포 무단 점령 등 한반도 지배를 둘러싸고 일본과 사사건건 부딪쳤다.

이 과정 속에 일본은 1903년 12월 해군작전계획 요령을 세우고 진해만 송진포 일대에 임시근거지를 구축하기로 한다. 방비대 준비원을 선발해 무기, 식량, 옷 등 물품 확보에 나서는 한편 일본과 한반도를 연결하는 전신선 구축을 이듬해 2월 10일 마무리한다. 이후 8월 11일 송진포리 일대를 전시 해군용지로 편입했다.

| 거제 장목면 송진포리 일대 전경(경남도민일보)

  진해만은 대륙에서 러시아와 일전을 벌일 때 병력, 식량, 탄약 수송을 위한 관문인 대한해협 장악에 필수적인 지리적 위치에 놓여 있었다. 대한해협이 뤼순과 블라디보스토크로 나누어진 러시아 군항을 연결하는 최단항로인 점에서 이곳 감시를 위한 군사거점이기도 했다. 일본이 러일전쟁 이전부터 군사기지를 만들고 개전 이후 이곳을 가장 먼저 점령한 것도 이 때문이다.

  일본은 이를 바탕으로 송진포에 진해만 임시근거지 방비대 사령부, 해군 병사, 병원, 화약고, 해군용 통신소 등을 설치했다. 또한 마산헌병대 송진포파견소를 세우고, 마산 주재 영사관으로부터 순사를 파견했으며 일본인 수신감독소, 송진소학교 등이 세워졌다. 당시 병력만 3000명, 일본인 거류민까지 포함하면 모두 3500명이 이곳에 머물렀다. 송진포 일본해군기지는 1912년 4월 18일 이전 전까지 12년 동안 존속했다. 그 뒤에는 경술국치를 전후로 일본이 무단점유하기에 이르렀다.

  김의부 거제문화원 향토사연구소장은 "전신선이 이곳에 들어오면서 생긴 송진포 우체국은 그 규모가 매우 컸다"면

40

서 "일본은 이곳에 들면서 유곽촌도 만들었는데 이를 보면 근대적 의미에서 성을 사고파는 행위는 일본이 우리나라에 전해준 것으로 볼 수 있다"고 말했다.

이로 말미암은 주민 피해도 극심했다. 일본의 토지강제수용으로 주민들은 대대로 물려 내려오던 땅과 집, 조상 묘소를 두고 강제이주를 당했다. 김 소장 말대로 일본인 노동자들이 매춘과 도박을 일삼은 데 따른 부녀자 공포도 극에 달했다. 멀쩡한 청보리밭을 갈아엎어 일본군을 위한 매점을 만들기도 했고, 토지대금 지급도 충분하지 못하고 제멋대로라 주민들 저항이 거셌다. 일본은 저항이 계속되자 군에 반항하는 자는 모조리 사형에 처한다는 군령을 발표해 주민들을 탄압했다. 일제잔재 청산 과정에서 그 흔적이 많이 사라졌으나 송진포 곳곳에는 아직 옛 모습을 기억할 만한 장소가 군데군데 남아있다.

송진포 맞은편 거제 사등면 취도라는 작은 섬에는 러일전쟁 당시 일본 승전을 이끈 해군 제독 도고 헤이하치로 업적을 기린 포탑기념비가 자리하고 있다. 송진포 대봉산 기슭에는 러일전쟁 당시 일본해군방비대 사령부 일대에 도고가 친필로 쓴 승전기념비가 세워져 있었는데 해방 이후 미군과 주민들이 다이너마이트를 동원해 무너뜨렸다.

| 거제시청에 보관되어 있는 송진포 도고 헤이하치로 승전기념비(경남도민일보)

비운의 섬 거제 − 어업침탈 전진 기지 장승포

1876년 강화도조약으로 조선과 일본 간 문호가 개방되자 일본은 국책사업으로 광범위한 이민정책을 시행한다. 일본 메이지정부는 어민 증가에도 오랜 관례에 따라 연안어장 사용을 극히 제한했고, 인구 증가와 교통망 발달로 수산물을 찾는 인구는 많아졌으나 어획량은 이를 따르지 못했다. 이에 일본 내 각 지방과 어민들은 새로운 어장을 찾아 헤맸고 가까운 조선 어장은 이들의 타깃이 됐다.

이런 가운데 장승포 이리사무라(入佐村)는 조합에서 직접 어민을 모집해 감독자를 상주시켜 일본인 이주어촌 건설에 성공한 대표적인 곳이었다. 장승포는 특히 천연방풍벽이

만 주변을 보호해 선박 정박에 유리한 피난항의 조건을 갖췄다. 고등어, 정어리 어장이 인접해 있어 일본인들은 많은 수확을 얻을 수 있었다.

| 옛 입좌촌(이리사무라)이던 거제 장승포항 전경(경남도민일보)

1904년 러일전쟁이 시작되자 조합은 이곳에 주택부지 1000평, 어망 수리 부지 400평, 밭 3만 6000평을 매입하고 해안에 220m 규모 방파제를 세웠다. 이주자 주택 55호와 매점, 사원, 어획물 제조소도 건설했다. 인근 산 언덕에는 바다 신을 모시는 신사를 세워 일본인 어민들의 안녕과 풍요를 기원했다. 더구나 일본이 러일전쟁을 전후해 장승포를 어업근거지로 삼은 데는 군사적 목적이 깔렸었다. 이곳은 송진포, 마산, 진해와 가까워 일본군에 식량을 조달할 수 있는 군용식량보급기지로 적당한 위치에 있었기 때문이다. 이는 장승포에 히노마루간즈메소라는 이름의 일본정부 지정 통조림회사가 있었던 데서도 알 수 있다. 이들은 러일

전쟁 기간 생산한 통조림을 조선 내 일본군에 공급했다.

일본인 이주어촌 건설과 함께 한국인 어민들이 설 자리를 잃은 것은 당연지사였다. 을사늑약으로 황실어장으로 명성이 높던 대구 어장을 일본인에게 빼앗기기도 했다. 일본은 어민 간 철저한 분리정책으로 일본인들이 쓰다 버린 어장을 한국인들에게 넘겨줬다. 결국 경제적 궁핍에 시달리던 한국인 어민들은 좋은 어장을 가진 일본인들에게 값싼 노동력을 팔며 근근이 생활을 영위해 나갔다.

장승포 바다는 언제나처럼 조용하고 잔잔하다. 지금은 수려한 풍광을 자랑하며 환상의 섬이라 이름붙여진 거제는 그러나 일제강점기 일본의 군사적 경제적 한반도 침략 전진기지로 온갖 차별과 핍박을 받은 설움과 울분의 섬이었다.

| 옛 장승포신사로 오르던 계단(경남도민일보)

비운의 섬 거제 – 배 공장에 묻힌 3·1운동 현장

거제 옥포에서 아주를 지나 장승포를 향하는 길이면 꼭 마주치게 되는 대우조선해양 공장. 거대한 주황빛 몸체를 자랑하며 우뚝 선 골리앗 크레인에 각종 대형 부품 공장, 선박이나 해양플랜트 제작에 쓰일 철 구조물이 어수선한 이곳은 96년 전만 해도 거제 이운면, 연초면 주민 2500명이 항일독립을 염원하며 대한독립만세를 외친 역사 현장이다. 1919년 4월 3일 당시 아주장터였던 이곳에서 거제 3·1운동이 시작된 것이다. 다른 지역에 들불처럼 번진 항일만세운동 소식을 들은 윤택근 선생은 장승포, 아양, 옥포지역 청년들을 규합해 만세 시위를 계획했다. 윤 선생과 뜻을 함께한 이주근·이인수 등은 4월 1일 이운면 아양리 서당에 모여 종이 10여 장에 대한제국독립만세(大韓帝國獨立萬歲)라 크게 쓴 격문을 만들었다. 이튿날 이들은 아주리 이선이 집에 모여 회합을 했다. 회합 후 이인수는 이중수와 함께 격문을 눈에 잘 띄는 집 대문에 붙이거나 아주장터 길 위에 뿌렸다. 다음 날인 4월 3일 아주리 장날을 맞아 윤택근, 이주근, 이인수, 이중수 등은 오후 7시 30분쯤 장터에 모인 주민 2500여 명과 함께 대한독립만세를 외쳤다. 이 소식이 전해지자 거제지역 헌병분견소와 송진포 해군방비대, 가조도 해군경비대 등에서 헌병 경찰들이 출동해 시위를 진압했다. 이때 윤택근, 이인수, 이주근 등이 검거돼 대구 복심 법원에서 1년형을 각각 선고받았다. 〈거제군지〉에는 만세시위는 당등 산성을 출발해 아주장터로 향한 것으로 돼 있다.

아주장터는 향토사학자 전갑생 씨가 연구 조사한바 정확한 위치는 대우조선해양 내 옥포정과 다목적홀 부근으로 알려져 있다.

아주장터에서 일어난 항일독립에 대한 열망의 불길은 인근 옥포리로 번졌다. 옥포에서 서당을 하던 주종찬 선생은 4월 3일 윤택근, 이인수, 이주근 등과 함께한 아주장터 만세 시위 이후 5일 옥포교회 교인들과 함께 옥찬영의 집에서 재차 시위할 것을 결의하고 실행에 나섰다. 이들은 대한국독립만세(大韓國獨立萬歲)라 쓴 크고 작은 종이 깃발을 만들었다. 다음 날인 6일 오전 11시께 주종찬은 자신이 큰 깃발을 들고, 앞장서고, 작은 깃발은 서당 학생들에게 들도록 한 후 망덕봉에서 출발해 옥포리 일대를 행진하며 조선독립만세를 외쳤다. 주종찬의 선창에 인근 주민 200여 명이 호응해 합류하면서 옥포를 지나 아주장터로 향했다. 이들은 오후 4시가 넘어서까지 아주장터를 지나 이운면사무소로 대한독립만세를 외치며 행진했다. 망덕봉 주변은 넓은 공터가 있어 예부터 여러 사람이 모여 자주 회합을 한 장소였다. 한데 옥포시가지정리사업을 하는 과정에서 터는 사라지고 그 자리에 옥포중앙시장이 들어섰다.

| 거제 아주동 3 · 1운동 기념비

7. 남해—척박한 땅, 더욱 강했던 항일 들불

차를 타고 남해고속도로를 타고 가다 진교 나들목으로 빠져나와 다시 해안 절경을 곁에 두고 달리기를 20여 분. 40년 관문 남해대교를 건너자마자 딛게 되는 땅이 설천이다. 아름다운 해안 절경과 드라이브 코스가 일품인 이곳은 96년 전 3·1독립만세 메아리를 남해군 전역에 봉화처럼 전파한 시발점이기도 하다. 3월 중순 하동 전역을 한바탕 휩쓸고 간 항일독립만세 열풍이 4월 2일 이곳 설천에 닿았다. 남양리에 살던 이예모(李禮模 · 당시 38세) 선생은 이웃한 하동에 갔다가 독립선언서를 입수해 집에 돌아왔다. 이 선생은 정순조(鄭順祚 · 당시 32세), 정몽호(鄭夢虎 · 당시 22세), 윤주순(尹柱舜 · 당시 24세) 선생 등을 자신의 집으로 불러 독립선언서를 내보이며 함께 만세운동에 나설 것을 권유했다. 이들은 의거에 동참하기로 뜻을 모으고 일대 마을을 돌아다니며 동지를 규합하고 서당 학생들에게도 연락했다. 이튿날 오후 3시. 남양, 금음, 문항 등에서 규합한 설천면민들이 모두 남양리 노상에 집결했다. 군중 앞에 이예모 선생이 나서 독립선언서를 낭독하자 정순조가 대형 태극기를 앞세우고 남해읍을 향해 행진하기 시작했다. 시위 군중은 저마다 장대에 높이 매단 태극기를 펄럭이며 "대한독립만세"를 외쳤다. 설천면 남양에서 출발한 행렬이 문항, 진목, 비란을 지나 고현면 도마, 이어에 이르자 이곳 면장인 김치관이 놀라 경찰주재소에 밀고를 한다. 날이 어두워질 때쯤 시위 군중은 이

사실을 알고서 다음날을 기약하며 일단 해산한다. 이튿날 전날 시위에 힘을 얻은 참가자들은 인근 지역에서 더 많은 이들을 규합해 남해읍 장터로 발걸음 옮기기 시작했다. 전날 만세시위 군중 위세를 목격한 경찰은 읍으로 향하는 길목을 차단하고 나섰으나 모여드는 군중의 기세를 꺾을 수 없었다. 시위대 중 일부는 이날이 장날임을 이용해 장꾼으로 위장해 장터로 향하는 치밀함도 보였다.

| 남해 3 · 1운동기념비

오후 1시 남해읍 장터에는 시위 군중 1000여 명이 모여들었다. 이예모 선생 등 중심인물 16명은 미리 약속한 계획에 따라 신호에 맞춰 일제히 가슴에 숨겨 온 태극기를 꺼내 "대한독립만세"를 외쳤다. 이들 중 정흥조(鄭興祚)와 정임춘(鄭任春) 선생 등 10여 명은 사람들을 지휘해 군청과 공립보통학교, 우편국, 경찰 주재소까지 뛰어들어가 순사들을 내 쫓내이치고 유치장에 억울히게 갇힌 이들에 대한 서방을 요

구했다. 또한 남해군수와 순사, 금융조합 조합장도 독립만세를 함께 외치도록 했다. 성난 파도와 같은 시위 군중의 힘을 이기지 못한 경찰은 결국 발포를 해 이를 진압하기 이른다. 일본 경찰은 군중이 흩어지는 틈을 타 주동 인물 9명을 검거한다. 남해주재소는 이튿날 군대에 출동을 요청해 시위 참여자들을 잡아들였는데 23명이 붙잡혀 혹독한 고문을 받았다. 이때 시위를 주동한 이예모·정순조·정학순(鄭學淳)·윤주순 선생 등은 1~3년 징역형을 선고받고 대구와 진주 등 형무소에서 실형을 살았다. 이 일이 있은 후 얼마 지나지 않은 4월 6일. 고현면 포상리 천동마을에서 이 일대 주민 700명이 모여 대한독립만세를 크게 외쳤다. 오후 3시께 포상리 산 위에 모인 주민들은 만세를 외치며 다시금 남해 장터를 향해 행진했다. 소식을 들은 경찰은 총검으로 위협하며 제지하려 했으나 시위대는 굴하지 않았다. 계속되는 진격에 겁을 먹은 경찰은 다시금 발포를 통한 강제해산에 나서 시위를 진압했는데 이 과정에서 시위 군중 1명이 즉사하는 비극을 겪는다.

| 남해 3·1운동 발상 기념탑

8. 고성-"원수의 나라에 발길도 두지 않겠다"

고성군 하일면 학동마을은 1670년경 전주 최씨 일가가 모여 형성한 집성촌이다. 이 마을은 뒤로는 수태산 줄기가, 앞에는 좌이산이 솟아 이른바 '좌청룡우백호' 지세를 갖췄다. 마을 옆으로는 학림천이 흘러 전통마을의 배산임수 입지를 잘 보여준다. 이곳은 특히 수태산 줄기에서 채취한 납작돌에 황토를 덧입혀 층층이 쌓은 옛 담장이 아름답기로 유명하다.

아련한 고향 정취가 물씬 풍기는 이 마을에는 그 고즈넉함 속에 을사늑약으로 국권을 침탈한 일본에 맞선 한 유림의 애끊는 저항 정신이 서려 있다.

1910년 을사늑약으로 일본에 나라를 빼앗기자 뜻있는 선비들이 스스로 목숨을 끊었다. 선비의 길을 가고자 함이었다. 창강 김택영이 쓴 〈한사경〉을 보면 나라가 망하자 절개를 지키려 목숨을 끊은 선비가 27명이라고 했다. 이 중 한 사람이 서비(西扉) 최우순 선생이다.

청운의 뜻을 품고 떠난 과거 길에서 당시 공공연히 이뤄지던 매관 풍토를 몸소 겪은 서비 선생은 고향으로 돌아와 오로지 독서를 통한 수신(修身)에 힘썼다. 35세 때 병인양요가 일어나자 선비도 병법을 알아야 한다 생각해 고대 병서를 연구했고, 46세 때 큰 재해를 당한 백성의 어려운 생활을 보고 의서를 연구하는 등 이를 구제하는 데도 매진했다. 1895년 선생은 고성에서 의병을 일으켜 그 우두머리로 추대돼 이진묵과 함께 계획을 세워 일을 추진했으나 진압군에 의해 실패하고 만다. 당시 선생은 병중이었는데 사람들은 피신을 권했으나 "구차하게 사는 것은 내 뜻이 아니니 편안히 앉아 기다리겠다"며 움직이지 않았다. 을사늑약으로 조선 국권이 일본에 침탈당하자 식음을 전폐하고 두문불출하며 우국의 정을 달랬는데 자택 동쪽에 원수의 나라가 있다 하여 동쪽으로 난 사립문을 서쪽으로 돌렸다. 이것이 아호 서비의 유래다.

| 서비정 전경(경남도민일보)

일본은 이때 당시 우리나라 사람을 회유하려 돈을 뿌렸다. 덕망있는 사람들에게 일본 천황 이름으로 이른바 은사금을 내린 것이다. 선생은 이는 불의(不義)한 돈이라며 받기를 거절했다. 면사무소는 기어이 헌병을 보내 그를 잡아와서 돈을 전하려 했는데 선생은 "선비는 죽일 수는 있어도 모

욕할 수는 없는 법, 80 먹은 노인을 밤에 잡아갈 수 있느냐. 설사 우리 임금이 불러도 노인에게는 아침을 기다려 가기를 허용한다"는 이유로 날이 밝으면 길을 나서고 했다. 그렇게 헌병을 사랑채에 묵게 한 선생은 그날 밤 홀로 음독 자결을 하고 만다. 날이 밝으면 헌병에 잡혀가 은사금 받기를 강요당할 것이고 이를 거절하면 온갖 수모가 뒤따를 것임에 의리를 지키고자 스스로 목숨을 끊은 것이다. 학동마을에는 선생이 스스로 목숨을 끊은 사랑채가 남아 있다. 학동마을 안산 기슭에는 선생의 애국하는 마음을 흠모한 주민들이 1924년 건립한 서비정도 자리를 지키고 있다. 마을로 들어서는 삼거리에는 우국충정 순의 정신을 기리는 순의비도 세워져 있다. 학동마을에 사는 최상석(60) 씨는 "서비 선생 사후 유림장으로 45일 장례를 치르는 동안 80 노 선비의 우국충정을 기리는 당시 수많은 유림과 문중 대표, 명문 사대부 조문이 이어져 마을이 인산인해를 이뤘다"며 "순의 후 일본 압박 속에 선생의 후손들은 평생을 가꿔 온 생가마저 처분하고 마을을 떠나 살았다. 이 가운데에도 일제 감시 속에 선생의 향사를 모시는 서비정을 지어 절의를 숭상한 주민들의 기개도 남다르다"고 말한다.

| 최우순선생이 자결한 사랑채

9. 통영-통제영 300년, 다시 항왜에 눈 떠

예향으로 잘 알려진 통영은 일제강점기 식민지 지배를 위한 거점 도시로 인식되면서 갖가지 수탈이 이뤄졌다.

이는 1604년 삼도수군통제영이 이곳에 설치되면서 단순한 군영을 넘어 상업 중심도시이자 수공업 도시, 어업과 관련한 중요한 항구 도시로서 기능이 강했기 때문이다. 을사늑약 이후 일본인들이 이곳으로 대거 들어와 해안을 매립하고 어업권과 각종 상권을 독차지한다. 병선마당(현 강구안 문화마당)이 당시 일본에 의해 매축된 대표적인 해안이다. 눈앞에서 펼쳐지는 일본의 수탈 야욕 앞에 조선인들도 가만히 있지 않았다. 병선마당 일대 매축이 한창이던 1907년 7월 한 일본인 노무자가 조선 진위대 하사를 폭행하는 일이 벌어졌다. 일대 통영 주민은 일본을 규탄하며 분연히 일어섰다. 일본인에게는 쌀도 팔지 말라는 '미곡불매운동'이 일어났고, 위협을 느낀 일부 일본인은 피난을 가기도 했다. 삼도수군통제영의 도시, 임진왜란 3대첩 중 하나인 한산도대첩 무대, 이순신의 얼이 서린 300년 항왜의 중심이 다시 눈을 뜬 것이다.

통영시 서호동 116번지 일대는 신정장터 3·1항일독립만세운동지다. 1919년 3월 18일 배재학당 학생 박상건은 학교가 휴교하자 이전에 수학한 통영 관란재(觀瀾齋)를 찾아 12~14세 학생 20여 명을 모아놓고 미리 준비해 간 '조선독립만세'라고 쓴 수기(手旗)를 들게 한다. 밤 9시경 관란재 부근에서 수기를 흔들며 독립만세를 외친 이들은 신정장터와 그 인근 지역을 돌며 행진한다. 일제강점기 새벽시장이 서던 이 일대는 1970년대까지 공터로 남았는데 이곳에서는 상여놀이를 진행하기도 해 상여마당으로 불리기도 했다.

통영시 중앙동 70번지 일대는 부도정장터 3·1항일독립만세운동지 자리다. 지금은 통영중앙시장이 들어선 이곳은 상거래가 성한 큰 장으로 음력 2일과 7일 장이 열렸다. 이곳에서는 모두 4차례 만세 운동이 일어났다. 3월 18일 통영면 신정의 천주교 신자 이봉철 선생 외 2명이, 28일에는 통영면 조일정 반물상 박성백 선생 외 7명이 장터에 모인 이들과 대한독립만세를 외쳤다. 절정은 4월 2일 만세 시위였다. 신정장터 만세운동을 주도한 박상건 선생과 미국에서 돌아온 고채주·강윤조 선생 등 12명이 상인 등 수천 명을 규합해 통영경찰서 앞으로 몰려갔다. 고채주 선생의 독립만세 외침에 따라 만세 함성이 산하를 울렸고, 일제는 총검도 모자라 소방차 살수로 인파 해산에 나섰다. 시위대는 그러나 장터 중앙 넓은 터에서 만세소리를 더욱 높였다. 특히 이날 시위에는 예기조합 기생 33명이 금비녀와 팔찌를 팔아 소복차림으로 참가했다. 이날 참가한 3000여 명 중 9명이 체포됐다.

통영시 문화동 236번지에는 옛 통영청년회관 건물이 있다. 통영청년단 활동 근거지로 1923년 지어졌다. 1919년 7월 21일 조직된 통영청년단은 지육부(知育部)를 두고 각종 강연회와 토론회를 열어 민족의식을 드높이고 강습소와 야학을 운영해 문맹퇴치에도 앞장섰다. 1921년경 각종 활동을 펼칠 공간이 필요하다고 생각한 청년단은 회관을 건립하기로 하고 강연 활동, 악단 활동, 활동사진대 순회공연 등을 통해 모금운동에 나섰다. 이 같은 문화활동은 건립기금 마련뿐만 아니라 새로운 문화운동의 계기가 됐다. 건립 이후 회관은 각종 단체의 집회 장소와 행사장으로 쓰였다. 현재 등록문화재 제36호 근대문화유산으로서 보존 중이다.

통영시 문화동 159번지에 있던 봉래좌는 통영 거주 일본인 40여 명이 5000원을 모아 일본인을 위한 종합 오락장으로 문을 열었다. 380명을 수용할 수 있는 2층 건물이었는데 전통 가부키 공연장 양식을 취했다. 1920~30년대 이곳은 브나로드운동(농촌계몽운동)을 위한 강연회나 악극단 순회공연장으로 쓰였다. 중요한 건 1928년 3월 25일 이곳에서 신간회 통영지회가 창립했다는 것이다. 1927년 신간회 출범과 함께 통영지역 사회운동 단체도 통영지회를 설립하려 했으나 일본 경찰 간섭으로 번번이 무산되다 어렵게 창립대회를 열 수 있었다. 신간회는 1931년까지 활동을 지속하다 해체됐다. 이곳은 1939년 재래식 영화관으로 신축 후 1946년 봉래극장으로 개명했다가 2005년 9월 역사의 뒤안길로 사라졌다.

| 통영청년회관(1977)

| 옛 통영청년회관(경남도민일보)

10. 사천-한용운과 만당 그리고 다솔사

경남에서 가장 오래된 사찰인 다솔사(多率寺). 많을 다(多)
에 거느릴 솔(率). '많은 군사를 거느린다'는 의미처럼 절 진
입로부터 주차를 위해 마련된 너른 터까지 소나무와 편백나
무가 절을 호위하듯 빼곡히 서 있다. '불심이 신실한 많은
인재를 거느린다'는 해석도 있는데 실제 이 절과 절이 자리
한 봉명산 일대에는 많은 인재가 나고 거쳐 갔다. 특히 불의
에 맞서 일본에 항거한 승려와 지식인이 이곳을 본거지 삼
아 항일 활동을 펼쳤다. 임진왜란 때 서산대사와 사명대사
가 다솔사를 승병기지 삼아 의병 활동을 한 것이 유명하다.

만해 한용운 선생은 1917년 이곳 요사채 안심료(安心寮)
에서 독립선언서 초안을 작성했다. 다솔사를 특히 주목해
야 하는 데는 이곳에서 불교계 대표 항일비밀결사인 '만당'
(卍黨)이 태동한 데 있다. 만당은 1930년 5월 한용운 선생
의 민족의식에 큰 영향을 받은 불교 청년들이 식민지 불교
극복, 불교 자주화, 불교 대중화를 기하려는 의식에서 시작
됐다. 일본 다이쇼(大正)대학 불교과를 졸업한 신지식인으로
당시 이곳 주지로 있던 최범술(효당스님), 부산 범어사 만세운
동을 주도하고 민족해방과 불교 혁신에 힘쓴 김법린, 동양
철학을 연구해 대한민국 건국 철학과 국민윤리 기반을 닦은
김범부 선생 등이 주축을 이뤘다. 이들은 다솔사를 근거지
로 삼아 전국 각 지역은 물론 일본 도쿄까지 조직을 확장해
일제 침략 세력과 끊임없이 투쟁했다.

| 만당 근거지 다솔사 전경

　1932년에는 당원 80명을 확보하는 등 활발한 운동을 이어갔다. 당시 당원들은 엄수해야 할 서약으로 비밀한사엄수(秘密限死嚴守)와 당에 대한 절대복종을 약속했다. 모든 것은 기록을 남기지 않도록 규제됐다. 이 때문에 지금도 이들 활동과 관련한 1차 자료가 거의 확인되지 않는다. 하지만 엄격한 내부 규율에도 일제 삼엄한 사찰 칼날을 피하지 못했다. 1938년 말 만당은 진주경찰서에 검거되기 시작했다. 사천은 물론 서울, 진주, 합천, 해남, 양산 등지에 불어닥친 경찰의 검거 열풍에 김법린, 장도환, 최범술, 박근섭, 박영희, 김범부 선생 등이 체포돼 옥고를 치렀다. 안심료는 훗날 김범부 동생 김동리가 소설 '등신불'을 쓴 곳으로도 유명하다. 현재 안심료 앞에는 한용운 선생과 만당 주요 당원들이 만해의 회갑을 맞아 심은 편백나무 15그루 중 3그루가 남아 올곧은 항일 기상을 대변하고 있다. 이렇듯 다솔

사는 임진왜란부터 일제강점기 말까지 피 끓는 항일 정신이
아로새겨진 사천지역 항일구국운동 성지라 할 만하다.

| 다솔사 안심료

| 만해 한용운 회갑기념 편백나무

김해는 국제도시다. 이 지역 6500곳이 넘는 중소기업에서 일하는 외국인 노동자가 8만 명에 달한다. 동상동 외국인 거리는 주말 많을 땐 3만 명이 오갈 정도로 북새통을 이뤄 이곳이 한국인지 헷갈릴 정도다. 하지만 한국인과 외국인 간 차별 없는 공존의 장이 된 이곳이 96년 전 선조의 항일독립 열망이 끓어 넘치던 저항의 장이었다는 사실을 아는 이는 드물다.

김해전통시장, 동상시장과 맞닿은 이곳 거리는 김해 3·1 항일독립만세운동의 시발점이라는 점도 그렇다. 이 중심에는 애국지사 배동석(1891~1924) 선생이 있었다. 김해중앙상가 아케이드 골목 끝 동상동 외국인 거리와 만나는 지점에 자리한 휴대전화 대리점. 김해사람들 추억의 음식점이던 옛 '경화춘' 자리. 이곳에 배동석 선생 생가가 있었다.

배 선생은 김해장로교회(1894, 남한에 한국인이 스스로 세운 가장 오래된 교회)를 창립하고 김해합성초등학교(1907)를 설립한 배성두(1840~1922) 선생 아들이다.

배 선생은 대구 계성중학교 재학 시절부터 항일 의식이 강해 배일 혐의로 3개월간 옥고를 치렀다. 목포에서 교직 생활을 하던 중 다시 배일 혐의로 체포됐으며 이후 상하이와 만주로 가 김좌진 장군과 함께 활동했다. 그러다 1918년 귀국한 선생은 세브란스의학전문학교 재학 중 서울 3·1운동 학생단 대표로 활약하기에 이른다.

민족대표 33인 중 한 사람인 이갑성(1889~1981) 선생이 조선독립을 위한 경남지역 민족대표 추천을 위해 마산을 방문했다가 실패하자 이 지역 연고자로 파견한 이가 배 선생이었다. 배 선생은 1919년 2월 25일 마산에서 이상소·손덕우·이승규 선생 등을 만나 조선독립운동에 참가해 청원서에 연서로 날인할 뜻을 권유했다. 임무를 마친 배 선생은 서울로 돌아가 학생단 대표로 3·1운동에 참여했다. 이후 독립선언서를 가지고 고향 김해로 돌아온 배 선생은 임학찬, 배덕수 선생 등과 은밀하게 의논해 김해면 3·1항일독립만세운동을 주도했다.

1919년 3월 30일 밤 10시. 자신의 집과 인접한 김해면 중앙거리에서 태극기를 흔들며 대한독립만세를 외친 배 선생과 동료는 미리 부산에서 파견돼 있던 일본군에 의해 검거됐다. 이것이 김해지역 최초 만세시위였다. 이날 만세시위 이후 김해군 가락면 대사리 허병(許炳) 선생이 최덕관·최계우·조병중·김석암·송세탁·송세희 선생 등과 함께 거사를 모의하고 김해장터(현 김해전통시장, 동상시장) 장날인 4월 2일을 거사일로 정했다. 이날 오후 4시께 이들이 김해장터 십자로에서 대한독립만세를 외치며 일제히 달려나가자 군중 60여 명이 호응하면서 만세를 불렀다. 일본 헌병은 재향군인과 불량배까지 동원해 무자비한 폭력 진압에 나섰고 이 과정에서 송세탁과 송세희 선생이 크게 다쳤다. 허병 선생 등은 김해헌병분견소로 잡혀가 모진 탄압을 받았다.

| 김해장터 입구

| 애국지사 배동석 생가터

12. 합천-전국 최대 3·1운동지, 삼가장터

합천 삼가장터. 쌍백면 장전리 멱실에서 시작한 양천이 휘감아 도는 수운에 합천 남단 관문으로 2개 군 4개 면이 인접한 교통 요충인 이곳은 예부터 사람이 들끓었다. 닷새에 한 번 장이 서면 일대 쌍백·가회·가화는 물론이고 합천읍, 진주, 의령, 산청에서 모여든 장꾼들로 시끌벅적했다. 해방 후 1960~70년대에도 명절 때면 서부경남 각지에서 이곳으로 장을 보러 올 만큼 물산이 풍부한 큰 장이었다. 그만큼 세상 돌아가는 소식 전파가 빠른 곳이기도 했다.

이 덕에 1919년 3월 18일 이곳 삼가장터에서도 대규모 항일독립만세운동이 펼쳐진다. 당시 서울에 있던 정현상 선생은 3·1운동이 일어나자 독립선언서를 가지고 와 첫째 형인 정현하 선생에게 전한다. 이기복 선생도 이원영 선생으로부터 독립선언서를 구해 삼가로 왔다. 이들은 비밀리 면내 유지들을 규합해 의거에 나선다.

약속한 3월 18일. 이곳에 인파가 몰려들자 정연표 선생이 태극기를 높이 들고 대한독립만세를 외치며 시위를 전개했다. 이윽고 경찰관 주재소를 포위하자 합천경찰서 경찰들이 재향군인들을 함께 데리고 와 주재소 경찰들과 힘을 합쳐 주도인물 정연표 선생 등 수십 명을 검거하고 군중을 강제 해산했다.

면민들은 가만히 있지 않았다. 5일 뒤인 3월 23일 삼가·쌍백·가회·가화면 등 인근 일대 면연합시위가 펼쳐졌다. 윤규현 선생은 친구 한필동 선생 등과 함께 면내 각 동리 대중 동원을 준비했다. 이들 주도 인물은 비밀리에 가회·쌍백·삼 가면 등 각 면 주민들을 거사일에 맞춰 삼가장터로 모이도 록 했다. 이날 쌍백면에서는 군중 4000여 명이 봉기해 면 사무소를 불태우고 장터로 몰려왔다. 이후 가회·생비량 등 인근 면에서 몰려 온 군중이 3만 명(일본 경찰 추산 1만 명)에 이 르렀다. 이들은 오후 3시 정금당(正衿堂) 앞 광장에서 일본 규탄 성토대회를 했다.

이때 일본 경찰이 군중을 포위한 후 발포하자 흥분한 시 위대는 주재소 앞으로 몰려갔고 경찰은 다시 발포를 일삼았 다. 이 과정에서 42명(일본 자료 13명)이 순국하고 100여 명(일 본 자료 30명)이 부상을 당했다. 검거된 주도 인물 등 38명은 길게는 3년, 짧게는 6개월 이상 형을 선고받아 모두 진주감 옥에 투옥됐다.

전국 최대 규모 3·1항일독립만세운동으로 기억되는 만큼 2005년 장터 초입에 들어선 '삼가장터 3·1만세운동기념탑' 은 멋지면서도 씩씩하다.

삼가에서 솟구친 항일독립에의 들불은 합천과 초계 멀리 해인사에까지 이어졌다.

| 삼가장터 3 · 1만세운동 기념탑

13. 함안·창녕 – 격렬했던 함안, 면민화합 승화한 창녕 3·1운동

함안과 창녕지역 3·1항일독립운동지는 지리적으로 인접해 있어 직간접적인 영향을 미쳤으리라 추정된다. 이 지역 3·1항일독립운동은 칠북 연개장터를 시작으로 이곳과 가까운 함안 대산과 창녕 영산, 함안장터, 군북면으로 대규모 만세운동이 뻗어나갔다. 현재 칠북초등학교 이령분교 자리는 1919년 3월 9일 군중 100여 명이 모여 대한독립만세를 부르짖었던 연개장터 자리다. 이 지역에 살던 김세민 선생은 세브란스의전에 다니는 사위 배도석이 서울 3·1만세운동을 준비한다는 것을 알고 이령리에서도 관련 모임을 만들었다. 서울 분위기를 살피고자 고종황제 인산(장례식)에 참여하고 3·1만세운동을 직접 본 선생은 3월 6일 이령리교회에서 동리 인사 29명을 모아 만세운동을 준비했다.

| 옛 함안 연개장터 3·1운동기념비
(지금의 칠북초교 이령분교, 경남도민일보)

김 선생은 3일 뒤 연개장터에서 독립선언서를 낭독하며 이 지역 만세운동을 이끌었다.

67

이 소식은 인근 함안 대산면으로 퍼졌다. 3일 뒤인 3월 12일 대산면 평림장터에서 만세운동이 펼쳐졌다. 대산면 하기리는 일찍이 기독교가 뿌리내렸는데, 연개 새말교회로부터 연개장터 운동 소식을 통보받은 기독교 지도자 권영수·최말종 선생이 주도했다. 시위는 평화적으로 이뤄졌으나 군중이 해산할 무렵 일본 경찰이 뒤늦게 들이닥쳐 주도자 권영수와 김성근 선생을 체포했다. 닷새 뒤인 17일 장날에는 안효중·최갑률 선생 등이 앞장서고 수백 군중이 합세해 권영수·김성근 선생 석방을 요구하며 면사무소로 몰려갔다. 이때 안효중 선생도 일본 경찰에 체포되자 군중도 해산했다. 평림리 259번지 일대인 평림장터는 현재 흔적을 찾아볼 수 없고 일부 공터로 남아 현장을 특정하기 어렵다.

창녕 영산읍에는 3월 초 서울에서 3·1항일독립만세 소식이 전해졌다. 이 덕에 천도교인 구중회·장진수·김추은 선생을 중심으로 일찍이 준비가 이뤄지고 있었다. 13일을 의거일로 정한 이들은 태극기와 독립선언서, '대한독립만세'라고 쓴 대형 깃발을 준비하고 직접 행동에 나섰다.

13일 영산면 남산봉에 모인 이들을 포함한 23명은 결사단을 조직해 결사단원 맹세서에 각자 서명했다. 이들은 풍물을 울리며 영산읍내로 갔다. 일대 장꾼과 주민들이 합류해 군중은 700여 명으로 늘어났다. 창녕경찰서는 경관 1개 대대를 영산으로 급파해 구중회·장진수·김추은 선생 등을 체포했다. 남은 결사단은 격분해 회합을 한 후 창녕읍으로 몰려가기로 하고 오후 8시 다시 남산봉에서 "대한독립만세"를 외쳤다. 이들 역시 일본 경찰에 체포·구금돼 6개월에서 2년 징역을 살았다.

| 영산 3 · 1봉화대(경남도민일보)

| 영산 3 · 1운동 기념비

남산봉에는 3·1운동기념탑과 독립선언서비 등이 서 있다. 매년 열리는 영산 3·1민속문화제는 단순한 기억의 장이 아니라 영산 지역민들의 화합과 번영, 안녕을 기원하는 축제로 3·1항일독립만세운동을 알려내고 있다. 영산에서

시작한 창녕 항일독립운동 기운은 18일 창녕 남지장터로도 이어진다. 당시 5일장이 서던 곳은 상설시장이 들어서 있고 만세 시위대가 진출해 독립만세를 외치던 주재소 자리는 경찰서 주차장이 됐다. 그러나 이곳에서 항일독립만세운동이 있었다는 사실을 기억할 장치가 없어 안타까울 따름이다. 함안 칠북을 시작으로 함안 대산과 창녕 영산으로 퍼진 만세운동 소식은 멀리 함안장터에 닿았다. 지금은 한우국밥촌으로 유명한 현 함안면사무소 일대가 함안장터 만세운동 현장이라는 사실을 아는 이는 드물다.

| 함안면 함안국밥촌(경남도민일보)

함안장터 만세 운동은 1919년 고종황제 인산에 참여해 서울 3·1운동을 직접 경험한 이 지역 유지들 중심으로 이뤄졌다. 이들은 3월 19일 비봉산에 올라 고천제(告天祭)를 지낸 후 봉선동(현 봉성리)에 모여 운동을 전개했다. 이날 모인 시위대 3000명은 함안주재소를 습격한 뒤 함안군청(현 함성중학교 자리) 앞으로 몰려가 대한독립만세를 외쳤

70

다. 이후 군청과 등기소, 우편국, 일본인 소학교를 차례로 습격해 일제 억압에 피눈물 흘린 조선 민중의 한을 표출했다. 이 사태가 예사롭지 않음을 느낀 일본은 마산 중포병대대와 경찰을 급파해 주동자 검거에 나섰다. 이때는 시위가 끝났음에도 일본 경찰은 65명을 붙잡아 43명에게 징역 6개월에서 7년의 중형을 내렸다.

| 옛 함안군청 앞 함안장터 거리(경남도민일보)

함안장터 만세운동 이튿날인 3월 20일 군북에서도 만세함성 물결이 거세게 일었다. 조상규 · 조용대 · 조용규 · 조경식 · 조두규 선생 등 함안 조씨 일가는 군북면 거사일을 20일로 정하고 전날인 19일 함안장터 운동에 먼저 참여한 후 검거 시작 전 군북으로 돌아왔다. 이들은 함안장터서 열린 운동으로 일본 감시가 심해지자 거사를 두 단계로 나눠 진행했다. 조상규 선생 등은 이날 오전 9시 동촌리 신창야학교 교정에서 학생 50여 명과 함께 독립선언서를 낭독하고 대한

독립만세를 불렀다. 이는 일본 경찰 감시망을 분산시키고자 함이었다. 조상규 선생 등은 신창야학교를 벗어나 낮 12시 본 시위가 예정된 군북장터로 이동했다. 한데 이곳에 예상보다 많은 사람이 모여 혼잡이 예상되자 부득이 장소를 냇가로 바꿨다. 이때 모인 이들은 5000명(일본 기록 3000명)으로 추산된다. 오후 1시 조상규 선생 선창으로 대한독립만세 소리가 군북 전역에 울려 퍼졌다. 신창학교 진압에 동원된 일본 군경은 공포탄으로 위협했으나 군중은 아랑곳하지 않고 군북면사무소와 주재소로 나아갔다. 이곳에서 군중은 전날 함안읍에서 체포된 이들에 대한 석방을 요구했다. 일본 군경은 그러나 소방차에 검은 물감을 타 뿌려댔고, 화가 난 군중은 투석전으로 맞섰다. 결국 일본 군경은 조준사격을 가했고, 이때 조용규 선생이 손에 태극기를 부여잡은 채 숨진 것을 비롯해 21명이 사망하고 18명이 부상당했다. 군북 냇가에 세워진 3·1운동 기념탑이 이곳에서 일어난 대규모 만세운동을 설명하고 있다. 이렇듯 연개, 함안읍, 군북으로 이어진 만세운동 소식은 칠원까지 들렸고, 칠원장터(현 칠원상설시장)에서도 3월 24일(300여 명 참여)과 4월 3일(700~800여 명 참여) 대규모 만세 시위가 펼쳐졌다. 한데 이곳에서 3·1항일독립만세운동이 일어났다는 흔적과 이를 기억하기 위한 노력이 없어 안타까운 실정이다.

의령은 '사람'의 고장이다. 경남 18개 시·군 가운데 사는 사람이 3만 명이 채 안 되는 지역으로 규모가 가장 작다. 이런 의령에서 유명한 인물이 많이 배출된 점은 무엇보다 재미있는 사실이다. 의령이 인구가 가장 적은데도 가장 내세울 만한 것이 사람이라니 흥미롭지 않을 수 없다. 의령 하면 특히 호암 이병철(1910~1987), 관정 이종환(1924~) 같은 거부(巨富)들이 떠오른다.

한데 이병철, 이종환 등에 견줘 남부럽지 않게 돈을 벌었음에도 정작 사람들 관심에서 멀어진 의령의 또 다른 거부가 있다. 백산 안희제(1885~1943) 선생. 일제강점기 부산에서 백산무역주식회사를 꾸려 번 돈을 독립자금으로 썼을 뿐 아니라 교육·언론에도 관심이 많았으며 만주까지 건너가 활동한 대단한 항일독립운동가다.

안희제 선생은 어릴 때 한학을 공부하고 서울 민립사학인 양정의숙을 졸업했다. 졸업 후 동래군과 의령에 학교를 세워 교육사업에 몰두하며 계몽운동을 펼쳤다. 1909년 윤세복·서상일·남형우 선생 등과 함께 항일비밀결사조직인 대동청년당을 조직하고 이듬해 한일병합 조약이 체결되자 만주로 1차 망명한 뒤 독립운동에 본격적으로 나섰다.

안희제 선생은 고향인 의령보다 부산에서 항일독립운동으로 더 잘 알려졌다. 독립운동 자금을 마련하려 1914년 부산에 세운 백산상회(백산무역주식회사 전신) 때문이다.

백산상회는 안 선생이 독립운동을 하려면 자금 보급이 시급하다고 판단해 고향 전답 2000두락을 판 기금으로 설립했다. 백산상회는 설립 초기 곡물·면포·해산물 등을 파는 소규모 상회였으나 1918년 합자회사로, 이후 백산무역주식회사로 확대 개편됐다.

안희제 등 백산상회 관계자 대다수는 조선국권회복단 단원으로 활동하며 독립운동 자금을 조달했다. 백산상회는 특히 임시정부 기관지인 〈독립신문〉 국내 보급 통로로 기능을 하며 임시정부 경비를 조달했다. 백산상회는 1925년 이후 내분이 생겨 사실상 영업중지 상태에 빠지고 1928년 자신 해산한다. 안 선생은 이 과정 속에서도 장학회인 기미육영회(己未育英會)를 설립하고, 1925년 〈중외일보〉를 인수해 운영하며 독립운동 열망을 이어갔다.

1930년대에는 가산을 정리해 만주로 재차 망명해 발해농장과 발해학교를 설립해 애국계몽운동에 전념했다. 대종교 교인이던 안 선생은 1942년 만주 일본 경찰이 대종교를 탄압하려 날조한 임오교변(壬午敎變) 때 체포돼 고문 끝에 병보석으로 풀려났다가 몇 시간 만에 사망했다.

항일독립운동사에서 '백'범 김구 선생과 '백'산 안희제 선생 그리고 '백'야 김좌진 장군을 두고 삼백이라 일컫는다. 안희제 선생 생가는 1995년 복원과 함께 문화재로 지정됐다. 이는 태어난 인물이 아니라 구조의 독특함 때문인데 다른 한옥 여느 안채와 달리 방들이 여럿 포개지듯 들어 있고, 다락도 따로 있다. 이는 독립운동과 관련이 있지 않을까 하는 짐작이 들게 한다.

| 안희제 생가 전경

| 안희제 생가 현판

15. 밀양

민족교육의 힘, 의열투쟁 본고장 낳아

경남 북동부에 자리한 밀양은 주로 산간지대를 이루고 있지만 남쪽으로는 낙동강과 밀양강 유역 광활한 하남평야와 상남평야를 가진 곡창지대다.

일본이 밀양을 중요하게 생각했다는 점은 1905년 경부선 철도 노선에 밀양을 포함한 데서 알 수 있다. 곡창지대임과 동시에 일본과 한반도의 관문인 부산과 가깝고 예부터 한양으로 향하던 영남대로 상에 있는 교통 요지인 점을 중요하게 본 것이다. 일본인들은 주로 밀양읍내와 삼랑진에 살며 자신들 권익옹호와 정치·경제침탈을 일삼았다.

〈조선총독부통계년보〉를 보면 1920년 밀양군 인구는 10만 9840명으로 이 중 조선인은 10만 7611명, 일본인 2209명이 살았다. 소수 일본인이 다수 조선인을 수탈하고 삶을 억압하는 데 따른 분노가 쌓일 수밖에 없었던 것이다. 이 같은 사회경제적 상황에 앞서 밀양엔 일찍이 개화 인사들에 의해 근대학교가 설립됐다.

특히 전홍표 선생이 세운 동화학교(현 밀양시 내일동 477번지 밀양택시 자리)의 민족교육은 이 지역을 항일독립운동 중심으로 만들었다.

전 선생은 밀양 유림이 시서예악(詩書禮樂)을 강습하고 시국을 논하던 연계소(蓮桂所)를 중심으로 활동하며 한말 의병진을 구성해 거병을 준비하기도 했다. 전 선생은 대한제국

초기 군관청 자리에 동화학교를 세우고 일제강점기 학생들에게 국권 회복을 위한 항일투쟁 필요성을 가르쳤다.

학교에는 민족교육을 한다는 소식에 인근 지역에서 수많은 애국지사가 몰렸다. 이곳에서 전 선생 지도 아래 김원봉·윤세주·최수봉·김상윤 등 의열 투쟁에 앞장선 인물이 다수 배출됐다. 김원봉 선생 등은 밀양공립보통학교 등 일제 노예교육에 반대해 동화학교에 편입하기도 했다. 덕분에 동화학교는 한층 반일적인 분위기 속에 항일사상 심화와 항일투사 양성을 담보할 수 있었다. 이곳 학생들은 '연무단'이라는 비밀결사 조직도 결성하는 등 의열단 조직 기초를 닦았다. 밀양 3·1항일독립만세운동 지도자 상당수도 이곳 출신이었다.

| 밀양 동화학교 터

동화학교 뿐만이 아니다. 밀양에는 한말 개화인사들이 민족교육을 위해 세운 학교가 많았는데 그 맥을 잇는 학교 중

대표적인 게 정진학교와 밀양공립보통학교다. 정진학교(부북면 퇴로리 294-2 옛 간호전문학교)는 항재 이익구 선생이 1890년에 세운 화산의숙의 유지를 계승한 학교였다. 1910년 화산의숙 폐교 이후 그 명맥은 야학으로 유지됐다. 이곳 야학은 1919년 3·1항일독립만세운동 이후 수학, 물리학 등 신지식을 가르치는 학교로 성격을 달리했다.

이익구 선생 가문은 학교 건립 장소와 재원 확보를 놓고 인근 유지들과 협의를 했으나 끝내 뜻을 같이하지 못하고 이 씨 일문에서만 재원을 염출해 부지를 마련하고 건물을 지었다.

1921년 3월 25일 이렇게 설립된 정진학교는 명륜정덕(明倫正德), 이용후생(利用厚生)이던 화산의숙의 창학 강령을 계승하고 국민윤리와 애국정신, 신지식 함양에 교육을 중점을 뒀다. 이를 바탕으로 한글과 우리나라 역사, 지리, 애국가 창을 등을 통해 애국애족의식을 드높였으며 산수, 이과, 교련 등 신지식도 가르쳤다. 일본으로서는 이 같은 교육 내용이 달가울 리 없었다. 일본은 이에 그해 7월 교장과 학감을 비롯한 교원 전원을 경찰에 구금하는 만행을 저질렀다. 일본은 또한 정진학교 졸업생들이 1932년 동창회를 조직하고 동창회보 발행을 준비하자 관련자들을 대대적으로 붙잡아 조사했다. 이들 졸업생들이 자발적으로 정우회나 수양단 같은 결사를 조직하고 그 기관지를 발행한다는 점을 알고서다. 정진학교는 이렇듯 민족교육을 했다는 이유로 일본의 강한 탄압을 받았으며 그 결과 1939년 강제폐교되는 시련을 맞았다.

밀양공립보통학교(삼문동 3-5번지 현 밀양초등학교)는 1897년
개화인사 손정현 선생이 설립한 밀양지역 최초 사립 개창학
교를 계승한 학교였다. 처음 교사는 밀양면(내일동 583번지 현
밀양상설시장)에 자리했으나 3·1항일독립만세운동에 이곳 학
생들이 적극 가담하고 주도했다는 이유로 일본에 의해 현재
밀양초등학교 자리로 강제 이전당했다.

| 밀양공립보통학교 밀양경찰서 터(지금의 밀양아리랑 상설시장, 경남도민일보)

3·1운동 주도에서 알 수 있듯이 이곳은 밀양 민족교육 요
람이자 밀양 신문화 산실로 기능했다. 이곳에서는 1922년
1월 12일과 13일 일본식민교육에 항거한 동맹휴업 투쟁
이 펼쳐졌다. 이 학교 4·5학년 학생들 중심으로 일본인 교
사 배척 운동이 일어난 것이다. 학생들은 일본인 교사 아라
키 말을 듣지 않고 연명 퇴교한 후 삼문리 청년운동장에 모

여 담임교사 배척 시위를 결의했다. 이후 밀양군청으로 몰려 가 교사 처분을 요구했으나 군 당국이 학교 복귀를 권고하자 4 · 5학년생 전원이 동맹휴학을 결정했다. 군 당국이 교장 부재를 들어 향후 조치를 약속하고 등교를 권유했으나 학생들은 13일 전체 동맹휴업을 하고 교사 사죄 없이 등교하지 않을 것임을 천명했다. 이는 군 당국이 학부형을 설득해 어느 정도 마무리됐다.

밀양 항일독립 격전지 밀양상설시장

밀양지역 항일독립운동에서 가장 큰 장소성을 가진 곳을 들자면 현 '밀양전통시장'(밀양아리랑시장 · 밀양시 내일동 192, 583 번지) 일대를 꼽을 수 있다. 일제강점기 이곳은 밀양장터와 밀양공립보통학교, 밀양공립보통학교 이전 후 밀양경찰서가 자리하고 있었다.

1919년 3월 윤세주·윤치형 선생은 고종 장례식에 참석하려 서울에 갔다가 3·1운동에 참가하게 된다. 이들은 돌아와 전홍표 선생과 함께 밀양 3·1항일독립만세운동을 계획한다.

특히 김병환·윤보은·김소지·지종관·박상오·정동찬·정동준·김상이 선생 등 동화학교, 밀양공립보통학교 졸업생들과 기독교인이 중심으로 만세시위를 계획했다. 3월 13일 밀양 장날을 의거일로 삼은 이들은 위북산에서 밤을 새워 등사한 독립선언서와 태극기 수백 개를 품고 장터로 잠입한다. 오후 1시 30분 주요 인사들이 태극기를 펼쳐들자 군중 1000여 명이 모여들었다.

윤세주 선생이 독립선언서를 낭독하는 사이 나머지 인사들은 재빨리 독립선언서와 태극기를 군중에게 나눠줬다. 이들은 "대한독립만세"를 삼창한 뒤 '독립만세(獨立萬歲)'라 크게 쓴 깃발을 앞세우고 읍내거리를 누볐고 일부 군중은 밀양공립보통학교로 들어가 종이 태극기 수십 매를 투입했다. 이들 군중은 부산에서 급파된 일본군 헌병과 수비대 총검에 물러섰지만 이날 시위는 이튿날 밀양공립보통학교 학생들의 3·1항일독립만세운동으로 이어졌다. 이날 전교생 160명은 학교 직원들 저지를 뚫고 만세 소리에 호응하는 군중 200명과 합세해 비폭력 시위를 펼쳤다. 일본은 비폭력 시위였음에도 무자비한 탄압을 벌여 김병환·이장수·정동찬·박만수 선생 등 5명을 구속했다.

일본은 이 일로 밀양공립보통학교를 돌연 삼문동으로 이전시키고 인근 동화학교도 폐쇄했다. 이때 이 운동 막후 역할을 한 전홍표 선생은 일본 경찰 체포를 피해 만주로 건너갔다. 일본은 밀양공립보통학교가 이전한 자리에 밀양경찰서를 세워 조선 민중에 대한 억압을 이어간다.

| 밀양독립기념관 3·1운동 디오라마

16. 산청-불세출 한말 의병장을 낳은 고장

험준한 지리산 산세를 낀 산청은 이 지리적 이점을 십분 활용해 일본과 결사 항전한 한말 의병을 다수 배출했다.

대표적인 인물이 박동의(1867~1908) 경남창의대장과 민용호(1869~1922) 관동창의대장이다.

| 민용호 관동창의대장 집(경남도민일보)

박 대장은 신안면 진태마을 출신으로 지리산 일대를 넘나들며 유격전을 벌이며 수차례 전투를 치렀다. 민 대장은 오부면 오곡리 출신으로 금서면 특리에서 주로 생활했다.

경남과 강원지역 의병들을 이끈 대장들이 산청에서 나고 자란 점은 현재 이 지역 사람들로서는 널리 알릴 만한 일이 아닐 수 없다.

박 대장은 지리산 전역을 중심으로 산청 덕산과 대원사, 벽계암 등지에서 일본군과 수차례 교전하여 큰 타격을 줬다.

이들은 1908년 3월 산청주재소와 산청군청 사령실에 불을 놓고 4월에는 단성 순사주재소를 습격했다. 8월에는 대원사 부근에서 일본 토벌대와 교전을 벌이기도 했다. 지리산 자락에 있는 대원사(산청군 삼장면 유평리 2번지)는 의병 근거지로 자주 활용되면서 일본 토벌대의 작전지역으로도 이용됐다.

이때 교전에서 박 대장 의병진 50여 명은 일본 경찰 다수에게 총상을 입혀 격퇴했다.

민용호는 관동창의대장으로 경남을 넘어 경기도, 강원도, 만주까지 그 활동 범위를 넓혀 간 한말구국의병 핵심 중 핵심 인물이었다.

민 대장은 을미사변이 일어나자 경기도 여주에서 거병한 이후 원주, 평창, 진주 등을 거쳐 1896년 1월 강릉을 점령했다. 이곳에서 관동구군도창의소를 설치하고 의병장에 추대됐다.

그해 3월 개항장인 원산 공격에 실패했으나 6월 고성과 양양 등지를 점령했다. 의병토벌과 고종의 해산령으로 한계를 느낀 그는 서간도로 향하기도 했다. 이듬해 고종의 부름에 관직에 잠시 몸담았으나 을사늑약 체결 이후 관직을 버리고 귀향해 여생을 보냈다.

금서면 특리(1033-2번지)에는 민 대장이 살던 집이 남아 있다. 현재 거주자가 여러 차례 증축해 옛 모습을 많이 잃었으나 일부 당시 모습이 남아있다.

전라북도와 경계에 자리해 있으면서 소백산맥에 접한 산간지대라는 지리적 특성은 함양지역 항일독립운동 형태에도 많은 영향을 미쳤다.

준엄한 산세를 근거로 한 이 지역 한말 항일의병은 아래쪽에 이웃한 산청과 함께 도내에서 가장 활발하게 일어났다. 산청에 박동의, 민용호 선생이 있다면 함양에는 문태수, 노응규, 석상용 선생 등이 있다. 함양 서상면 출신인 문태수(1880~1913) 의병장은 소백산맥을 따라 전라도와 충청도를 넘나들며 활발한 지역적 연대로 일본군과 토벌대를 여러 차례 무력화시켰다.

척사파 계열로 안의면 출신인 노응규(1861~1907) 의병장은 을미사변과 단발령에 반발, 진주성을 점령하고 진주의병을 거병해, 부산 일본인 거류지를 공격하려 김해까지 진출하는 등 맹활약했다. 함양은 이 두 사람을 극진히 모시고 있다. 문태수 의병장 집 터(서상면 상남리 1027 · 1028번지)에 표지석을 세우고 인근엔 사당을 세워 그를 기리고 있고, 노응규 의병장 집터 서북쪽에 기념관을 지어 선양하고 있다.

| 노응규의병장 생가지

문태수 의병장 집터에서 서북쪽으로 약 1km 떨어진 곳에는 그가 면장 밀고로 일본군에 붙잡힌 영각사(상남리 1047번지)가 자리하고 있다. 영각사가 있는 마을로 들어가는 입구에는 선생의 태지비가 세워져 있어 옛 역사를 기억하는 데 훌륭한 역할을 하고 있다. 노응규 선생 집 터(안의면 당본리 218·219일대)는 없어져 원형과 조성 과정을 전혀 알 수 없다. 하지만 집 터 추정지 인근 산비탈에 생가를 복원하고 문태수, 노응규 외 이 지역 항일 독립투사들을 선양하는 비석군을 세워 후대 본보기로 삼고 있다.

이들 외에도 석상용(1870~1920), 권석도(1880~1946) 의병장도 함양에서 빼놓을 수 없다. 석상용 선생은 지리산 일대 화전민을 규합해 의진을 구성하고 스스로 의병장이 돼 문태수, 양한규, 고제량 의진과 함께 함양, 산청, 남원 일대에서 활약했다. 일본군은 '비호(飛虎·날쌘 호랑이)장군'이라 부를 정도로 그를 두려워한 기록이 남아 있다.

| 문태수 의병장이 체포된 곳인 영각사

    권석도 선생은 1907년 8월 김동신 의병진에 들어가 고광순 휘하에서 지리산 연곡사, 쌍계사 등지 전투에 참가했다. 그해 10월 고광순 전사 후 12월 박인환 의병진과 합류해 그곳에서 의병들 추대로 의병장이 돼 지리산을 거점으로 하동·함양·구례 등지에서 싸웠다. 일본군에 붙잡혀 하동주재소에 감금됐다 탈출하면서 가슴에 총상을 입기도 했다. 이후에도 군자금 모금 등 활동을 하다 일본에 체포돼 옥고를 치르기도 했다. 석상용 선생 집 터(마천면 추성리 313번지)는 현재 없어져 다른 집이 들어서 있다. 권석도 선생 집 터(백전면 양백리 587번지)는 얼마 전 허물어져 현재 새로 길을 내는 공사가 한창이다. 더구나 동네 주민들도 이곳에 항일 의병장이 살았다는 점을 아는 이가 없어 이를 기억하는 장치 마련이 시급하다.

| 문태서 의병장 태지

18. 거창-저항 유림 본산

거창 항일독립운동의 중심 세력은 유림이었다. 대표적인 게 가북면 곽종석(1846~1919) 선생을 중심으로 한 파리장서 운동이다.

1919년 3·1항일독립만세운동에 유림세력이 제대로 결합하지 못함을 아쉬워한 곽 선생과 그를 따르는 문인, 제자들 노력으로 영·호남 유림 137명 연명으로 파리강화회의장과 각 외국 공관, 전국 각 향교에 뿌려진 장서는 대한독립 요구를 세계만방에 알리는 기폭제가 됐다. 곽 선생은 이 일로 일제에 의해 투옥되나 74세 고령에도 일본 법에 호소하기보다 포로 자격으로 전사(戰士)적 의지로 대응한다. 곽 선생은 징역 2년을 선고받으나 도중 병보석으로 풀려나 그해 8월 숨을 거둔다. 곽 선생 집(가북면 중촌리 다전 2252번지)은 없어지고 현재 터만 남아 있으나 이곳이 선생의 집터임을 알리는 표지석과 표지판이 남아 있어 역사 현장 기억에 도움을 주고 있다. 이에 앞서 거창 가조면과 위천면에서는 장터를 중심으로 항일독립만세운동이 대대적으로 일어나 독립 의식과 열망을 고취시켰다. 이 밖에도 거창에서는 월성서당(북상면 월성리 양지마을 373-8번지 일대)을 중심으로 한 한말 항일의병 봉기도 있었다.

이들 월성의병은 1906년 문태수 의병진과 합류해 싸우기도 하고 덕유산 의병에게 군수 물자를 전하기도 했다.

무주 고창골과 구천동 전투에서 일본군에 큰 피해를 줬으나 1908년 박화기·박수기·유준일 선생 능 숭주 세력이 선사하면서 세가 꺾였다. 당시 월성서당 일대는 현재 캠핑장으로 변모했으나 이곳에 후대에 세운 정자와 기념비가 있어 옛 항일정신 발자취를 되짚어 보도록 하고 있다.

| 옛 월성서당 터(경남도민일보)

| 월성의거 사적비

Ⅱ

경남의 독립운동가들

II. 경남의 독립운동가들

1. 파리장서운동과 참여 유림들 _ 남부희

파리장서운동-합류와 전개

파리장서(巴里長書)란 1919년 3.1운동당시 전국의 유교지식인인 유림(儒林)137명이 프랑스 파리 국제강화회의에 한국의 독립청원서를 제출한 사건을 말한다. 이 운동으로 서명자들과 관련자 6백여 명이 일제에 의해 투옥되거나 고문을 당해 후유증으로 목숨을 잃기도 했다. 이 운동을 제1차 유림단의거라 부르기도 한다.

장서는 파리강화회의에 한국대표로 파견된 김규식에게 전달됐다. 연서(聯書)로 작성된 명단은 137명이었다. 파리에 발송된 장서내용에도 첫 머리에 137명이라 밝히고 있다.

그러나 현존하는 여러 자료들을 볼 때 143명 혹은 147명 등으로 추가되고 있다.

대략 6종류의 자료가 나타나고 있다. 장서를 비밀리에 휴대하고 상해로 간 심산(心山) 김창숙(金昌淑)도 명단에 빠져있다. 장서가 파송된 이후에도 향촌사회에서 유림들이 추가로 서명한 자료가 보이기 때문이다.

| 김창숙 생가(경북 성주군 대가면 칠봉리 504, 독립기념관)

　파리장서의거에는 경남과 경북, 그리고 호서, 호남지역
및 재경유교지식인이 거의 전국적으로 합류했다. 당시 유
림의 종장(宗匠)인 경남 거창의 면우(俛宇)곽종석(郭鐘錫)을 중
심한 유림세력이 주축을 이루었다. 주로 한주(寒洲) 이진상
(李震相)의 학맥을 계승한 계열이었다. 정재(定齋) 류치명(柳致
明)의 학맥도 함께 참여했다. 장서의거는 민족대표 33인이
3.1운동의 독립선언서를 선포함으로써 발단됐다.

　민족대표중에 유교계가 빠졌기 때문이었다. 이 시기를 전
후하여 거창 다전(茶田)의 곽종석과 그 문하생들이 거사에 대
한 논의를 거듭해왔다. 문하생들이 고종의 국장(國葬)에 참
배하기 위해 상경하자 재경유림들과 만나게 됐다. 이들은
유림의 거사를 위해 '학문과 덕망이 높은 유림의 종장(宗匠)
이 지도자가 되어야 전국을 풍동(風動)시킬 수 있다'는데 의
견을 모았다. 곧 거창의 곽종석에게 이 사실을 알리고 지휘

를 받아 실행하자고 합의했다.

유림은 국내독립운동과 동시 국제적인 시각으로 돌려 파리강화회의에 대표를 파견하자고 결의했다. 만국공법(국제법)에 호소하는 특징을 보이고 있었던 것이다. 곽종석은 소식을 접하자 "노부(老夫)는 망국대부(亡國大夫)로서 항상 죽을 곳을 얻지 못했다, 이제 죽을 곳을 얻는 날이 왔다"고 말했다.

이 때 유림의 합류세력이 또 있었다. 충,남북 일대 호서지방의 의병장 출신 지산(志山) 김복한(金福漢) 역시 그 문인들과 파리장서 계획을 진행중이었다. 파리로 보내는 장서까지 따로 준비하고 있었다. 이를 호서본(湖西本) 장서라고 한다.

서울에서 서명자규합이 계속 진행됐다. 장서는 곽종석의 영남본으로 결정됐다. 결국 유림의 4대학맥 연합세력이 이루어졌다. 경,남북 한주학맥의 곽종석, 호서유림을 대표하는 김복한, 호남의 노사 기정진학맥을 대표하는 고석진, 안동유림을 대표하는 유필영과 이만규 등이었다.

수석대표 서명자는 곽종석, 차석서명자로 김복한이 결정됐다. 파리강화회의에 장서를 제출하기 위해 김창숙이 해외망명을 각오했다. 김창숙은 중국봉천을 향해 3월 23일 밤, 비밀리에 출국했다.

유림세력의 합류는 학론과 이념의 차이를 좁혔다기 보다 민족적인 차원에서 실현된 것이었다. 지역적 혹은 현실적인 단합이었다. 이 합류를 계기로 3·1운동에서 유교계 내의 신진혁신유림세력이 구체적으로 등장하고 있음도 눈 여겨 볼 일이다. 강화회의에 전달되는 과정에서 장서내용의 의식이 변화하고 있다는 것이다. 이후 유림들이 제2차 유림단의 거를 일으킨 역사적 배경도 여기에 있다.

| 서울 장충단공원에 위치한 한국유림독립운동파리장서비

경남의 참가유림들

서명자 137명 중 당시 거주지나 본적을 확인할 수 있는 사람은 현재 129명으로나타났다. 전체의 94%에 해당한다. 서명자가 가장 많은 곳은 경북으로 60명선이다. 전체의 46.5%에 해당한다. 다음으로 많은 지역이 경남으로 42명이다.

전체에서 32.6%선의 비중이다. 이 밖에 충남 6개군(홍성, 보령, 청양, 서산, 논산, 부여)의 서명자가 17명이다. 김복한과 그 학맥계열에 속한다고 할 수 있다. 최고령자는 79세, 최연소자는 23세 (경남합천 김상진) 였다. 서명자들의 연령격차가 50년이 훨씬 넘었다. 유림의 폭넓은 참여를 짐작케 한다.

경남을 보자.

경남은 합천의 서명자가 11명으로 가장 많다. 경남전체의 26.2%에 해당한다. 다음은 거창(7명), 밀양(6명) 순이다. 이 밖에 진주(4명), 산청(4명), 김해(3명), 창녕(3명), 의령(2명), 하동(1명), 울산(1명)순이다. 10개지역으로 비교적 도내전역에 분포되어 있다. 특히 진주를 포함한 서부경남이 많다. 곽종석. 김황 등 유림세력이 집결되어있음을 알 수 있다.

경남이 42명으로 나타났지만 지역적으로 절대적이라고 고집할 수는 없다. 당시의 재판기록과 실제출신지가 다르게 나타나는 사람도 있다. 세거지와 재판기록이 다르게 나타나는 사람도 있다. 스승을 따라 거주지를 일시 옮긴 경우도 있다. 밀양, 창녕, 김해, 합천, 의령 등이 이런 지역에 해당한다. 장서의 연명자에는 기록되지 않았으나 장서의거에 활동하다 검거되어 고초를 겪은 사람도 있다. 실무책임자로 중국으로 떠난 김창숙이 가장 좋은 예다. 합천의 윤중수, 산청의 김황, 거창의 윤충하, 곽윤 등도 그런 인물이다. 대개 곽종석의 문인이거나 서울서 장서의거에 가담하다 이후에 발각되어 검거된 사람들이다. 거창과 서울을 오르내리며 재경유림들과 서명운동을 펼쳤던 윤충하, 곽윤 등이 그러하다. 합천의 윤중수도 그런 인물이다.

먼저 합천을 보자.

전국에서 3.1운동이 가장 치열하게 전개된 지역중 하나가 합천이다. 삼가장터 시위에서만도 현장에서 순국한 사람이 11명이다. 16세의 어린나이인 윤 성(윤소군)도 순국했다. 대양, 초계 등을 합쳐 신원이 파악된 20명선이 훨씬 넘는 순국자가 나왔다. 대병면 창리에선 경찰주재소가 불타고 일경이 함안, 군북시위와 더불어 3.1운동이 가장 격렬했던 지역이라고 보고하고 있다. 남명 조 식과 그의 제자이자 의병장인 내암 정인홍의 사상적, 역사적 영향을 직접 받은 지역이기도 하다. 그만큼 일본에 대한 저항의식과 민족의식이 뚜렷한 지역이다. 파리장서 서명자 역시 두드러지게 많았던 것이다.

곽종석의 문인이 여기에 주축이 됐다. 송호완(72번), 송호곤(73번), 송호기(86번), 송철수(88번), 송재락(90번) 등이 모두 곽종석의 문인이거나 학문적 계열에 속한 유림들이다. 연령별로는 50세 이상이 주를 이루고 있다. 향촌사회의 유교적 지도자임을 알 수 있다. 20대 유림도 일부(3명) 포함됐지만 상당수가 50대 후반에서 67세에 이르고 있다.

윤중수는 서명자에 포함되어 있지 않으나 장서의거에 활동한 인물이다. 당시 28세였다. 묘산에서 자라 서울 보성전문학교를 졸업했다. 서울서 김창숙 등과 실무에 가담하다 중국으로 망명했다. 중국서 체포되어 이후 여러차례 옥고를 겪고 41세 때 별세했다. 합천의 파리장서 기념비에는 윤중수가 추가되어 12명으로 새겨져 있다.

거창은 곽종석을 포함하여 7명이다. 유림을 대표하는 곽종석(1번)과 함께 34번째에서 41번째까지 서명했다.(36, 39번은 제외) 곽종석은 산청의 단성에서 태어나 1896년 10월부터 1919년 3.1운동 당시까지 24년간 거창 다전(茶田)에서 살았다. 다전이 파리장서 산실이기도 하다. 장서연명자는 남상면, 남하면, 가조면 일대의 유교지식인들이었다. 연령으로는 곽종석이 74세로 나이가 가장 많다. 나머지는 52세부터 68세에 이르고 있다. 50대 2명을 제외하면 모두가 60대이상이다. 유교적 향촌사회 질서를 유지해 온 유림들로 곽종석의 문인이거나 그의 학맥과 통하는 인물들이다.

지금도 연명자들의 후손들이 남상면 남하면 등에 세거지를 이루며 살고있는 것이 특징이다. 파리장서 의거의 본거지답게 유림의 민족의식이 뚜렷한 지역이기도 하다. 곽종석의 학문적 업적과 파리장서를 기념하여 1990년 12월 면우선생 다전기적비(俛宇先生 茶田紀蹟碑)를 건립했다.

주목할 일이 있다.

지역적으로 거창이 7명이지만 사실상 서부경남 서명자가

대부분 곽종석의 직,간접적인 문인에 속한다는 점이다. 합천은 물론이고 진주의 하겸진(23번), 하봉수(28번), 하재화(30번) 등 하씨문중 서명자들 절대다수가 여기에 포함된다고해도 무방할 것이다.

진주, 산청은 각각 4명씩이다. 진주 하(河)씨 문중유림들도 모두가 곽종석의 문인이다. 서명에 참여했을 뿐 아니라 재정적으로도 뒷받침한 가문으로 알려 져 있다. 이들은 이후 제2차 유림단의거에도 가담하여 일경에 의해 고초를 겪었다.

산청에는 유림 네 사람이다. 이들도 대부분 곽종석의 문인이다. 이 중 하용제(31번)는 곽종석 문하에서 무과과거에 등재한 인물이다. 격포진 수군첨사를 지냈다. 서명당시 55세였다. 곽종석의 제자인 김 황이 진주, 산청에서 장서운동의 실무를 맡아 유림세력을 결집시킨 결과 중 하나이기도 하다.

밀양(6명), 김해(3명), 창녕(3명)의 서명도 눈여겨 볼 만하다. 여기에 절대적으로 영향을 미친 인물은 소눌(小訥) 노상직(7번 盧相稷)이다. 김해 한림면(전 생림면) 금곡출신의 거유(巨儒)로 일찍이 중국으로 망명생활을 겪었다. 귀국하여 밀양, 창녕에서 후학을 길러냈다. 김해금곡의 금산서당과 밀양 등지에서 사연서당(泗淵書堂), 자암서당(紫巖書堂)을 열어 민족운동을 전개했다. 밀양의 서명자 박상윤(50번), 이학규(53번), 안종달(54번), 손상현(55번)등은 모두 그의 학맥을 잇는 문하생들이다. 김해 허 평(49번)도 그의 학맥이다. 서명자들의 출신지역이 중복되거나 다르게 나타나는 경우가 이런 이유때문이다.

하동의 정규영(85번)은 가장 최근인 2013년에 건국포장을 추서받은 인물이다.

금남면 대치리 출신으로 통정대부 비서감(정3품)과 하동향교 전교를 거쳤다. 곽종석 문인으로 서명당시 59세였다. 전 재산을 민족교육과 독립운동에 바쳤다. 김창숙의 중국행 등에 거사자금 500원을 아들 정재완을 통해 전달하기도 했다.

장서의 의식변화

파리장서에서 중요한 역사적 흐름을 하나 발견할 수 있다. 파리로 발송하는 과정에서 그 내용이 변화하고 있음이다. 곽종석의 원본이 몇군 데나 바뀌고 있다. 단순한 문구수정이 아니라 장서를 통해 유림의 내재의식의 변화를 대변하고 있다는 것이다. 장서는 순 한문 1400여 자로 구성되어 있다. 여기에 곽종석의 원본에 나타났던 왕조복구의 염원이 발송본에서 근대민족의식으로 변화하고 있다. 임금의 존재보다 국가와 민족의 실체가 더 중요함을 강조하고 있다,

원본에는 유림의 위정척사적인 왕조복구사상이 강하게 깔려있다. 그러나 발송하는 과정에서 혁신적이고 실천적인 유림의식이 나타나고 있다. 이른 바 혁신유림세력이 등장하고 있다. 장서를 휴대하고 간 김창숙과 재경유림 등이 그 주축세력이다. 혁신유림들은 장서를 재정리하고 서명자를 규

합하는 과정에서 곽종석의 원본을 일부 달리 표현하기도 했다. 민족독립의 절대성을 강조하는 대목에서도 '우리 임금과 우리나라(吾君吾國)의 의식에서 우리나라와 우리민족(吾國吾民)'으로 바꿔 놓았다.

| 곽종석 집터 근경(경남 거창군 가북면 중촌리 다전마을, 독립기념관)

이 밖에 군데군데 왕조복구를 염원하는 복벽사상에서 탈피하고자 하는 세계관이 엿보인다. 앞서 호서본인 김복한의 파리장서에도 독립과 함께 왕조복구를 염원하는 의식이 강하게 담겨져 있었다. 구한말 의병장인 그가 위정척사사상을 근저로 깔고 있음을 알 수 있다.

그럼에도 실제 김창숙 등 혁신유림은 장서를 휴대하여 중국 상해로 망명하면서 상해임시정부에 투신했다. 국내유림의 왕조복구사상이 장서의거 과정에서 국제질서에 대처하고자 하는 시각으로 전환하고 있음이다.

김창숙을 중심한 혁신유림세력은 이후 1925년 국내로 들어와 제2차 유림단의거를 진개했다. 이 역시 곽종석의 문집

발간을 계기로 경남,북 유림이 합류했다. 독립청원에서 이제 군자금 모집과 독립군기지 건설에 나선 것이다. 신건동맹단(新建同盟團)을 조직하여 유림의 무장투쟁방략을 전개했다. 파리장서의거를 계기로 유림의 세계관의 변화를 파악할 수 있는 역사적 배경이라 하겠다.

■ 파리장서 경남서명자 (전국 137명중 42명)

(출신, 나이 등은 국가보훈처 기록을 중심으로 향토자료를 참조하였음.. 42명중 나이 확인 자는 38명, 최연장자, 곽종석(74세, 거창), 최연소자, 김상진(23세, 합천), 평균연령 54세)

◆ 합천(11명, 평균연령 48.8세, 곽종석 문인 중심)

서명순	이름, 당시나이	출신	생존시기	비고
71번	문 용(文 鏞, 59세)	–	1861–1926	고성 영오면 오동리 출생. 호 겸산(謙山) 일명 문창석.
72번	송호완(宋鎬完, 57세)	대병	1863–1919	※ 합천의 한국유림독립운동 파리장서비(일해공원, 2007.12)에는 윤중수(尹中洙)도 포함, 12명이 올려져 있음. 윤중수(1891~1931)는 묘산 화양출신. 김창숙, 윤충하 등과 재경유림으로 활동. 1990년 건국훈장 애족장 추서. 묘산 화양에 고요하고 초라한 집이란 뜻의 윤씨문중의 묵와고가(默窩古家)가 있음. 중요민속자료 제206호
73번	송호곤(宋鎬坤, 55세)	대병	1865–1929	
86번	송호기(宋鎬基, 54세)	대병	1866–1935	
88번	송철수(宋哲秀, 57세)	대병	1863–1955	
89번	박익희(朴翼熙, 67세)	대병	1853–1922	
90번	송재락(宋在洛, 60세)	대병	1860–1929	
101번	전석구(全錫九, 24세)	쌍책	1896–1970	
103번	전석윤(全錫允, 26세)	쌍책	1894–1966	
106번	김상진(金相震, 23세)	쌍책	1897–1946	
133번	김동수(金東壽, 55세)	용주	1865–1931	

◆ 거창(7명, 평균연령 63.3세, 곽종석과 문인 중심)

서명순	이름, 당시나이	출신	생존시기	비고
1번	곽종석(郭鐘錫, 74세)	가북	1846–1919	산청 단성출생
34번	김재명(金在明, 68세)	남상	1852–1923	
35번	변양석(卞穰錫, 61세)	가조	1859– ?	
37번	이승래(李承來, 64세)	남하	1856–1927	
38번	윤인하(尹寅夏, 65세)	남하	1855–1928	
40번	박종권(朴鐘權, 59세)	남하	1861–1927	
41번	윤철수(尹哲洙, 52세)	남하	1868–1942	

◆밀양(6명, 평균연령 51.7세)

서명순	이름, 당시나이	출신	생존시기	비고
7번	노상직(盧相稷, 65세)	노곡 단장에서 후학 양성	1855~1931	창녕이 세거지인 한강(寒岡)정구(鄭逑)와 성호 이익의 학통. 김해 한림(전 생림)금곡출생. 77세에 마산서 별세. 장석영, 김복한과 협력, 문하생 10여명이 서명. 그의 비석은 지금 김해 한림(쇠실마을) 입구에 새겨져있다. 문중이 관리하고 있다. 2003년 건국포장 추서.
50번	박상윤(朴尙允, 39세)	부북	1881~1938	노상직 문하
53번	이학규(李學奎, -)	삼랑진	-	노상직 문하
54번	안종달(安鐘達, -)	산외	-	노상직 문하
55번	손상현(孫上鉉, -)	산외	-	노상직 문하
68번	김태린(金泰鱗, 51세)	김해	1869~1927	노상직 문하 청도 등과 중복. 스승 노상직 뜻 받들어 김해 등지서 서명활동.

◆진주(4명, 평균연령 58.5세, 곽종석 문인 중심)

서명순	이름, 당시나이	출신	생존시기	비고
23번	하겸진(河謙鎭, 50세)	수곡	1870~1946	
28번	하봉수(河鳳壽, 63세)	사곡	1857~1939	
29번	이수안(李壽安, 61세)	대곡 마호	1859~1929	
30번	하재화(河載華, 60세)	수곡	1860~1937	덕천서원 중건

◆산청(4명, 평균연령 55세, 곽종석 문인 중심)

서명순	이름, 당시나이	출신	생존시기	비고
27번	조현규(趙顯珪, 43세)	단성	1877~1950	
31번	하용제(河龍濟, 66세)	단성	1854~1919	무과등제. 격포진 수군첨사 지냄. 덕천서원 경의당(敬義堂) 현판 글씨 씀.
32번	박규호(朴圭浩, 70세)	단성	1850~1930	
76번	박정선(朴定善, 41세)	산청	1879~1956	2005년 건국포장 추서

101

◆ 창녕(3명, 평균연령 48세)

서명순	이름, 당시나이	출신	생존시기	비고
64번	강신혁(姜信赫, 41세)	고암 억만	1879~1966	노상직 문인. 밀양과 중복. 본적, 밀양 부북. 묘소는 창녕고암 우천리 덕곡령.
66번	이정후(李定厚, 66세)	유어	1871~1950	의령과 중복.
67번	노도용(盧燾容, 37세)	이방	1883~1952	※노상직과 함께 조긍섭(1873~1933,고암),김희봉(1875~1927,고암)도 창녕인으로 서명한 자료가 나타나고 있음. 노상직 문인. 2005년 건국포장 추서.

◆ 김해(3명, 평균연령 47세)

서명순	이름, 당시나이	출신	생존시기	비고
48번	유진옥(柳震玉, 48세)	외동	1871~1928	
49번	허 평(許 坪, ー)	ー	ー	노상직 문인. 밀양 단장 등과 중복.
63번	안효진(安孝珍, 63세)	ー	1874~1946	※ 배종순(47번, 경북 성주) 김정기(金定基, 69번, 1885~1946) 경북 청도, 이돈호(75번, 경북 영양) 박정선(76번) 등도 노상직의 학맥.

◆ 의령(2명, 평균연령 52세, 곽종석 문인 중심)

서명순	이름, 당시나이	출신	생존시기	비고
109번	조재학(曺在學, 59세)	화정 상정	1861~1943	최익현 휘하에서 소모오위장(召募五衛將)으로 활약. 임병찬(林炳贊) 등과 독립의군부(獨立義軍府)를 조직, 독립운동에 헌신. 1980년 건국포장, 1990년 건국훈장 애국장 추서.
116번	이태식(李泰植, 45세)	정곡	1875~1952	곽종석 문인

◆ 하동(1명, 60세)

서명순	이름, 당시나이	출신	생존시기	비고
85번	정규영(鄭奎榮, 60세)	금남 대치	1860~1921	통정대부 비서감승(정3품), 하동향교 전교. 곽종석 문인. 2013년 건국포장 추서.

◆ 울산(1명, 64세)

서명순	이름, 당시나이	출신	생존시기	비고
136번	이규린(李圭麟, 64세)	웅촌	1856~1937	

102

백산 안희제 - 자력(自力)으로 해방을 기원하다 _ 이귀원

비밀결사, 대동청년단을 조직하다

백산은 1885년(고종 22년) 경남 의령군 부림면 설뫼 마을에서 임란 의병장 안기종의 후손 안발의 맏아들로 태어났다. 그의 집안은 천석지기 향반가(鄕班家)였다. 일곱 살 때 친척인 서강(西崗) 안익제한테서 유학을 익혔으며 수파(守坡) 안효제의 감화를 받았다. 위암 장지연과 친교가 깊었던 안효제는 강경한 위정척사파 항일지사이었다.

백산은 1905년 11월 을사늑약의 소식을 듣고 서울로 올라가 이듬해인 1906년 사립 흥화학교(설립자 민영환)를 다니고, 1907년 보성전문학교 경제과에 입학했다가 이듬해인 1908년 3월 양정의숙으로 전학한다. 이 시기에 그는 국권회복운동의 한 갈래인 자강운동에 참가한다.

1908년 3월에 조직된 교남교육회(嶠南敎育會)에 참가하여 지방 순회 강연을 하면서 학교 설립을 권장하였다. 교남교육회 참가를 전후하여 의령군 중동 의신학교, 고향 설뫼 마을 창남학교, 동래 구포 구

| 백산 안희제

명학교, 안동 천전 협동학교의 설립과 운영을 지원하였다.

무엇보다도 백산의 삶에서 가장 중대한 사건은 이 시기에 비밀결사 대동청년단(大東靑年團)을 조직한 일이다. 대동청년단은 1909년 안중근 의사의 하얼빈 의거를 계기로 그 해 10월에 박중화, 남형우, 안희제, 김두봉, 신백우, 이경희 등이 조직한 것이다. 창립 당시 단장은 남형우, 부단장은 안희제였다. 이 조직은 서른 살 안쪽 청년 민족주의자들의 결집체로서 그 구성원의 출신 지역은 영남이 다수를 차지하고 있다.

이들 가운데에는 교남교육회의 청년 회원이 한 축을 형성하고 있긴 하나, 신민회 청년 회원이 다른 한 축을 형성하고 있어 신민회 계열의 청년 단체로 보아도 무방하다. 다만, 신민회가 평안도 중심, 기독교인 중심이고, 서구와 미국 지향의 문명개화론이 주류를 이루는 데 반해, 대동청년단은 경상도 중심인데다가 개신유학적 사상 배경을 갖고 있고, 그 흐름 속에서 대종교의 강렬한 단군민족주의 지향으로 나아갔던 면에서 차이를 보이고 있다.

대동청년단이 결성된 해에 역시 서울에서 창설된 대종교는 처음부터 독립운동을 목표로 세워진 종교단체로 강렬한 민족주의 의식을 담고 있었다. 대종교는 경술국치를 계기로 교세가 더욱 확장되어 신민회원을 비롯하여 만주와 중국 관내 지역에 망명한 독립운동가 다수가 입교했다.

대동청년단은 일제 강점 이후 만주, 연해주의 독립군기지 건설운동, 상해의 대한민국임시정부, 의열단과 국내의 비밀결사운동을 연결하는 고리의 역할을 수행했다는 점, 영남 지역을 중심으로 한 여러 갈래의 비밀결사운동에 젖줄을 대었다는 점에서 각별한 의미를 갖는다. 그 단원들은 이후 안희제의 항일투쟁 내내 그와 거미줄처럼 연결되어 활동하였다.

양정의숙을 졸업한 1910년에 나라를 빼앗기자 백산은 1911년 봄에 나라 밖으로 나갔다. 그는 러시아 블라디보스톡에 머물다 1912년 초 페테르스부르그로 갔다. 그리고 그곳에서 만난 대한인국민회 시베리아지방총회 회장 이갑과 의논하여 국내로 돌아가 국외 독립운동과 국내의 연락, 독립운동 자금 조달 임무를 맡기로 하였다.

귀향과 백산상회

백산은 늦어도 1913년 초에는 망명 생활을 접고 고향으로 돌아온 듯하다. 그는 이유석, 추한식 등 초량객주들과 더불어 부산 동광동에 백산상회를 세운다. 이어 1914년 가을에 고향 논밭을 팔아 백산상회를 전국적인 상업회사로 발돋움하게 한다. 그가 국내로 돌아와 백산상회를 설립한 까닭은 독립군 기지 건설을 위한 군자금 조달, 국내외 민족해방운동의 연락망 구축, 결정적 시기에 국내외 민족해방운동 세력이 협응하여 총궐기에 떨쳐나서게 할 수 있는 국내 기반 마련을 위한 것이었다.

| 의령 백산 생가(경남도민일보)4

　한편, 대동청년단은 1910년대의 어느 시점에 서간도에서 대동청년당으로 개명하고 조직을 정비하였다. 힘을 응축해 가던 대동청년당과 백산상회의 활약이 가장 돋보였던 것은 3.1운동을 전후한 시기였다.

　백산은 1918년 12월, 수파 안효제의 제사에 참례하기 위해 만주로 건너가 박광, 김삼 등 대동청년당 동지들과 윌슨의 민족자결주의 선언으로 조성된 새로운 국제정세와 항일 결전의 방침에 대해 의견을 나누고 돌아왔다. 이어서 남형우와 함께 백산무역주식회사 주주 모집을 빙자하여 각지를 돌며 동지를 규합, 민중봉기의 기반을 닦는 한편, 중국, 일본 독립운동 세력의 국내 연락 활동을 도왔다.

　1919년 1월 중국 상해 신한청년당의 장덕수가 백산상회로 안희제를 찾아온다. 신한청년당은 파리평화회의에 조선 독립청원서를 제출하고자 김규식을 파견하기로 하였으나 김규식의 파리행 여비를 조달하기가 어려웠다. 안희제는 장덕수가 요청한 자금을 건네주었고, 김규식은 비로소 유럽행 선편에 몸을 실을 수 있었다.

이어 1919년 2월에는 동경에서 2.8독립선언을 감행하고 그 선언서를 국내로 들여오기 위해 이를 몸에 숨기고 부산에 내린 김마리아가 백산상회를 찾아든다. 거기서 김마리아는 전혀 뜻밖에 큰고모부 서병호와 작은고모 김순애를 만난다. 서병호는 신한청년당의 이사장이었고, 김순애는 김규식 박사의 아내였다. 이들은 신한청년당이 파리평화회의에 독립청원을 하기 위해 대표를 파견했음을 국내 민족 지도자들에게 알리고, 이 청원을 힘 있게 뒷받침할 거족적 항일운동의 불씨를 지피려고 국내로 들어왔던 것이다. 이렇듯 3.1운동을 향한 만주와 상해, 일본의 움직임이 백산상회에서 합류하고 있음은 특기해도 좋을 것이다.

안희제는 집안 조카인 안준상으로 하여금 고향 의령의 산속에서 독립선언문 수만 장을 등사하여 영남 각지에 배포하게 하였다. 대동청년당원인 김관제와 변상태는 각각 경남 동부 지역과 서부 지역을 순회하면서 시위를 준비하였다. 특히 변상태는 4월 3일 창원 삼진의거라는 대규모 폭력 시위운동을 이끌어내는 데 성공하였다.

| 부산 용두산공원 백산 안희제선생 동상

임시정부와 백산

한편 3.1운동으로 임시정부 수립 움직임이 전개되자, 안희제는 윤현진, 남형우 등 여러 대동청년당원에게 거액의 운동자금을 주어 영남 대표로 상해 임시정부에 보낸다. 상해에서 맨 처음(1919년 4월 초) 발표된 대한공화국임시정부안에는 윤현진과 남형우가 각각 재무장관과 법무장관에 이름을 올리고 있다. 두 사람 외에도 김두봉, 장건상, 김갑, 김동삼, 최윤동, 최창식, 최완, 임현, 신채호, 김홍권, 송전도 등 다수의 당원이 상해 임시정부에 참여하였다.

이후 임시정부 초기에 백산상회는 그와 밀접한 연관을 가졌다. 임시정부 기관지 〈〈독립신문〉〉 출판부장을 지낸 주요한의 증언에 따르면 안동의 이륭상회와 부산의 백산상회에는 교통사무국을 두었으며 이 두 상회가 〈〈독립신문〉〉 보급의 가장 중요한 통로였다.

한원석도 1921년 여름 중국에서 고향인 부산에 다니러갈 때 부친인 임정 북경주재 대표 한흥교의 편지를 백산에게 전했고, 중국으로 돌아갈 때 거액의 자금이 든 백산의 편지를 건네받아 대동청년당원이자 임시정부 요인이었던 김갑에게 전달했다고 증언하고 있다.

문화운동과 백산

3.1운동 이후 나라 안의 민족주의 진영은 '문화운동'을 펼친다. 그것은 기업 설립, 학교 설립 운동에서 나아가 청년회운동을 통한 대중 계몽, 조직 운동으로 나아갔다. 백산은 이 시기 전국에서 전개된 '문화운동'에서 부산 지역이 선도적 지위를 차지하게 하였다. 이 시기 백산의 활동은 다음과 같이 정리해 볼 수 있다.

첫째, 기업 설립 운동을 주도하였다. 먼저, 최준(경주), 강복순(진주), 윤현태(양산), 전석준(울산) 등 영남의 대지주 자본을 끌어들여, 백산상회를 1918년에는 자본금 14만 원의 합자회사로, 1919년에는 공칭 자본금 1백만 원의 주식회사로 발돋움케 하고 원산, 서울 등지에 지점을 설치, 사업을 확장하였다. 나아가 공업자본 육성에도 힘을 기울여 경남인쇄주식회사, 조선주조주식회사 설립하였다. 인쇄회사는 조선인의 언론, 출판, 선전 활동의 기반이 된다는 점에서, 주조회사는 민족 전통 산업인 탁주 양조업을 근대산업으로 육성한다는 점에서 중요한 의미를 찾을 수 있다. 그는 외령에서 한지(韓紙)를 생산하는 제지업을 벌이기도 하였다,

이렇듯 이 시기 영남 지역 지주자본, 객주자본이 전개한 부산의 기업 설립 운동의 한복판에는 백산이 자리잡고 있었다.

둘째, 교육 운동에 큰 힘을 기울였다. 1919년 11월에는 백산무역 관계자와 영남 유지들의 힘을 모아 준재들을 선발, 국외 유학 기회를 주기 위해 부산에 기미육영회(己未育英會)를 조직한다. 1920년 초에 김정설, 이병호, 전진한, 문시환, 이제만 등 5명을 보낸 것을 시작으로 하여 1921년 초까지 김준연, 박장룡, 윤필균 등 십여 명을 일본과 중국, 구미로 내보내고 이들에게 다달이 학비를 지급하였다.

1920년에는 김병규와 함께 민립고보설립운동을 추진하였다. 1921년에 진주 부호 김기태, 의령의 이우식 비롯한 유지들이 약 13만원의 기부금을 내기로 하고, 여기에 사립 동래고보교 기본 재산 20만원을 합쳐 지금의 부산시민공원 부근에 기지 1만 평의 고등보통학교를 설립키로 하고 학교 이름을 교남민립제일고보(嶠南民立第一高普)로 정하였으나 끝내 물거품이 되고 말았다. 하지만 1923년에 전개된 민립대학설립운동에 앞서 부산에서 민립고보설립운동이 전개되었다는 사실은 특기해야 할 것이다. 백산은 민립대학 설립 운동에도 발기인으로 참여하였다.

셋째, 지역 구심 단체를 설립하였다. 1919년 12월에는 부산 지역의 조선인 자본가들로 부산예월회(釜山例月會)를 조직했다. 아울러 1920년대 전반기 부산 지역 민족운동의 구심체였던 부산청년회를 지원하고 스스로 재무부 간사로 활동하기도 하였다.

넷째, 언론 활동에도 관심을 기울였다. 1919년 말 백산은 백산상회 관계자들과 함께 민간신문 발간 계획을 추진하였다. 당시 부산에 일본인 일간지가 두 개나 되지만 조선인 신문은 하나도 없는 현실에 맞서고자 했던 것이다. 하지만 〈〈동아일보〉〉 창간 시기와 맞물리면서 이에 합류하여 1920년 봄 동아일보 발기인에 참여하여 부산지국을 개설하였다.

다섯째, 주민운동, 노동운동을 지원하였다. 안희제를 비롯한 민족자본가들이 선도한 '문화운동'은 근로대중의 지평으로 확대되어 부산에서도 주민운동이 시작되었는데, 그것은 주택문제 개선 요구 운동과 조선가스전기주식회사에 대한 항의 운동으로 표출되었다. 1921년 부산 부두 노동자 총파업 투쟁 역시 이렇듯 주민운동으로 확대된 '문화운동'의 배경 속에서 전개된 것으로서 그 승리의 뒤에는 민족자본의 지원이 있었다.

협동조합과 백산

1920년대 중엽으로 접어들면서 민족해방운동은 민족주의운동과 사회주의운동으로, 다시 민족주의운동 안에서 타협파와 비타협파로 분화되는데, 후자의 분화는 일제에 대해 타협적 자세를 취하는가 비타협을 견지하는가, 예속적 자본축적을 추구하는가 자립적 민족경제 건설을 추구하는가 하는 문제와 아울러 근로대중의 생활적 요구를 배제하는가, 근로대중의 생활 보호아 신력양성을 지원하느가 하는 무제를 둘러싸고 이루어진다.

　민족주의 좌파(비타협파)와 사회주의 진영은 1927년 항일 독립과 자치운동(민족주의 우파) 배격을 목표로 민족협동전선인 신간회를 결성한다. 백산은 신간회에 직접 참여하지는 않았다. 하지만, 신간회가 결성된 상황에서 영남의 유림 지주들이 영남친목회를 결성하려 하자 백산은 영남의 민족해방운동가들과 함께 이 단체가 신간회로의 민족 역량 집중을 방해하고 지역 강점을 조장한다 하여 그 박멸 운동에 나서 설립을 막았다.

　3·1운동을 전후하여 크게 발흥했던 부산 지역 민족 기업은 거듭된 공황과 일제의 민족 차별적 산업 금융 정책으로 말미암아 급속히 쇠퇴해 갔다. 백산무역주식회사도 사정은 마찬가지였다. 게다가 1925년에는 중역, 주주 사이에 서로 고소를 제기하는 일대 분규에 휩싸여 사실상 영업 중지 상태에 빠지고, 1928년 1월에 해산되고 만다.

　한편, 임시정부 개혁운동을 벌이던 대동청년당원들은 1923년 1월 상해에서 열린 국민대표회의에 대거 참여하였다. 특히 서로군정서 대표로 참여한 김동삼과 배천택은 국민대표회의 의장과 비서장으로 선출되었다. 청년당원들은 국민대표회의에서 의견 차이로 인한 분열, 충돌을 막기 위해 회합을 갖고 대동청년당을 국민당(이사장 남형우)으로 개명하였다. 국민당의 강령을 보면 남북 만주 토지개척사업으로 농민의 자작자급과 독립운동 자금 조달을 꾀하고, 젊은 이들을 중국의 무관학교에 파견하여 독립군 간부를 양성하며, 테러투쟁단체를 조직한다고 하여 경제적 실력양성운동과 무장투쟁, 의열투쟁을 병행, 통합하고자 하였다. 일제 경찰은 이 국민당의 실질적 주도자를 안희제로 지목하고 있었다.

국민당은 국내에도 조직을 확장하였는데, 비밀결사 '기역(ㄱ)당 사건'이 그 사례라고 할 수 있다. 1928년에 영남 지역 청년 민족주의자들이 만든 '기역당'은 조선민족의 절대 해방을 꾀하고 이를 위해 활동 무대를 만주에 둔다는 강령과 만주에 미개간지를 개척하여 농민을 이주시키고 이곳을 근거지로 삼아 조선 내외와 연락을 취하며 중국 군관학교에 청년들을 유학케 하여 독립전쟁을 준비함과 동시에 국내에서는 자금을 모집하고 일제관리, 친일파를 처단한다는 계획을 갖고 있어 국민당의 독립운동 방략과 정확히 일치함을 알 수 있다. 이들은 신간회 대구지회, 부산지회의 간사들임에도 신간회, 근우회와 같은 합법대중운동으로는 민족해방을 달성할 수 없으므로 소수 전위의 비밀결사운동을 벌여야 한다고 주장하였다. 이 사건의 핵심 인물인 이강희가 안희제의 영향 아래 부산협동조합장과 협동조합경리조합 이사, 잡지 《〈자력〉》 기자로 일하고 있었던 점에서 백산과 밀접한 연관이 있었다고 보아도 좋을 것이다.

안희제는 1928년에는 기미육영회를 통해 일본에 유학시킨 전진한을 비롯하여 이시목, 함상훈 등이 이끌던 협동조합운동사에 참가하였다. 그 해 3월, 김칠성, 우길룡, 윤봉래, 이강희 등 신간회 부산지회로 결집되어 있었던 부산지역 비타협 민족주의자들을 망라하여 부산협동조합을 창립하였다. 나아가 서울의 협동조합운동사 본부와 각 지방 협동조합의 연락기관으로 서울에서 설립된 협동조합경리조합의 이사장에 올랐다. 또한 자력사(自力社)라는 잡지사를 경영, 월간 잡지 〈〈자력〉〉을 발간하였다.

협동조합운동사는 조선의 민족운동이 협동조합이라는 경제운동으로부터 시작하여 정치운동으로 나아갈 수 있으며, 협동조합을 통해 생산자가 소유권과 경영권을 가짐으로써 자본-임노동 관계를 지양할 수 있다고 주장하면서 1926년 5월 재일 유학생들이 동경에서 조직한 것으로, 1928년 4월 본부를 동경에서 서울로 이전, 활발한 활동을 벌였다. 협동조합운동사와 관련된 협동조합이 가장 왕성하게 설립된 곳은 영남 지방으로 부산, 의령, 함안, 동래, 밀양, 마산, 창원, 통영, 하동, 진주 등에 설립되었다. 이들 지역에서 협동조합이 활발히 결성된 데에는 안희제의 영향력이 작용한 바가 컸을 것이다. 하지만 협동조합운동사는 일제의 거듭된 탄압으로 1931년 무렵 해체되어 버렸다.

한편, 그는 1929년 9월 1일 대동청년당원이었던 이우식, 최윤동, 이호연, 이경희, 김홍권, 이형재, 신상태, 황상규, 최태욱, 협동조합사의 이시목을 참여시켜 일제시기 3대 민족지의 하나인 중외일보사(中外日報社)를 인수, 자본금 15만원의 주식회사로 만들고 사장에 취임하였다. 그리고 그 해 9월 27일자부터 우리나라에서는 처음으로 조석간 4면씩 하루 8면을 발행하였다. 이에 자극받아 〈〈동아〉〉,

〈〈조선〉〉도 8면으로 맞서 치열한 경쟁을 벌이게 되었다. 재력이 빈약한 〈〈중외일보〉〉로서는 스스로 불을 댕긴 경쟁을 견뎌내지 못하고 결과적으로는 자신의 수명을 단축하는 결과를 가져온다. 결국 고질적 재정난을 타개할 수 없었던 데다가 세계대공황까지 겹쳐 1931년 6월 19일 종간호를 낸 후 9월 2일 주주총회에서 주식회사 해산을 결의했다.

| 동아일보 창간사옥이며, 중외일보 사옥이 있었던 곳(서울시 종로구 화동 138, 독립기념관)

만주지역과 백산

안희제는 1932년, 경북 봉화 금정 광산 개발로 떼돈을 번 김태원과 함께 발해의 도읍이었던 북만주 흑룡강성 동경성(東京城)에 토지를 사들였다. 이듬해에는 아예 이주하여 목단강 상류를 돌로 쌓아 막고 농지에 물길을 대어 드넓은 땅을 개간, 조선 남부 지방 실농민 3백여 호를 동경성으로 옮겨 살게 하고 개간을 확대해 나갔다. 그는 이곳을 발해농장이라고 이름지었다. 또한 발해보통학교를 세워 스스로 교장 일을 맡았다.

이 시기에는 1929년 세계대공황과 1931년 만주사변으로 일제의 폭압이 노골화하고, 신간회가 해소되는 등 비타협적 민족주의자들의 국내 활동 공간이 사라지고 있었으며 일제와 중국의 대립이 특히 만주 지역을 무대로 첨예화하여 이곳이 독립운동의 핵심 지역으로 떠오르고 있었다. 그는 농장 경영을 통해 동포 이주민을 자작농으로 길러내어 생활을 안정시킴과 함께 경제적, 교육적 실력을 양성, 그 물적, 인적 기반으로 무력 투쟁과 연계하고자 하였는데, 그것은 신민회에 의한 독립군 기지 건설 운동 이래 비타협 민족주의자들의 한결같은 민족해방운동 방략이었다.

또한, 백산의 협동조합운동이 농민의 생존권 수호를 주요 내용으로 하고 있는 것이었을 뿐 아니라 잡지 〈〈자력〉〉이 만주 이주 조선인의 생활 상활에 대해 관심을 나타내고 있었던 점, 발해농장의 자작농 육성 방식이 5개년 연부 상환 조건으로 토지를 분배하는데, 곡물로 상환 받지 않고 다른 농지를 개간하고 수로를 개설하게 함으로써 5년 단위로 계속해서 개간 농지를 확대하고, 자작농을 육성하는 것으로서 협동조합운동 시기에 함안농장에서 개발해 낸 방식이라는 점에서 볼 때, 그의 만주 이주와 발해농장 경영은 협동조합운동의 연장이자 본격적 구현이라고 볼 수 있다.

나아가 그것은 대종교 운동과 직결되어 있었다. 백산은 이 때 대종교 포교 활동에 힘을 쏟는데, 민족종교인 대종교를 통해 만주 지역 조선인에게 민족의식을 북돋우고, 대종교를 독립운동의 정신적 구심으로 삼고자 했던 것이다.

결국 백산의 발해농장 경영은 협동조합운동과 민족종교, 교육운동의 통일을 통해 "단족이상촌(檀族理想村)", 곧 독립운동 근거지를 구축한다는 웅혼한 기획의 산물이었던 것이다.

그러나 일제가 만주를 강점하고 괴뢰 만주국을 세워 놓았을 뿐 아니라 중일전쟁을 치르고 소일전쟁을 대비하기 위해 막대한 군사력과 경찰력을 이곳에 투입해 놓은 상황에서 그의 의도가 전면적으로 관철되기는 어려웠다.

백산은 1934년 대종교 총본사를 발해농장이 있는 동경성에 옮기게 하여 교세 확장을 도모하고 총본사 운영비를 비롯하여 대종교단의 모든 경비를 단독으로 부담하였다. 나아가 경의원(대종교 의결기관) 부원장, 대종학원 원장, 대종교서적간행회 회장, 총본사 전강(교육, 출판을 통한 포교 활동 총책임자), 천전건축주비회 총무부장을 맡아 활발한 활동을 펼쳐 나갔다. 이러한 백산의 노력으로 대종교의 교세는 급팽창해 나갔다.

대종교 총본사에서는 1942년 음력 10월 3일 개천절 경축식을 거행한 뒤 만주국 정부와 조선총독부에 정식 포교 승인을 신청하기로 하였다. 하지만 일제는 이에 대해 대종교 간부 25명을 체포하는 것으로 대답하였다. 일제는 "대종교는 조선민중에게 조선정신을 배양하고 민족 자결 의식을 선전하는 교화단체이니만큼 조선 독립이 그 최후 목적이라"고 규정, 반국가단체 죄목으로 대종교를 탄압했던 것이다.

이를 대종교에서는 '임오교변(壬午敎變)'이라 하고, 이 사건으로 순국한 이들을 '임오십현(壬午十賢)'이라 한다.

임오교변은 조선어학회사건의 '주모자'이극로와 대종교 교주 윤세복 사이에 오고간 편지 속에 들어 있던 이극로의 글 〈널리 펴는 말〉과 윤세복의 글 〈단군성가〉가 빌미가 되었다. 일제는 조선어학회와 대종교단 사이에 긴밀한 연계가 있다고 파악하여 둘을 싸잡아 때려잡고자 하였다. 일제는 '널리 펴는 말'이란 제목을 '조선독립선언서'로 바꾸고 글 마지막 부분의 "일어나라! 움직이라! 한배검이 도우신다"는 구절을 "봉기하자! 폭동하자! 한배검이 도우신다"로 날조하였다.

당시는 일제가 자신이 저지른 전쟁이 제2차 세계대전으로 확대되는 가운데 이미 친일적 논조가 뚜렷한 동아일보와 조선일보까지 강제 해산시키고, 진단학회와 같은 정치적 성격이 매우 옅은 한국사 연구 단체까지 해체시켰으며, 신사참배 강요와 창씨개명으로 민족 말살 정책에 미쳐 날뛰고 있던 시기이다. 임오교변은 위와 같은 조선 민족 말살 정책의 연장이라는 측면에 더하여 장고봉사건 등 소련과의 잦은 국경 충돌로 소일전쟁이 예견되는 상황이었다는 측면도 작용하였을 것이다. 소일전쟁 때 항일로 돌아설 위험성이 높은 대종교가 소련과 인접한 지역에서 교적 간행과 천전 건립 추진, 대종학원을 통한 교육활동 등 활발한 포교 활동으로 급격히 교세가 신장되자 탄압의 칼날을 들이댄 것이다.

118

백산, 순국하다

그 미친 칼날은 항일 독립의 불씨를 간직하려던 백산의 눈앞에 다다랐다. 신병 치료를 위해 잠깐 고향에 내려와 있던 그는 조선어학회 사건이 터지자 그 동안 써놓은 일기와 편지 등 모든 문서를 불태웠다. 이극로, 이우식, 윤병호 등 자신과 가장 가까웠던 동지들과 집안 조카인 안호상까지 끌려들어간 그 사건에서 자신이 결코 무사하지 못할 것임을 직감하고 있었기 때문이다. 그가 목단강성 경무대 형사대에 끌려 함흥을 지날 때 조선어학회 사건을 담당하고 있던 함흥경찰서의 형사가 "우리가 모셔야 할 분을 목단강 경찰서의 당신들이 모셔가는구료,"하고 말한 것은 이러한 사정을 이야기하는 것이다. 백산은 임오교변으로 투옥된 지 아홉 달 동안 모진 고문과 옥살이 끝에 1943년 9월 2일(음력 8월 3일) 쉰 아홉의 나이로 순국하였다.

백산의 독립운동, 의리(義理) · 자력(自力) · 협동(協同)

백산의 삶을 돌이켜보면 을사늑약의 소식을 듣고 서울로 올라간 일, 경술국치 직후 독립운동 방략을 구해서 러시아로 떠난 일, 일제의 우리 민족 수탈의 거점인 부산에 백산상회를 세운 일, 협동조합운동과 언론 활동을 위해 다시 서울로 올라간 일, 만주사변 직후 만주로 가서 발해농장을 세운 일, 그 모든 행로가 일제와 민족의 대립의 맨 앞, 혹은 한복판에 서기를 자청한 것임을 깨닫게 된다. 여기서 우리는 불의에 항거하여 굽힘없이 내의를 지겨 니기는 청유(淸儒)이

'의리(義理) 정신'의 진정한 구현을 본다. 그 의리가 세상을 구하기 위한 것인 한 수구와 은둔이 아닌 혁신과 항쟁을 통해서만 이룩할 수 있다는 것이 그의 삶을 일관하는 정신이었다.

| 동아일보, 1922.9.24

백산이 숨을 거두기에 앞서 장남 상록에게 남긴 마지막 말은 "가사(家事)든 국사(國事)든 오직 자력(自力)을 중심으로 해야"한다는 것이었다. 그가 펴낸 잡지가 〈〈자력〉〉이었고, 그의 유언이 "자력"이었던 데서 알 수 있듯이 항일 구국으로 일관한 그의 사상은 '자력 정신'이었다. 민족의 차원에서 그것은 정치적으로는 민족 자주 독립 정신이며, 경제적으로는 민족 자립 경제 건설 노선이었으며, 민중의 차원에서는 민중 자치의 정신이었으며, 개인의 차원에서는 자력 갱생의 정신이었다.

그의 독립운동 방략 또한 이러한 자력 정신에 바탕을 둔 것이었다. 1900년대부터 1940년대까지 그의 독립운동에서 드러나는 두드러진 특징은 시종 경제운동과 결합되어 있었다는 점이다. 경제적인 바탕 없이는 자주적인 항일 독립국가 건설은 가당치 않다는 정신이 그의 항일 생애 전반에 가로놓여 있는 것이다. 그러나 그는 예속적 근대화 방략을 내세우거나 경제와 교육을 통한 실력양성만을 고창하고 정치투쟁, 무장투쟁을 배제하는 타협 민족주의 노선과는 확연히 선을 그었다.

그의 삶을 일관한 또 하나의 정신은 민족협동, 농민협동의 협동 정신이었다. 그가 참여한 교남교육회, 대동청년단, 백산상회, 기미육영회, 협동조합사, 중외일보사 등은 주로 영남 지역을 무대로 지역의 유림, 지주에서부터 노동자, 농민에 이르기까지 광범위한 항일 역량을 육성, 결집해 내었다. 그는 초기에 지주, 자본가들의 자본 협동으로 민족산업, 민족자본을 육성하면서 이를 기반으로 독립운동을 지원하고자 하였다. 하지만 조선인 지주, 자본가들이 독립운동에서 이탈해 나가자 농민 협동으로 노선을 전환하였다. 민족협동전선으로서 신간회가 결성된 상황에서 영남 유림 지주들이 영남친목회를 조직하자 이것이 신간회로의 민족역량 집중을 방해하고 지방 분열을 조장한다 하여 박멸 운동에 나섰다. 그는 시종 일관 영남이라는 지역성에 강고하게 뿌리박고 있었지만, 지주, 자본가들이 지방열로 퇴행하는 데에는 단호히 맞서 싸웠던 것이다.

이러한 익리정신, 자력정신, 협동정신에 바탕을 둔 그의

운동 방법의 특징은 근거지 건설과 광범한 연결망 구축이었다. 그는 자력 정신에 바탕을 둔 장기항전 노선을 걸었다. 평생을 땅을 갈고 씨를 뿌리는 근거지 건설의 삶으로 일관하였다. 또한 그는 마치 거미와 같았다. 근거지를 마련하고 그곳을 중심으로 국내와 국외에 걸쳐 광범위한 연결망을 짰다. 그것은 합법과 비밀의 이중 연결망이었다. 그는 이를 이용하여 폭넓고 다기한 항일운동을 전개해 나갔다.

| 백산기념관(부산시 중구 백산길11)

명도석과 옥기완 _ 배석만

"조선 최초의 노동야학, 마산야학의 십사년 기념"

광무11년(1907년) 설립된 마산노동야학교가 창립 14년 기념식을 성대하게 열었다는 1921년 7월 16일자『동아일보』사회면 기사의 제목이다.『동아일보』는 마산노동야학교를 '마산 노동계에 새로운 생명이 되는 교육기관'으로 칭송했다. 이 학교를 설립하는데 주도적인 역할을 한 것이 옥기환(1875-1953)과 명도석(1881-1954)이다. 옥기환이 명도석보다 6살이 위였으나 이 둘은 개항기에 태어나 일제시기 마산을 대표하는 유지이자 기업인, 교육자로 활동했고, 해방 후에는 미군정기 잠깐의 활동을 끝으로 침묵했으며, 한국전쟁 말미에 1년을 사이에 두고 사망했다. 일제시기 마산지역을 대표하는 두 사람의 활동 공간은 겹치기도 하고 분리되기도 하지만, 대체로 비슷한 동선을 그렸다는 것은 흥미롭다.

상인과 노동자

| 명도석 사진(동아일보 2005.8.24.)

| 옥기환사진(허정도와 함께 하는 도시이야기)

　초창기 두 사람의 활동 무대는 마산 어시장이었다. 전통과 근대가 뒤섞여 있는 최전선이었던 항구에서 객주 상인으로서 일본 상인들과 경쟁하고 돈을 벌면서, 부두에서 일하는 노동자를 보았을 것이다. 마산항 개항이 19세기의 마지막 해인 1899년이니, 옥기환이 24살의 청년, 명도석은 18살의 약관에 조금 못 미치는 나이였다. 이 두 명의 젊은 개항장 상인은 나라가 망하기 3년 전에 노동자를 교육시키겠다는 뜻에 주도적으로 동참한다. 옥기환은 돈을 내고 교장이 되어 학교 경영을 담당했고, 명도석은 교사가 되어 노동자 교육을 담당했다. 마산보다 큰 항구이자 훨씬 이전에 개항되었던 부산과 인천에도 없었던 노동야학교를 개항 8년 만에 설립한 이유는 무엇이었을까. 마산이 노동야학의 발상지인가에 대해서는 학계의 논란이 있고, 이것이 아니더라도 좀 더 치밀한 검증이 필요하다고 느낀다. 그렇지만『동아일보』에서 보듯이 당대의 인식이 그러했다는 것은 가치를 가지며, 노동자 교육에 대한 마산의 '선도성'은 확실해 보인다. 수강하는 주요 학생들이 마산어시장 상인의 고용원이 있었고, 주로 한글, 일

본어, 한문을 가르쳤다고 하니 상인이 점원을 잘 써먹기 위한 직장교육프로그램으로 볼 수도 있지만, 이들만을 가르친 것은 아니다. 이들 외에도 항구에서 날품팔이를 하던 부두 노동자, 공장 노동자, 농민과 도시 빈민의 아이들을 무료로 가르친 것이니, 망해가는 나라를 보면서 제국주의 침략의 관문에 서 있던 청년 상인들의 노동자 각성, 민중에 대한 애국계몽 의지가 보다 강했을 것이다. 이것은 두 사람의 이후 삶의 행적을 통해서도 충분히 증명된다.

옥기환은 일제시기 성호초등학교, 마산중학교 설립을 주도했고, 1921년에는 마산공립상업학교를 설립했다. 명도석은 민립대학 설립 발기인으로 참여했다. 4대에 걸친 지주라는 재력가 집안이고, 원동상회를 경영하고 있던 옥기환의 근대교육에 대한 투자와 지원은 보다 활발했다. 1921년 마산학원과 마산여자야학교에 대해 200엔의 운영비를 기부했고, 1927년에는 마산고등보통학교 설립을 위한 창립기성동맹회 조직을 주도하고 1만 엔의 거액을 모금하였다. 옥기환의 근대교육에 대한 관심은 지역향토사회에만 머무르지 않았다. 1924년 북간도 동흥중학교 확장자금의 모금을 주도하고, 이와 별개로 300엔을 기부한 것은 대표적 사례이다. 1935년 만 60살이 된 옥기환은 회갑연을 여는 대신 그 비용 1,300엔을 마산의 각종 사립학교, 유치원, 야학교, 소방조 등 14개 단체와 극빈민 구제금으로 기부하여 당시 언론에 미담으로 소개되었다. '쓸데없는 허식용비에 소비하는 비용을 유효하게 환용하는 씨의 처사를 일반이우 찬양한다고 한다'라는 보도기사가 '마산유지이자 교육운동가 옥기환'의 모습을 형상화한다.

명도석은 좀 더 적극적인 사회운동에 참여했다. 동아일보의 창립 주주로 이름을 올렸고, 마산물산장려회에도 적극적으로 참여했으며, 1935년 마산체육회 창립을 위한 기성회가 조직되었을 때는 임시의장직을 맡았다. 마산지역 조선인사회를 대표하는 활발한 사회활동으로 인해 명도석은 일제 경찰이 주목하는 요주의 인물이었다. 전시체제기 일제의 창씨개명에는 마산지역을 대표하여 반대의 전면에 나서기도 했다.

| 명도석기념비(창원시 봉암동 봉암로변)

한말 개항장의 객주 상인이었던 옥기환과 명도석은 춘원 이광수가 1924년 일간지에 연재한 그의 소설 '재생(再生)'에서 철저하게 조롱했던 누대에 걸친 육의전 상인이자 당시 대창무역(大昌貿易) 사장이었던 백윤수(白潤洙)와 같은 영리와 치부만을 중시하는 경제인의 테두리에서 일찍부터 벗어나

있었다. 이 두 사람은 그들이 부리던 점원의 문맹퇴치부터
시작하여 민족의 근대화를 위한 각종 사회교육활동에 앞장
섰고, 지역사회의 조선인 대변자임을 자임했다. 그리고 그
영역은 조국독립을 위한 정치활동에까지 확장되었다. 다만
보다 적극적으로 사회운동의 전면에 나섰던 명도석과 학교
설립과 기부를 중심으로 교육활동에 집중했던 옥기환의 차
이는 정치운동에서는 좀 더 확연하게 나타난다.

한말 상인에서 근대 기업가, 민족기업가로

한말 어시장 객주였던 두 사람이 지역에서 근대적 기업가
로 부상한 것은 원동무역의 설립에서 찾아진다. 그 설립이
언론에까지 보도된 자본금 50만 엔의 큰 회사로 『매일신보』
1920년 2월 6일자 기사에는 '구인욱(具麟旭) 외 28명이 출
원한 원동무역 설립 건이 1920년 2월2일부로 허가되었다'
고 쓰고 있다. 설립에 참여한 28인은 물론 마산지역 자산가
이자, 유지였다. 지역 경제발전을 위한 십시일반의 투자를
통해 설립한 향토기업로 원동무역이 설립되었음을 알 수 있
다. 옥기환이 초대 사장이자 최대 주주였고, 명도석은 경영
진에 참여했다.

| 원동무역주식회사
터 표지석

| 동아일보, 1922.9.24

| 1928년 설립당시의 원동무역(사진 위) 현재의 모습(사진 아래, 남성동 91-1번지)

원동무역의 주요 사업은 크게 3가지로 대별되었다. 국내외무역, 위탁매매, 금전대부가 그것이다. 1924년 5월부터 1925년 4월까지의 제5기 회계연도의 경영성적을 보면, 무역 64만5,900엔, 위탁매매 15만3,600엔, 대부 66만9,200엔으로 무역과 유통업 외에 금융회사의 성격도 강하게 띄었다. 시기가 명확하지는 않으나, 정미업을 중심으로 제조업에도 진출하여 경남도지정 정미공장을 경영하였다.

두 사람의 동업은 마산창고(馬山倉庫)에서도 이어졌다. 원동무역 설립인가 3개월 후인 1920년 5월이었다. 자본금 10만 엔의 창고업 회사로 육상운송업, 상업대부, 보험대리 등의 금융업도 겸하였다. 창립 당시의 지분구조는 원동무역과 마찬가지로 절대 지분을 가진 대주주가 없이 옥기환을 포함한 마산지역 유지들의 십시일반 투자에 의한 지역향토기업의 특징을 가지고 있었다. 설립 계기가 '마산에 집하되는 물화의 처리에 불편이 많았는데, 동 회사의 설립 이후로는 다대한 편리를 보았다'는 것에서 알 수 있듯이 지역 공공성을 우선한 향토기업의 성격을 확인할 수 있다. 경영은 옥기환이 사실상 담당했고, 1930년을 전후한 시점에는 정식으로 사장 지위에 올랐다. 명도석은 초창기에 참여하지 않았으나, 옥기환이 경영권을 장악한 이후 이사로 임명되어 경영을 함께했다.

1920년대 마산의 유력 기업가로 부상한 명도석과 옥기환의 기업 활동에는 일정한 차이도 발견된다. 우선 옥기환은 조합 활동인 구마산금융조합을 제외하면 마산창고와 원동무역 경영에 집중하였다. 그 외의 옥기환이 관여한 회사로는 남선양조 이사로 잠깐 활동한 것이 확인되는 전부이다. 아울러 그의 기업 활동은 1930년대 말까지로, 이후에는 찾아지지 않는다는 것도 흥미로운 부문이다. 사회활동 역시 1940년 2월 마산 유도회(儒道會) 결성식에서 부회장에 이름을 올린 것을 끝으로 이후에는 행적을 찾을 수 없다.

반면 명도석은 이미 일찍부터 양조장을 경영했고, 운송업에서도 활발한 기업 활동을 전개했다. 특히 1927년 6월 설립된 마산합동운수(馬山合同運輸)는 민족기업가 명도석의 이름을 전국에 알렸다. 동 회사는 자본금 10만 엔의 회사로 화물 운송 취급 및 운반, 대부업을 주요 사업목적으로 하였다. 동 회사는 명도석이 자신의 본업이었던 어시장 객주, 양조업 외에 사장을 맡은 유일한 기업으로, 기존에는 이것을 명도석의 양조업에서의 사업전환으로 판단하여 독립군 군자금 수송의 목적이 있었다고 보았다. 그러나 보다 직접적인 계기는 1920년대 후반 조선총독부가 일방적으로 추진한 소운송업 통합정책(1驛1店주의)에 대한 반대운동의 일환이었다. 조선총독부 철도국이 통합방침을 공식화하기 2개월 전인 1927년 2월 조선의 소운송업자 동업단체인 선운동우회(鮮運同友會)가 여기에 대한 대책을 논의하기 위해 서울에서 개최한 전조선운수업자대회에 명도석은 마산대표로 참석하였다. 명도석이 전면에 나선 것은 그가 구마산을 비롯하여 진영, 삼랑진간 각 역에서 소운송업에 종사하는 동업자들이 조직한 '마산선운송업자조합'의 부조합장이었기 때문이었다. 명도석은 소운송 통합에 반대하지만, 꼭 필요하다고 한다면 일본인과 조선인 운송업자를 구분하여 통합하는 '1역2점주의'통합을 주장했다. 그 이유는 그렇지 않으면 통합회사의 경영권을 일본인이 차지하여 좌우할 것이고, 그 밑에서 조선인은 차별을 받아 결국 몰락에 이를 것으로 보았기 때문이다. 명도석은 '나는 鮮日人 합동은 절대로 불가능인 줄 認하고 최후까지 반대하기로 결심하는 동시에 운송업에 종사하는 조선인들의 각오를 요망하노라'고 하였다. 마산합동운수는 조선총독부의 소운송업 통합정책 추진과정에서 이에 대항하여 조선인 소운송업자만의 합동으로 설립된 최초의 사례였다.

상인의 정치운동

옥기환의 정치운동은 그의 사회활동과 닮아있다. 그가 경영한 원동상회를 토대로 설립한 원동무역(元東貿易)을 통해 독립운동에 간접적으로 자금지원을 도모한 것이다. 원동무역은 백산(白山) 안희제(安熙濟)를 통해 장기간 독립자금을 전달했다고 하는데, 이 역시 좀 더 확인이 필요하긴 하지만 사실에 가깝게 보인다. 왜냐하면 원동무역을 안희제와 같이 백산무역(白山貿易)를 설립했던 이우식(李祐植)이 장기간 사장으로 경영을 담당했기 때문이다. 아울러 원동무역이 마산지역 조선인 사회의 여러 가지 다양한 집회가 개최되고, 공론을 모으던 대표적 '민족공간'으로서 활용되었다는 점도 그 가능성을 높인다.

명도석 역시 그의 사회활동과 마찬가지로 직접 독립운동에 참여했다. 그는 1919년 3.1운동의 선봉에 서 있었다. 3월 21일 장날을 기해 감행된 추산공원 시위를 주도했다. 이듬해에는 이승만의 사상적 동지이자 정적이기도 했던 독립운동가 박용만(朴容萬)의 밀사와 중국 안동에서 접촉하다가 발각, 체포되어 평양으로 압송, 6개월간의 옥고를 치렀다. 1920년대 후반에는 국내 좌우익 정치세력이 합작하여 결성한 대표적인 항일단체 신간회(新幹會) 마산지회의 중심인물로 활약했다. 정치문화부장, 재정부장 등을 거쳐 지회장을 지냈고, 신간회 대중집회의 집행위원장도 맡았다. 독립운동세력 내 좌우의 사상적 대립을 불식시키고 조국 독립을 위해 힘을 합해야 한다는 중도파의 이념은 신간회 활동을 통해 확고하게 자리를 잡은 것으로 보인다. 좌우합작을 주도하다가 암살된 여운형(呂運亨)이 일제 패망을 예상하고 1944년 조직한 조선건국동맹에 참여했고, 해방 후 건국준비위원회(건준) 마산시 위원장을 맡은 것은 그의 정치 성향과 무관해 보이지 않는다. 반면에 옥기환은 일제시기 우익 민족주의자들이 그랬듯이 일제에 협력했다는 혐의에서 자유롭지는 못하다. 일제 경찰이 주도하여 조선인 자산가들로 조직한 친일 단체 마산교풍회(馬山矯風會)에서 일찍부터 활동했고, 일본 제국주의의 상징이라고 할 수 있는 메이지신궁(明治神宮) 봉찬회에 성금을 내었으며, 부협의원이었다. 해방 후에는 초대 마산시장으로 미군정에 협조하였다.

젊은 시절 국내에서도 선도적인 노동야학교를 같이 시작

했고, 독립군에 군자금을 제공하는 무역회사를 함께 경영했던 두 사람은 그렇게 염원하던 일제가 물러가고 조국이 해방되었을 때, 한 사람은 마산 건국준비위원회 위원장으로, 또 한사람은 마산시장으로 간극이 좀 더 넓어져 있었던 것이다. 그리고 이것은 이후 이어진 잔인한 이데올로기 전쟁에서 한 사람은 친일 혐의로 또 한 사람은 빨갱이의 혐의로 공격의 대상이 되었다. 이것이 충격이 되었는지 모르지만, 두 사람은 이데올로기 전쟁 미완의 종착점이었던 한국전쟁 휴전의 언저리에서 1년을 사이에 두고 나란히 영면한다.

조금 더 하고 싶은 이야기

옥기환과 명도석이 함께 경영한 원동무역은 얻은 이윤의 일부를 독립군의 군자금으로 제공했던 민족기업이었다. 그러나 일제말 전시통제경제가 구축된 1940년을 전후로 민족기업으로서의 성격은 사라졌고 오히려 일제에 협력하는 기업이 되었다. 물론 두 사람은 이 시점에서 경영진에서 물러나게 된다. 이제 원동무역은 메이지대학 법학부를 나와 창원, 통영군의 권업과 주임 등을 역임한 일제 말단관료가 전무이사로 경영에 참여하게 되었다. 이 기업은 1940년과 1941년 거액의 국방헌금을 하였을 뿐만 아니라 '시국에 순응하여 공익우선주의경영을 하는'기업으로 변해 있었다. 민족기업 원동무역과 함께 이처럼 전시체제기 일제에 협력한 원동무역도 동시에 역사에서 기억되어야 할 것이다.

명도석이 민족기업가의 모습을 뚜렷하게 드러낸 1920년대 후반 소운송업 통합문제와 마산합동운수의 설립, 그리고 일본인 소운송업자를 포함한 마산지역 소운송업에 대해서도 보다 관심을 기울여야한다. 무엇보다 명도석이 주도한 마산지역 소운송업 통합반대 움직임은 당시의 간단한 신문 기사를 통해 보더라도 전국에서도 가장 선진적이었고, 맹렬했으며 마산합동운수라는 조선인만의 소운송합동회사 설립은 전국 최초였다. 어떤 배경으로 이러한 것이 가능했는지에 대한 우선적인 관심과 함께, 마산선 각 역을 무대로 한 구마산 거점의 마산합동운수와 신마산 거점의 일본인 소운송통합업체 마산선합동운송창고의 민족간 기업경쟁도 중요하게 복원해야하는 역사이다. 아울러 공정한 심판을 보지 않는 식민지권력으로서의 총독부 철도국의 모습 등은 지역사를 넘어서는 식민지 사회경제의 중요한 역사단면을 들여다 볼 수 있는 계기가 될 것으로 보인다. 지역사는 여전히 할 일이 많다.

3. 경남의 독립운동가, 여성운동가들 _ 양미숙

일제하의 여성

한국 여성들은 일제시기 복합적이고 중층적인 억압을 받아왔다. 한국 전통의 가부장적인 남녀불평등, 일제 식민지배의 폭력 등이 복합적이고 중층적인 상황을 만들어 냈다. 따라서 일제시기 여성운동은 남녀불평등을 철폐하고 나아가 민족운동도 담당하지 않으면 안 되는 상황이었다. 그렇게 할 때만이 여성의 권리를 확보할 수 있었던 것이다. 이러한 여성운동의 특수성에도 불구하고 여성들은 계몽운동, 국권회복운동, 독립운동에서 활발한 활동을 해왔다. 이들 여성운동은 각종 여성단체를 통해 이루어졌고, 1920년대 이후에는 사회운동의 한 부분으로 자리 메김 했다. 전국적인 통일단체였던 근우회를 조직해 계몽운동, 권익운동, 항일운동을 전개하기도 했다.

하지만 일제시기 여성운동에 대한 평가는 제대로 이루어지지 않았고 그 자료 또한 부족한 것이 현실이다. 사회운동에 참가한 수나 활동 범위를 보자면 남성에 비해 월등히 적겠지만 한국의 가부장적 분위기, 일제의 폭압이라는 특수한 상황에서 여성들의 움직임은 그 수와 범위를 말하기 전에 의미 있는 것이고 온당한 평가가 이루어져야 할 것이다. 특히 서울, 경기와는 달리 지역의 여성들이 처한 상황은 한층 더 열악했다고 할 수 있다. 그런 상황 속에서 여성이 그리고 민족이 처한 문제를 해결하기 위한 여성들의 활동을 제대로 연구하고 평가하기 위한 작업이 필요하고 오늘 발표가 그 시도에 작은 도움이 되기를 바란다.

잊힌 여성독립운동가

① 김금연(金錦蓮·金錦燕)

1930년 경남 밀양에서 태어났고 학생운동을 조직해 알려진 인물이다. 1926년 11월 조국의 독립, 사회과학의 연구, 식민지 교육체제 반대를 목적으로 장재성(張載性)이 만든 성진회가 이름을 바꾼 독서회중앙본부(讀書會中央本部)의 학교별 독서회 중 광주고보(光州高普)를 김금연이 맡았는데, 학생들을 조직하고 이론적으로 훈련시켜 항일독립운동을 추진해 나갈 것을 목표로 하였다. 그는 1928년 11월 초순, 장재성의 누이인 장매성(張梅性)이 독서회중앙본부의 산하조직으로 광주여고보(光州女高普)에서 비밀결사 소녀회(少女會)를 조직하자, 회원으로 가입하여 민족의 독립과 자유 쟁취, 여성 해방을 목적으로 활동하였다. 그 후 그는 이들과 함께 학교 내외에서 동지를 포섭하는 한편, 매월 한 차례의 연구회를 개최하고 동 회원들과 함께 학생소비조합(學生消費組合)을 조직하여 30원을 출자하는 등 항일투쟁을 위한 활동을 전개하였다. 1929년 11월 김금연은 광주고보의 한국인 학생들과 광주중학 일본인 학생들의 충돌 사건을 계기로 광주학생운동이 일어나자 주도적으로 참여하였으며, 1930년 1월 15일 동 회원인 광주여고보 이광춘(李光春)이 일제의 식민교육에 대한 반대의사를 표명하기 위해 백지동맹을 단행해야 한다는 연설로 인해 일제 경찰에 검거되었다.

② 김조이(金祚伊·金造伊)

1904년 경남 창원에서(웅천 성내동) 태어났다. 그의 조부는 웅천군의 마지막 군수인 김재형이다. 김조이는 1922년 1월 창원에서 계광학교를 졸업하고, 서울로 올라와 동덕여자고등보통학교에 입학하였다. 동덕여자고보에 다니면서 여자고학생상조회(女子苦學生相助會)에 가입해 1926년에는 집행위원으로 활동하였다. 1925년 1월 21일에는 사회주의 여자청년단체인 경성여자청년동맹(京城女子靑年同盟)이 창립되었다. 경성여자청년동맹은 여성해방 서적의 연구·토론, 여성노동자 위안 음악회 개최 등의 사업을 펼쳤고, 무산아동학원 설립, 여성을 위한 문고 설치, 학술강좌 개최 등의 활동을 계획하고 만들어진 단체이다. 그는 여기에 발기인으로 참여하고 집행위원으로 활약하였으며 허정숙(허헌의 딸), 주세죽(박헌영의 아내) 등과 함께 활동하였다. 경성여자청년동맹은 국제부인데이 기념 간친회를 열고 국제부인데이의 의의를 널리 알리고 무산부인들에게 이날을 기념하게 하는 활동과 세계무산부인운동가의 전기 발간 등을 계획한다. 이는 한국의 사회주의 여성 운동이 한국 여성운동에 국한된 것이 아닌 세계무산부인운동으로 추진하겠다는 의지를 나타낸 것이다.

1926일 4월 19일 신흥청년동맹 주최의 인천강연회

에서 조봉암과 함께 연사로 나와 로자 룩셈부르크(Rosa Luxemburg)를 추억함 이란 주제로 강연을 하였다. 이 뒤에도 조봉함과 김조이는 사회운동을 같이 하였다. 1925년 2월 김조이는 '전조선민중운동자대회' 준비위원에 선임되어 활동하다가, 4월, '적기(赤旗) 시위사건'에 연루되어 검거되었다. 적기 시위사건은 '4·21 전조선민중운동자대회'가 경찰의 불허로 무산되자 300여 명의 대표들이 종로경찰서와 동대문경찰서 앞에서 시위를 벌인 사건으로 김조이는 이 두 활동도 조봉함과 함께 하고 있었다.

김조이는 1925년 고려공산청년회 중앙위원 후보, 고려공산청년회 추천으로 모스크바 동방노력자공산대학에 입학하였다. 그는 1930년 '조선공산당재조직준비위원회 사건'으로 수배되었으나 소재 불분명으로 기소중지되었다. 1931년 9월 하순 김조이는 코민테른(국제공산당) 동양부의 지시로 조선공산당을 재건하기 위해 김복만과 함께 귀국, 함흥을 중심으로 '조선노동좌익재결성'을 주도하였다. 1932년 8월 그는 일명 '제2태평양 노사사건'의(함남공청사건) 주동인물로 지목된 김조이는 함흥경찰서에 검거되어 이 사건으로 2년간 구금되었다가 기소되어 1934년 12월 17일 함흥지방법원에서 소위 치안유지법 위반으로 징역 3년(미결구류 100일 통산)을 선고, 함흥형무소에 수감되었다가 서대문형무소로 이감, 1937년 9월 20일 출소하였다. 김조이는 1939년 7월 조봉암이 출옥한 후 인천에서 그와 결혼하였다.

1945년 11월 전국인민위원회 대표자대회에 인천대표로 김조이는 참석하였고 12월 조선부녀총동맹에 가입, 1946년 2월 민주주의민족전선 결성대회에 부녀총동맹 대의원으로 참석하여 중앙위원으로 선출, 1950년 6·25전쟁이 발발하자 7월 중순경 서울에서 강제 납북되었다.

③ 김필수(金彌洙)

1905년 경남 김해에서 출생하였다. 김필수는 1926년 12월 5일 서울에서 여성들의 대중적 교양과 조직적 훈련을 목적으로 중앙여자청년동맹(中央女子靑年同盟)을 조직하였다. 같은 해 그는 조선공산주의청년회(朝鮮共産主義靑年會)에 가입하여 독서회와 웅변모임 등을 조직하였으며, 이 모임을 통해 청년 특히 여성 청년들에게 항일민족독립에 관한 선전활동을 적극적으로 펼쳤다. 그는 1928년 3월 고려공산청년회(高麗共産靑年會) 학생부 위원으로 활동하였고, 동년 7월 근우회(槿友會) 중앙집행위원(中央執行委員)으로 선출되었다.

1928년 10월 러시아로 건너간 김필수는 모스크바 동방노력자공산대학에 입학하였으며, 1932년 5월 대학 졸업 후 모스크바 교외에 있는 우제르나 휴양소에서 국제노동운동에 대한 문제와 지하공작에 관계되는 기술과 지식을 배웠다. 그해 9월 국제직업동맹 중앙본부로부터 조선의 함흥과 흥남지구에서 적색노동조합을 조직하라는 비밀임무를 맡은 그는 1933년 5월부터 함경남도 흥남(興南), 함흥(咸興), 원산(元山) 등을 중심으로 태평양노동조합운동과 조선공산당재건운동을 선새하였다.

김필수는 1935년 봄 흥남경찰서에 체포되어 1936년 3월 함흥지방법원에서 치안유지법 위반으로 징역 3년 6월을 받고 함흥형무소에서 옥고를 치렀다.

이들 3명의 여성독립운동가들은 경남에서 출생하였지만 활동은 광주, 서울, 해외 등에서 주로 이뤄지고 있었다. 이처럼 일정한 활동 자료가 남아 있는 여성독립운동가들은 경남 이외의 타지에서 활동을 하고 있어 출생지가 경남이긴 하지만 경남에서의 활동이 극히 미비하거나 아예 없어 경남의 독립운동가로 분류하는데 한계가 있다. 또한 경남 지역 여성단체에서 활동한 것으로 보이는 여성들에 대한 자료는 극히 적은 상황이다.

진해의 경우 계광학교 출신인 김남이, 김조이, 부산 일신여학교의 경우 박차정, 박두천 서울 동덕여자고등보통학교의 경우 이순금, 김조이, 박진홍, 이효정 등 특정 학교 출신들이 지역이나 서울에서 사회활동, 독립활동이 나타나고 있다. 동덕여자고등보통학교의 경우 이 학교의 독서회를 이관술이 맡고 있어 이에 영향을 많이 받은 것으로 보인다. 학교, 청년회와 같은 사회단체에 소속된 여성들의 관계망을 살펴봄으로써 비워져 있는 여성들의 독립운동과 단편적인 여성독립운동가들의 활동을 채워 나갈 수 있을 것이다.

④ 권은해(權銀海)

1903년 경남 동래 기장에서 태어난 권은해는 일제강점기

지역에서 적극적으로 민족해방운동을 하였다. 아버지가 기장지역의 지주이면서 민족주의적 성향을 지닌 인물 이었다. 또한 기장지역에서는 박인표, 이조원, 박세현, 윤현태 등이 참가하고 주도한 광복회를 조직해 독립자금을 모아 백산상회로 보내 역할을 하였다. 권은해는 이런 아버지와 지역의 영향을 받고 성장하였다.

그는 명정의숙에 입학해 항일의식을 고취시켜 나간 것으로 보인다. 명정의숙을 다니는 중 3.1운동이 일어났고 그는 동창생들과 함께 기장의 3.1운동에 참가하였다. 그는 3.1운동 후 일제 경찰에 체포되지 않기 위해 서울로 올라가 배화여전에 입학하려 하였으나 부모의 반대로 다시 기장으로 돌아왔다.

기장에 돌아온 그는 1921년 기장여자청년회와 여자노동야학 설립을 주도하였다. 1921년 10월에는 양산 출신의 이상복과 결혼을 해 기장이 아닌 양산에서 활동을 하게 된그는 1922년 양산부인회 창립에 주도적인 역할을 하고 양산 부인회에서는 야학의 경비를 보조하는 등의 역할을 하였다.

서울에서 신간회와 근우회의 창립이 있은 후 양산에서는 1929년 양산근우회가 창립되었다. 권은해는 창립대회의 의장을 맡기도 하였다. 신간회가 해소될 무렵 적색농민조합사건을 일으켰던 양산농민조합이 창립되었는데 권은해는 농민조합 부녀부장 맡았다. 기장에서 양산으로 활동무대를 옮겨왔지만 활발한 활동을 지속해 나갔다.

1931년 남편의 죽음으로 가족의 생계를 위해 권은해는 다시 기장으로 오게 되었다. 하지만 생계를 책임져야했고 부산형무소에 수감되어 있는 사촌동생과 사회주의자들을 돕는 일을 하면서 일제강점기를 보냈다.

해방이 된 후 권은해는 사회주의 여성운동가로 부산에서 조선혁명자구원회 활동을 하게 된다. 이 단체는 조선의 자주독립의 완성을 위하여 기함이란 강령 아래 공산당 조직에 자금을 조달하는 일을 하였다. 그는 여기서 연락거점인 서기국 일을 담당하였다. 권은해는 부산부녀동맹 결성식, 전국부녀총동맹 창립대회 등에 참석하는 등 사회주의 운동가 내에서 위상을 높여가고 있었다. 이로 인해 우익세력의 공격 대상이 되기도 하였다.

1946년 남한 내 사회주의 세력의 갈등 이후 권은해는 박헌영의 입장에 동조해 남로당에 입당하고 조선부녀총동맹의 위원장에 임명되어 사회주의 여성운동의 지도자로 부각되었다.

권은해는 미군정기 이승만 타도를 외쳤으며, 공출제 반대를 지시해 경찰에 체포되어 4개월간 옥살이를 하였다. 그는 1948년 남독 단독 정부 수립에 맞서 남조선인민대표자회의에 참석하기 위해 북으로 가 최고인민회의 대의원으로 선출되었다. 권은해는 대의원으로 선출된 후 남한으로 내려오지 못하다가 6.25전쟁이 일어나자 남한으로 내려와 가족을 만났지만 아들의 살해 소식을 접하게 되었다. 권은해는 전쟁 중반 지리산으로 들어가려고 하지만 나이로 인해 받아들여지지 않고 여러 지역을 돌아다니면서 피신해 살다가 1955

년 체포, 1967년 석방되어 고향으로 돌아와 도움 없이 혼자
서 지냈다. 권은해는 전향을 하지 않아 경제적으로 어렵게 하
루하루를 보내다 1994년 죽음을 맞이했다.

| 권은해 생가 부산시 기장군 기장읍 동부리 194-2

⑤ 이순금(李順今)

| 이순금

| 이관술

1912년 울산에서 태어났다. 이순금은 1946년 정판사(精

版社) 위조지폐 사건으로 미군정에 검거되어 1950년 6월 대전형무소에서 복역 중 처형당한 이관술(李觀述)의 여동생이다. 그는 언양공립보통학교를 다녔고, 1929년 4월 서울 실천(實踐)여학교에 입학하였으며, 1930년 동덕여자고등보통학교로 전학해 반제동맹(反帝同盟) 동덕여자고등보통학교 책임자를 지냈고, 1932년 3월 졸업하였다. 1932년 5월 '경성학생알에스(RS)협의회 사건'에 연루되어 검거되었으나 불기소처분을 받았다. 1933년 2월 일본경찰에 검거된 이순금은 3월 경성지법 검사국에서 기소유예 처분을 받은 뒤 이순금은 이재유(李載裕)와 비밀리에 결혼하였고, 경성고무공장 여공들을 동지로 규합해 적색노동조합을 조직하기 위해 노력하였다.

이로 인해 그는 1934년 1월 일본 경찰에 다시 검거되어 1935년 12월 경성지법에서 징역 2년을 선고받았고, 1937년 7월 만기 출옥하였다. 출옥 후 운동자금 조달 혐의로 일본 경찰에 다시 검거된 이순금은 1938년 6월 경성지법에서 예심면소 되었다. 1939년에는 경성콤그룹에 참여하였고 1941년 9월 일본 경찰의 수배를 받았으나 소재지불명으로 기소 중지되었다.

이후 이순금은 북한에서 1955년 12월 간첩 혐의로 재판을 받고 처형된 남조선노동당 박헌영(朴憲永)과 함께 전라남도 광주로 피신하여 은둔하면서 경성콤그룹 조직원들 간의 연락활동에 종사하였다. 1945년 8월 조선공산당 재건 준비위원회 결성에 참여하였던 이순금은 9월 조선공산당 중앙위원회 서기국원이 되었다.

1946년 2월 민주주의민족전선 결성대회에 참가하여 중앙위원으로 선출된 이순금은 '조선공산당 중앙 및 지방동지 연석 간담회'에 참석하였다. 이순금은 같은 해 8월 조선부녀자총동맹 결성에 참여하여 조직부에 소속되었으며 11월 남조선노동당 중앙위원으로 선출되어 부녀부에서 일하였고, 남조선민주여성동맹에 가입하여 조직부원으로도 지냈다.

사회주의계열의 독립운동가 특히 여성에 대한 자료적 한계가 많은데 제시되고 있는 자료 또한 단편적으로 소속된 단체의 회원, 임원 정도의 기록만 남아 있거나, 어떤 행사의 참가 정도만 언급되어 있어 단편적인 자료를 연결하는 작업이 필요해 보인다. 신문기사나 남성운동가들의 활동에 나타난 여성독립운동가의 내용을 재구성해 이들에 대한 내용을 채워가야 할 것이다.

⑥ 박두천(朴斗天)

박두천은 1897년 부산에서 태어났다. 그는 1919년 3·11운동 당시 일신여학교를 다니고 있었으며 교우들과 함께 독립만세 시위운동에 참가하였다.

일신여학교 학생들은 3월 11일 저녁 9시를 기해 만세시위를 전개하였다. 이로 인하여 일신여학교는 11명의 학생들은 체포되었고 일제의 강압에 의하여 휴교하였으나, 나머지 학생들에 의해 만세시위가 3월 31일과 4월 3일, 4월 8·9·10일에 걸쳐 계속적으로 만세시위가 일어났다. 이

때 박두천은 제2의 만세시위를 주도하다가 일본 경찰에 붙잡혔다.

그는 1919년 4월 30일 부산지방법원에서 보안법 위반으로 징역 8월을 받아 옥고를 치렀다. 출옥 후 그는 모진 고문의 여독으로 인하여 1923년 6월 19일에 27세의 젊은 나이로 순국하였다.

⑦ 김반수(金班守)

김반수는 1904년 부산에서 출생하였다. 그는 1919년 당시 부산(釜山)에 있는 일신여학교(日新女學校) 학생으로 독립만세 시위운동을 벌이기로 계획하였다. 그는 동료들과 태극기 100여 매를 만들어 1919년 3월 11일 기숙사를 뛰쳐나와 좌천동(佐川洞) 일대에 모인 군중에게 나누어주고 주민 수백 명과 함께 독립만세를 부르며 시위행진 하다가 일본 경찰에 체포되었다.

김반수는 1919년 4월 부산지방법원에서 보안법 위반으로 징역 5월형을 언도 받고 옥고를 치렀다.

⑧ 심순의(沈順義)

심순의는 1903년 태어났고 부산사람이다. ⑦ 김반수와 독립유공자 정보에 나와 있는 내용과 모두 동일하다. 출생년도나 태어난 곳이 약간 차이가 있을 뿐 특별한 이력이 없는 한 여성 활동가에 대한 내용은 이런 경우가 많다.

잊히지 않은 독립운동가 박차정

| 박차정

　부산의 독립운동가를 대표하는 그리고 일제시기 여성독립운동가를 대표하는 사람 중 한사람이다. 하지만 그의 활동에 대해 국내에서 인정을 받는 데는 오랜 시간과 우여곡절을 겪어야만 했다. 박차정이 사회주의 계열 민족해방운동가이고 남편의 월북 등의 이유가 독립운동가로 인정받고, 독립유공자 공훈록에 이름을 올리는 것을 힘들게 했다. 공훈록에 오르는 것이 중요한 것도 아니고 공식적으로 독립운동가로 인정받는 요식적인 행위 정도로 치부해도 되지만 목숨을 내놓고 민족의 해방을 위해 조국의 독립을 위해 투쟁한 것에 비하면 너무 오랜 기간 박한 대우를 받은 것이다. 독립운동가로서의 공식적인 인정 또한 정치적인 해결로 가능했다는 점에서 더욱 그러하다.

　박차정은 1910년 경남 동래군에서 태어났고 그의 아버지 박용한은 일제 식민지에 강한 불만을 가져 민족의 현실을 비관해 자살을 하였다. 그의 어머니 김맹년은 동래군 기장면 출신으로 김약수와는 육촌, 김두봉과는 사촌, 1920년대 기장·동래지역의 이름난 독립운동가이자 사회주의자였던 박일형(朴日馨)과는 고종사촌 사이었다. 오빠 박문희는 일본유학 후 청년운동에 앞장 선 인물이었다. 따라서 그는 이런 집안의 영향을 받아 강한 항일의식을 가지면서 성장했을 것으로 짐작된다.

| 복원된 일신여학교 전경

그의 첫 사회활동으로는 1924년 「동래기독교소년회」의
가입을 들 수 있다. 가족이 교인이었던 박차정은 장로교 계
열의 동래일신여학교 고등부에 1925년 입학하여 1929년
3월 졸업하였다. 일신여학교는 부산지역 여성교육과 항일
여성운동의 중심이었고 그는 여기서 민족의식과 항일의식
을 고취시켜 나갔을 것으로 보인다. 그의 일신여학교 시절
활동을 보면 동맹휴교를 주도하거나, 일신여학교의 교지인
『일신(日新)』2집에 소설「철야(徹夜)」, 시「개구리」, 수필「흐르
는 세월」 등의 글을 실는데 이를 통해 그의 항일의식을 들여
다 볼 수 있다.

박차정이 본격적으로 민족해방운동을 주도한 것은 1920
년대 후반 근우회 동래지회 활동을 통한 것이다. 근우회 동
래회지회 사회주의 경향의 「동래여자청년회」가 해체되고 난
뒤 설립된다. 1928년 5월 19일 권복해(權福海), 김수선(金
水先) 등을 설치준비위원으로 한 근우회 동래지회가 창립되
었다. 근우회는 창립목적에서 반제반봉건을 궁극적 과제로

삼고 여성의 정치의식 계발을 통해 여성의 지위향상을 도모한다고 되어 있고, 이러한 목적 달성을 위해 1931년 해체될 때까지 여성교양운동과 노동운동을 전개하였다.

| 박차정 김원봉 부부 결혼기념사진

근우회 창립 명단에 박차정이 보이지 않으나 일신여학교 졸업 후인 1929년 7월 30일 근우회 중앙상무위원으로 선임된 것으로 보아 근우회에서 일정의 역할을 했을 것으로 보인다. 이후 그는 1929년 서울여학생시위, 1930년 1월 15일 동덕 · 배화 · 숙명 · 이화여고보 · 근화 · 실천 · 정신 · 태화여학교 · 경성여자상업 · 경성보육학교. 여자미술학교 등 11개 여학교 연합시위 등을 지도하였다는 이유로 2회에 걸쳐 일경에 검거되었다.

　2회의 구금 때 고문으로 건강이 악화된 박차정은 둘째 오빠인 박문호의 도움으로 북경으로 탈출한다. 박문호는 당시 의열단의 「조선공산당재건동맹(朝鮮共産黨再建同盟)」의 중앙위원으로, 1929년 10월에 조직된 이 동맹에 이후 박차정도 7인 중앙위원 명단에 포함된다. 박차정이 의열단에 들어간 것은 1930년 3월~4월경으로 보이며, 당시 김원봉의 주도하에 설립된 레닌주의정치학교의 운영과 교육에 박차정이 깊이 관여하였고 이후 1931년 3월에는 의열단 단장 김원봉과 결혼을 하게 된다.

　정치학교는 자금난과 만주사변 등으로 운영이 힘들게 되

어 박차정과 김원봉은 1932년부터 남경으로 활동무대를 옮겨 항일투쟁노선을 재정비하게 된다.

이후 중국의 국민당 정부의 재정적, 군사적 지원 하에「조선혁명군사정치간부학교」를 설립하고 김원봉이 교장을 맡아 125명에 이르는 청년 민족해방투사를 양성하였다.

박차정은 조선혁명군사정치간부학교에서 가명인 임철애, 임철산 등을 쓰면서 여자교관으로 활동한 것으로 보인다.

1930년 초 세계공황과 전시(파쇼)체제가 본격화되자 약소국가들은 반제국주의 민족통일전선운동을 활발히 전개하였다. 그 결과 한국에서도 통일전선운동이 강화되어 1932년 11월 상해에서는 의열단을 비롯한 4개 단체가「한국대일전선통일동맹(韓國對日戰線統一同盟)」, 1935년 7월 5일에는「민족혁명당(民族革命黨)」을 창당하였다. 김구 계열과, 조소앙 계열이 빠지긴 했지만 만주와 국내의 사회주의 계열이 대거 참여하여 상당한 세력을 구축하였다. 박차정은 민혁당이 창당되자 부녀부 주임이 되어 활동을 하였다. 그는 1936년 7월 16일 이성실(李聖實)과 함께 민혁당 남경조선부인회를 결성, 부녀자 규합을 위한 활동도 벌였다. 민혁당의 창립선언문을 통해 박차정의 민족해방과 여성해방이 동시에 이루어져야 하고 남녀차별을 없애야 한다는 여성에 대한 인식을 엿볼 수 있다.

1937년 중일전쟁이 발발한 이후 박차정은 한구(漢口)에 머물면서 한국대표로 만국부녀대회에 참석하는 등 국제적인 모임에서 민족해방운동의 입장을 전하였고, 임시정부에

특사로 파견되거나, 안창호의 장례식에 참여하는 등 대외적 활동을 이어 갔다. 또한 그는 임철애 등의 가명으로『조선민족전선』에 「경고일본적혁명대중」, 「조선부녀여부녀운동」 등의 글을 기고하기도 하였다.

한편 일본에 의해 한구(漢口)가 공격받자 민족전선은 중국군사위원회와 협의하여 1938년 10월 10일 「조선의용대」를 창설하였다. 박차정은 주로 본부에서 활동하면서 국민당 지구 한인과 중경의 민족전선계 한인부녀자 교육, 의용대의 대원 확보, 의용대 후원 세력 확보에 주력하였다. 이후 의용대 조직을 확대, 개편하면서 박차정은 부녀복부단장으로 활약하였다. 부녀복무단은 전선의 의용대원을 방문하여 물품을 건네고 가족들의 소식을 전하는 등 대원들의 사기를 진작시키고 전단이나 표어, 팜플렛 등을 배포하는 선전활동을 담당하였다.

활발한 활동을 이어가던 박차정은 1939년 2월 장시성(江西省) 쿤룬산(昆崙山) 전투 중에서 일본군과 전투 중 입은 총상의 후유증과 관절염 등의 후유증을 앓았으며, 총상의 후유증으로 인해 1944년 5월 27일 34세로 생을 마감하였다. 광복 후 남편인 김원봉이 귀국하면서 박차정의 유골을 가져와 경상남도 밀양시 감

| 해방 후 남편 김원봉이 박차정의 유해를 조국으로 가져와 안장하는 모습

151

천동에 있는 김원봉의 본가 뒷산에 안장하였다.

1995년 8월 15일이 되어서야 박차정에게 건국 훈장 독립장이 추서되었다. 1996년 8월 (사)박차정의사숭모회가 설립되었고, 2001년 3월 1일 박차정 동상이 건립되었다. 2005년 7월 8일 부산광역시 동래구 칠산동319번지(현 동래 고등학교 맞은 편)에 박차정 의사 생가를 복원하여 건립하였다.

| 박차정 동상　　　　　　　　| 박차정 생가(박차정 기념관)

자신을 버리고 목숨을 내건 독립운동에 국가의 대우는 박하고 초라하기 짝이 없다. 서훈을 받는 것이 문제가 아니다. 제대로 된 평가와 이에 대한 후손들에게의 교육이 반드시 뒤따라야 할 것이다. 하지만 박차정 열사의 생가는 최근에 복원이 되었고 그의 활동과 평가에 대해서는 학계 외에는 제대로 알려지고 있지 못하다. 박차정 열사에 대한 자료는 비교적 많은 편이지만 그에 대해 학생들이나 일반인들에게는 잘 알려지지 않고 있다. 하물며 박차정 열사에 대해서도 이럴 진대 자료가 많이 남아 있지 않은 다른 여성독립운동가는 어떠할지 짐작할 수 있다. 지역별로 근대자료 수집에 대한 활동은 이루어지고 있는데 지역의 독립운동가에 대

한 기초적인 자료 수집도 절실히 필요할 것으로 보인다.

여성독립운동가의 자료가 부족한 것도 문제이지만 여성독립운동가의 활동과 생애를 언급할 때 남성들과 관계를 중심으로 언급하고 있어 이도 큰 문제이다. 예를 들면 여성독립운동가들의 생애는 반드시 아버지, 오빠, 남편 등과 연관지어 설명하고 있다. 특히 남성의 경우는 결혼에 대해서 언급이 잘 안되지만 여성의 경우는 누구랑 결혼했는지 대부분 언급되고 있어 남성과 다른 양상을 보이고 있다. 물론 자료의 한계에 기인하겠지만 여성을 설명할 때 여성중심의 서술방식이 아닌 남성중심의 서술방식이 드러나고 있는 것이다.

여성독립운동가들에 대한 연구를 위해서는 우선 여성독립운동가들의 자료를 발굴하는 것은 말할 필요도 없고, 위에서도 언급했듯이 단편적으로 나타나고 있는 여성독립운동가의 자료들을 체계적으로 수집해 재구성하고 여성운동가들의 인적 네트워크에 대한 정리 작업도 필요하다. 이후이를 바탕으로 여성독립운동가들의 생애와 활동들을 서술하고 이에 대한 교육, 복원, 홍보 등의 후속 작업을 통해 지역사회의 역사를 복원하고 지역사회 자긍심을 높일 수 있는 계기를 마련해야 할 것이다.

4. 북으로 간 독립운동가, 약산 김원봉 _ 전명혁

그들의 만남 : 약산(若山) 김원봉과 두 친구

최근 개봉된 영화 '암살'에서는 김구와 김원봉 2인의 일제하 독립운동을 소재로 다루면서, 특히 의열단 단장, 조선의용대 대장, 민족혁명당 당수로 일제에 대항하여 눈부신 활동을 전개하였던 혁명가 김원봉의 활동이 주목받았다.

김원봉(金元鳳, 1898-1958)은 밀양의 민족주의자 전홍표(全鴻杓)가 세운 동화(同和)학교를 다니다가 동화학교가 일제의 압력으로 폐교하자, 마산에서 창신(昌新)학교를 세워 운영하고 있는 고모부인 백민(白民) 황상규(黃尙奎, 1890-1931)의 도움으로 중앙학교에 편입하였다. 여기서 그는 중학교 때부터 요주의 인물이었던 세 살 연하인 경북 칠곡 출신의 이명건(李命鍵, 1901-?)을 만나고 또 그 해 가을 휘문의숙 문예반 행사에서 여덟 살 위의 경남 동래 출신 김두전(金枓全, 1890-1964)을 만나게 되었다. 1913년 김원봉이 16세 때였다.

154 | 김원봉(위키백과)

| 김원봉생가지(경남 밀양, 경남도민일보)

| 밀양 동화학교터

이후 이들은 중국에 건너가 항일독립운동에 헌신하기로 하고 백민 황상규를 찾아갔다. 백민은 경북 최고의 친일 대부호 장승원(張承遠)을 암살로 잘 알려진 대한광복단의 단원이기도 하였다. 장승원은 해방후 미군정시기 경기도경찰청 경찰부장, 수도경찰청장 등을 지냈고, 1948년 대한민국 정부수립 직후 외무부장관을 역임한 장택상의 부친이었다. 백민은 '조국을 잊지 말라'며 김원봉에게는 약산(若山, 산처럼), 김두전에게는 약수(若水, 물처럼), 이명건에게는 여성(如星, 별처럼) 이란 호를 지어주었다.

1916년 10월 19세의 김원봉은 고국을 떠나 톈진(天津)의 덕화학당에 입학하였다. 1918년 9월 김약수, 이여성도 난징(南京)에 갔다. 이들 셋은 난징에서 금릉대학(金陵大學)에 입학하였다. 당시 상해에서는 신한청년당이 결성되어 여운형, 조동호 등이 모여서 톈진으로부터 김규식(金奎植)을 청하여 파리강화회의에 파견하려고 활동하고 있었다.

그러나 이들이 중국에서 독립운동을 모색할 때 3·1운동이 일어났다. 김원봉, 오성륜 등과 함께 의열단 활동을 하기도 했던 조선인 혁명가 김산(본명 장지락)은 『아리랑』에서 3·1운동 당시 자신의 역사적 경험을 다음과 같이 회고하고 있다. "이것이 나로서는 처음으로 정치의식에 눈을 뜨게 된 계기였다. 대중운동의 힘이 내 존재를 뿌리로부터 뒤흔들어 놓았다. 나는 하루종일 거리를 뛰어다녔고 아무 시위에나 가담하여 목이 터져라 외쳐댔다. … 나는 힘의 의미와 무저항의 공허함을 깨달았다. … 전국에서 도합 200만 명 이상이

156

시위에 참가하였다. 재산도, 농삿일도, 일신상의 안전도 애국열의 물결 속에서 모조리 잊어버렸다. 이것은 인류역사가 시작된 이래 가장 특이한 운동이었을 것이다."(님 웨일즈, 조우화 옮김, 『아리랑』, 동녘, 1992, 63~65쪽.)

1919년 국내에서 3.1운동이 일어나자 김약수와 이여성은 "국내에서 인민 대중을 조직해 싸워야 한다"며 고국으로 돌아갔다. 그러나 약산 김원봉은 "무기없는 투쟁이 능히 강도 일본을 우리 국내로부터 축출할 수 있을까? 독립만세 소리에 삼천리 강산이 한때 통으로 흔들리기는 하였더라도 그로써 국토를 찾고 주권을 회복할 수 있을까?"라고 회의하며 길림의 의군부를 거쳐 신흥무관학교에 입학하였다.

약산은 6개월간 무기와 폭탄 제조 및 조작법과 군사훈련 등을 받고 백민의 지도 아래 의열단을 결성한다. 백민에 이어 약산은 일제의 고위관료, 장교, 매국자들이 그 이름만 들어도 몸서리치는 의열단 의백(義伯) 즉 단장으로 추대되었다. 이후 그는 조선의용대를 창설하고, 임시정부의 2인자인 군무부장을 역임했다.

여성(如星) 이명건은 대구에서 혜성단이라는 비밀결사를 조직해 "각 상점 폐점, 일본인과의 거래 휴지, 일화(日貨) 배척" 등을 활동을 하다가 출판법위반, 대정8년(1919년) 제령 제7호 '정치에관한범죄처벌의건' 위반 등으로 체포되어 3년간 복역했다. 이후 이여성은 조선의 현실을 실증적으로 보여주는 『숫자조선연구』(1~5권)를 출간하고, 1936년 손기정 선수 일장기 말소 사건에 연루돼 동아일보에서 강제 해직되었다.

　김약수는 1920년 4월 조선노동공제회에 참여하고 다시 도쿄(東京)로 가서 니혼대학(日本大學) 전문부 사회과를 다니다가 1921년 봄『대중시보(大衆時報)』발행을 주도하여 일본 노동운동과 사회주의운동을 소개했다. 이 무렵 사까이(堺利彦)가 주도한 사회주의단체 코스모스구락부에 출입했다. 같은 해 11월 흑도회(黑禱會) 결성에 참여하고 일본 사회주의단체 효민회(曉民會)가 주최하던 집회와 강연회에 출입했다. 1923년 1월 사회주의 사상단체 북성회(北星會) 설립을 주도하다가 1924년 11월 북풍회(北風會)를 만들었다. 이후 1925년 4월 창당되는 조선공산당 중앙집행위원으로 참여하다가 그해 말 체포되어 4년형을 선고받고 투옥되는 등 사회주의운동에 참여하였다.

　3.1운동을 전후한 시기 식민지 조선은 민족주의, 무정부주의, 사회주의 등이 혼재되면서 그 내부에 분화과정이 일어나는 시기였다. 1919년 3.1운동시기 '국민대회사건'으로 체포되었다가 이후 서울파의 지도자가 되는 김사국은 1924년 3월 코민테른에 '조선내 공산주의운동의 발생과 분화'에 대해 다음과 같이 보고하고 있다. "유죄판결을 받은 '독립단'의 모든 성원들은 1921년에 형기를 마치고 자유의 몸이 되었다. 그러나 그들은 이미 '문화주의자들', '테러리스트들', '마르크스－공산주의자들' 등 독자적 사상을 가진 3개의 그룹으로 나뉘어졌다. 문화주의자들은 혁명적 활동의 방법을 부인하였고, 진화론을 선전하였다. 테러리스트들은

조직적인 테러와 점령기관의 파괴를 위해 크고 작은 테러의 시도를 적극 옹호했다. 공산주의자들은 지하조직을 강화하고 주로 산업노동자와 혁명지향적인 청년들의 조직사업을 수행하였다."

이와 같이 김원봉, 김약수, 이여성 등 세사람의 독립운동의 노선과 활동은 운동의 발전과 더불어 점차 분화되어 갔던 것이다.

약산(若山) 김원봉과 의열단

1898년 경남 밀양 감천리에서 태어난 김원봉은 1916년 중국으로 망명하여 해방이 된 1945년 말 귀국할 때까지 독립운동에 헌신하였다. 그는 1919년 11월 중국 길림성에서 의열단을 조직하고 그 단장으로 활동하였다. 당시 모인 사람은 김원봉을 비롯하여 윤세위(尹世胃), 이성우(李成宇), 곽경(郭敬), 강세우(姜世宇), 이종암(李鍾岩), 한봉근(韓鳳根), 한봉인(韓鳳仁) 등 13인이었다.

의열단의 조직 당시에는 성문화된 단(團)의 강령은 없었으나 "구축외노(驅逐倭奴), 광복조국(光復祖國), 타파계급(打破階級), 평균지권(平均地權)"이라는 항목이 그들의 최고 이상으로 삼았다. 이후 김원봉이 1923년 북경을 방문하여 당시 임시정부의 외교우선론에 반대하고 무장투쟁론을 주장하던 단재 신채호를 만나면서 단재는 한국독립운동사에서 중요한 위치를 차지하는 의열단선언 즉, 조선혁명선언을 집필했나. 그 미지막 구절은 다음과 같다. "민중은 우리 혁명의 대

본영(大本營)이다. 폭력은 우리 혁명의 유일 무기이다. 우리
는 민중 속에 가서 민중과 손을 잡고 끊임없는 폭력 - 암살·
파괴·폭동으로써, 강도 일본의 통치를 타도하고, 우리 생활
에 불합리한 일체 제도를 개조하여, 인류로써 인류를 압박
치 못하며, 사회로써 사회를 수탈하지 못하는 이상적 조선
을 건설할지니라."

| 밀양 벽화거리에 걸린 조선의용대 기념사진 (사진 중 노란색으로 표시된 이가 밀
양 출신 윤세주와 김원봉이다)

김산의 활동을 기록한 『아리랑』은 1921년 - 1924년 시
기 의열단의 활동에 대하여 비교적 상세히 기록하고 있다.
이 기록에 따르면 의열단은 50여명의 비밀요원으로 구성되
었고 상해에 12곳의 비밀 폭탄제조소를 가지고 있었고 의
열단 단원인 마르틴(Martin)이라는 독일인이 이를 지도했
다고 하였다. 김산은 그를 직접 만나기도 하였고 1924년
의열단이 분열될 때 감사의 선물로 의열단은 1만달러를 주

었다고 회고하였다. 김산에 따르면 1924년 의열단은 '민족주의자, 무정부주의자, 공산주의자' 등 세 조직으로 나뉘어졌다고 하였다. 이렇게 운동이 분화되는 이유는 한국자체의 대중운동이 상당한 수준까지 솟구쳐 오르고 있었고 1924년 무렵 대중운동이 사회주의사상으로 기울어졌기 때문이라고 언급하였다.

소설가 박태원이 해방 직후 김원봉과 직접 대담을 하고 신문기사 등을 참조하여 저술한 『약산과 의열단』은 '김원봉의 항일투쟁 암살보고서'였다. 비밀결사요 무장단체인 의열단은 약산이 모든 활동을 주도하였다. 대표적인 사건으로 1920년 부산경찰서 폭탄투척, 1921년 조선총독부 폭탄투척, 1922년 일본 육군대장 다나카(田中義一) 암살미수사건 등을 들 수 있다.

이 가운데 부산경찰서 폭탄투척사건은 부산경찰서장 하시모토를 암살하기 위해 김원봉은 싱가포르에 있는 박재혁(朴載赫)을 상해로 불러 그에게 의열단 동지들의 복수를 위해 하시모토를 죽이되 그냥 죽이지 말고 무슨 까닭으로 죽는지를 알리고 죽이라고 명령을 한다. 박재혁은 1920년 9월 상해에서 일본 나가사키를 거쳐 대마도를 통해 부산에 도착하여 본가에서 하룻밤을 지내고 고서상으로 위장하여 하시모토를 만나 진기한 고서를 구경시켜 주마 하고 마침내 봇짐을 풀고 이책 저책 꺼내들고 보여주다가 마침내 감추었던 폭탄과 전단을 집어들고 "나는 상해서 온 의열단원이다. 네가 우리 동지를 잡아 우리 계획을 깨트린 까닭에 우리는 너를 죽이는 것이다"고 말하고 폭탄을 터트려 결국 하시모토 서장을 죽이고 폭탄 파편으로 인한 중상의 몸으로 물 한모 금 마시지 않고 스스로 목숨을 끊었다.

또 1921년 9월 12일에 있었던 조선총독부 폭탄사건은 철통같은 일본 경찰의 경비를 뚫고 왜성대의 총독부 건물 일부를 폭파하고 유유자적하며 시내를 활보하다가 마침내 국경을 너머 북경 의열단 본부로 돌아온 의열단원 김익상의 활약상을 상세히 적고 있다. 이처럼 의열단의 활동은 일본 경찰의 간담을 서늘하게 하였다.

조선혁명당과 조선의용대

1925년 김원봉은 의열단의 활동방향, 노선을 '군대건설'로 바꾸고 단원들과 함께 중국 국민혁명의 진원지 광저우(廣州)로 이동했다. 그는 1926년 황포군관학교(黃埔軍官學校)에 입교하여 제4기를 졸업하고 군관학교 군관단에 배속되었다. 이곳에서 김원봉은 민족해방운동 사상과 군사전략을 학습하고, 장개석과 주은래 등 중국의 중요인사들과 친분을 갖게 된다. 또, 한편으로는 황포군관학교 시절에 인연을 맺은 장제스의 지원을 받아 '조선혁명간부학교'를 설립, 항일 독립운동의 핵심인력으로 활약한 150여 명의 인재들을 직접 길러내기도 했다. 독립운동가이자 민족시인으로 유명한 이육사 선생도 바로 이곳 조선혁명간부학교에서 배출됐다.

1927년 4월 장개석(蔣介石)이 반공쿠데타로 대륙에서 물러날 때까지 장개석 정권은 황포군관학교 출신들에 의해 뒷받침되었다. 이후 김원봉은 무한(武漢)으로 갔고, 7월 국공분열 이후 상하이(上海)에서 의열단을 재정비했다. 1929년 봄 베이징(北京)에서 안광천(安光泉)과 제휴하여 레닌주의정치학교를 개설하고 청년간부를 양성했다. 그 무렵 조선공산당재건설동맹 결성에 참여했다. 정치학교 졸업생들을 국내에 파견하여 국내의 노농대중운동에 합세하게 했다.

1931년 만주사변이 일어난 후 본거지를 난징으로 옮겼다. 1932년 11월 대일전선통일동맹 결성을 주도했다. 그해 말부터 1935년 9월까지 난징에서 장개석의 국민정부와 제휴하여 조선혁명간부학교를 개설하고 제1~3기에 걸쳐 청년들을 양성했다.

1935년 7월 조선민족혁명당 서기부장을 맡았다. 중일전쟁이 일어난 후 민혁당, 조선혁명자연맹, 조선해방동맹과 함께 조선민족전선연맹을 결성하고 이사장이 되었다. 중국 국민정부와 교섭하여 강서성(江西省) 성자현(星子縣) 소재 중국 중앙육군군관학교에 조선인 청년 90여 명을 파견하여 정치군사훈련을 받도록 했다.

| 조선의용대(1938.10.10, 위키백과)

　1938년 10월 군관학교 졸업생을 규합하여 조선의용대를 결성하고 대장에 취임했다. 무한이 일본군에게 함락된 뒤 조선의용대 본부 인원을 이끌고 광서성(廣西省) 계림(桂林)으로 이동했다. 1939년 7월 김구(金九)와 공동명의로 '동지 동포에게 고하는 글'을 발표하여 중국 관내 한인의 통일단결을 촉구했다 8월경 사천성(泗川省) 기강(淇江)에서 개최된 '7당통일회의'에 참가했다. 10월 무렵 조선의용대를 화북(華北)으로 이동시켰다. 1940년 10월 조선의용대 간부회의에서 화북으로 진입할 것을 결정했다.

　1942년 10월 대한민국 임시의정원에 가담했고 12월 한국광복군 부사령 겸 제1지대장으로 취임했다. 광복군 부사령으로서 광복군 1개 분대를 인도, 버마전선에 파견했으며, 국내에 무장부대를 건립하기 위해 화북 조선의용군과 결합하려고 노력했다. 1944년 대한민국 임시정부 군무부장에 취임했다. 중경(重慶)에서 해방을 맞았고, 1945년 12월 초 임정 국무위원으로 귀국하여 각 정파의 통일단결에 힘썼다. 1946년 2월 민주주의민족전선 결성에 가담하여 공동의장으로 취임했다.

해방과 김원봉

해방이 되자 김약수, 김원봉 이들은 통일 정부 수립을 위해 제각기 노력했다. 김원봉은 좌우합작을 기피하는 임시정부 쪽에서 떠나 인민공화당을 창당해 합작의 고리 구실을 하려 한다. 이여성은 몽양 여운형과 함께 건국준비위원회 선전부장이 되어 이후 조선인민당에 참여하였고 좌우합작을 위해 3당합당에 반대하여 사회노동당, 근로인민당 등 중도노선을 걸었다. 그러나 1947년 몽양의 암살과 함께 좌우합작 노선도 물거품이 되었다.

1947년 2월에 김원봉은 '남로당이 주도한 파업에 연루되었다'는 죄목으로 악명 높은 친일경찰 출신 노덕술에게 체포돼 갖은 수모를 당한다. 당시 미군정시기 미군정에서 수도경찰청장(현 서울지방경찰청장)은 대한광복회에 처단당한 친일부호 장승원의 아들 장택상이었다. 일왕으로부터 7급 훈장을 받은 노덕술을 비롯한 일제하 친일 경찰들이 미군정시기 다시 경찰로 근무하게 되었다. 종로경찰서 형사로 있으면서 숱한 독립운동가들을 잡아들여 악랄하게 고문했던 노덕술은 김원봉을 '빨갱이 두목'이라고 부르면서 뺨을 때리며 모욕했다고 한다.

의열단 동지였던 유석현 선생의 회고에 따르면, 노덕술에게 수모를 당하고 풀려난 김원봉은 사흘을 꼬박 울며 "여기서는 왜놈 등살에 언제 죽을지 몰라"라며 한탄했다고 한다. 이후 그는 인민공화당 위원장으로서 활동하다가 친일파와 우익정치깡패들의 테러에 시달리며 거처를 옮겨 다니는 신세가 된다. 이러한 신변의 위협이 계속되자 김원봉은 1948년 남북협상에 참여했다 서울로 귀환하지 않고 월북하기에 이른다.

김원봉은 친일 경찰 노덕술에게 끌려가 3일 동안 고문을 당했다. 미 군정의 쌀가격 통제에 반발해 일어난 '대구 총파업' 사건 조사에 김원봉이 참여한 것이 빌미가 되었던 것이다. 김원봉은 노덕술에게 고문당한 후 3일 동안 울었다고 한다. 약산과 여성은 1948년 4월 남북연석회의 때 북으로 가 돌아오지 않았다.

월북 후 김원봉은 국가검열성상, 노동상, 조선노동당 중앙위원회 중앙위원, 최고인민회의 상임위원회 부위원장직 등의 최고위직을 두루 역임한다. 그러나 납북된 조소앙, 안재홍 등과 함께 중립화를 통해 외세의 간섭에서 벗어나 민족의 단결과 통일을 이루어내자는 '중립화 평화통일방안'을 주장하면서 김일성의 눈 밖에 나기 시작한다. 그러던 1958년 11월, 김일성이 중국 연안을 중심으로 항일투쟁을 했던 '연안파'를 대대적으로 제거할 때 김원봉 역시 이들과 함께 숙청 당한다.

김약수는 우파인 한국민주당에 가담했다. 오른쪽에서 좌우합작을 시도하려고 했던 것이다. 그러나 한민당은 좌우합작을 거부했고 김약수는 결국 당을 떠나 합작을 추구했던 김규식의 진보적 민족주의 노선에 합류했다. 5·10 총선 때 동래에서 당선되고 초대 국회부의장에 올라 반민족행위특별조사위원회 활동에 앞장선다. 그러나 이승만 일당이 조작한 남로당 국회 프락치 사건에 엮여 투옥되었다가 6·25 때 인민군이 서울을 점령하자 출옥해 월북하였다.

김약수, 김원봉 그리고 이여성 이들은 우여곡절 끝에 북을 선택했으나 북한 권력도 이들의 희망, 완전한 독립과 평화통일을 억누르고 말았다. 약산 김원봉은 1958년 11월 연안파와 더불어 숙청당했고 김일성대학 역사강좌장을 역임했던 이여성도 북한의 공식 역사에서 사라졌다. 두 사람은 무덤조차 모른다. 김약수는 평화통일을 촉구하다가 1959년 반당반혁명분자로 몰려 숙청됐다.

일제가 가장 두려워했던 독립운동가요 평생을 조국의 해방을 위해 투쟁했던 약산 김원봉. 사회주의운동을 통하여 일제로부터 독립과 해방을 염원한 김약수. 또 아직도 발굴되지 않은 남과 북 모두에게서 버림받은 독립운동가들. 이제는 그들을 기억하고 기념해야 하지 않을까.

5. 신사참배 거부한 주기철 목사 _ 남재우

주기철목사의 출생과 웅천

주기철 목사는 1897년 지금의 창원시 진해구 웅천1동에서 태어났다. 부모는 관아의 아전이었던 주현성이며, 어머니는 조재선이다. 집안의 4남 3녀 중 막내였다. 주기철이 태어난 시기는 서구 열강들이 물밀 듯이 들어와 한반도를 위협하던 때였다. 이 무렵 웅천지역에도 기독교라는 신흥종교가 들어왔다. 주기철의 맏형인 주기원은 조선이 일본에 의해 강제병합되던 1910년 교회에 나가기 시작했고, 부모를 비롯한 집안 전체가 기독교인이었으며, 아버지는 장로였다. 주기철도 이때부터 주일학교를 나가기 시작했다.

목사가 태어난 웅천지역은 이른 시기부터 외래문화가 소통하는 창구였다. 1443년 세종때 부산포와 염포(울산)와 함께 일본인들의 왕래를 허가한 3포 중의 하나이다. 이에 일본인들의 상주인구가 점점 늘어 제포에만 500여호에 이르렀던 국제항구였던 것이다. 또한 웅천은 기독교와의 인연이 일찍부터 있었던 곳이다. 임진왜란시기인 1593년 스페인 태생인 세스뻬데스신부가 웅천으로 들어와 1년 8개월 동안 머물렀던 것이다. 세스뻬데스신부는 임진왜란의 제1선봉장이면서, 가톨릭교도였던 고니시 유키나카(小西行長)의 초청으로 조선에 들어왔다. 웅천왜성을 축성하여 머물면서 신부를 초청한 것이다. 신부가 웅천으로 들어온 곳은 사도마을이 있다. 그 바닷가에는 탕수바위라 불리는 바위가 있

는데 주민들 대부분이 서양인 신부가 상륙한 곳이라 전하고
있다.

| 주기철 생가터 전경(독립기념관)

| 주기철목사의 모습(주기철목사기념관)

근대교육과 주기철

당시 웅천에는 1906년 '개통(開通)학교'라는 사립학교가 있었는데, 민족의식이 강한 교사들이 계몽교육을 실시하고 있었다. 어려운 집안에서 한문을 공부하던 주기철도 형들과 함께 근대식 교육을 받았다. 졸업반이던 1912년 평북 정주의 오산학교 선생이던 이광수의 계몽강연을 들은 것이 계기가 되어, 그 이듬해 오산학교로 진학하였다.

오산학교는 민족주의 사립학교로 민족의식이 강한 학생들이 전국에서 모여들었던 곳이다. 주기철도 이와같은 분위기속에서 민족주의 계몽교육을 받았다. 기독교 신앙도 깊어가, 1915년 11월 오산학교 예배실에서 세례를 받았고, 1916년 3월 23일에는 오산학교를 7회로 졸업했다. 그리고 곧바로 서울 연희전문학교 상과에 입학했다. 그가 상과에 입학한 것은 오산학교 설립자 이승훈 선생과 조만식 선생의 권유에 의한 것이었다. 그들은 민족운동으로서의 무장투쟁이나 계몽교육 못지않게 '민족경제'를 강조하였던 것이다.

하지만 주기철의 '상과'수업은 오래 지속되지 않았다. 어려서부터 앓고 있던 눈병이 수업을 계속할 수 없을 만큼 악화되어. 1916년 여름부터 학업을 중단하고 고향으로 내려왔다.

| 개통학교가 있었던 지금의 웅천초등학교(경남도민일보)

웅천에서의 청년운동

한동안 질병과 정신적 방황으로 어려움을 겪었지만 1917
년 김해교회 출신으로 신교육을 받은 여성인 안갑수와의 결
혼이후 안정을 되찾기 시작하면서, 웅천지역 청년운동에 적
극 참여하였다. 1917년 민족주의 계몽운동단체인 교남학
회 창설에 참여하였고, 웅천청년운동단을 조직하여 읍내 명
륜당에서 수시로 시국강연회를 개최하여 지역 청소년들에
게 민족의식을 고취시켰다.

목회활동과 사회참여

3·1운동 이후인 1920년부터 주기철은 삶의 방향을 '종교'
와 '목회'쪽으로 바꾸었다. 경남노회의 추천을 받아 1922년
3월 봄학기부터 평양신학교에서 신학공부를 시작했다.그는
신학교 재학중에 첫목회를 시작하기도 했는데, 경남노회 소
속 양산읍교회에서 전도사로 부임하였던 것이다.

신학교에 들어가 목회 훈련을 받았지만 민족주의 계몽의식을 포기한 것은 아니었다. 신학교 재학시절 기독교계 계몽잡지 『신생명』에 기고한 「기독교와 여자해방」라는 글에서 확인된다. "여자해방은 기독교에서 나왔으며 기독교는 여자해방의 선구자"라 하여 1920년대 사회적 관심사의 하나였던 '여자해방'문제에 분명한 주관을 가지고 있었던 것이다.

1925년 12월 22일 30살 나이에 평양 장로회신학교를 졸업하고 부산지역에서 가장 먼저 설립된 교회 초량교회에서 목회를 시작하였다. 그해 12월에는 제20회 경남노회에서 목사 안수를 받았다. 초량교회에서의 목회활동을 6년으로 마감하고, 1931년 7월 마산 문창교회로 임지를 옮겼다. 6년동안 목회를 하면서, 교회의 조직과 체계를 재정비하고, 경남노회장이 되었으며, '설교 잘하는 목사'로 명성을 떨치기도 했다.

| 마산문창교회(독립기념관)

1936년 7월 평양 산정현교회로 임지를 옮겼다. 평양에서도 그의 설교는 많은 사람들에게 감동을 주었고, 그래서 교계 잡지나 신문에 그의 설교문을 지면에 소개하기도 했다. 산정현교회에 부임한 후 주기철 목사는 평양뿐 아니라 전국적으로 '영향력있는'목사가 되었다. 그러나 이러한 그의 유명세는 그의 수난을 재촉하는 결과를 가져왔다.

| 경남노회종교교육지도자 하계수양회(1930. 8. 23. 주기철목사기념관)

일제의 종교탄압과 주기철

일본 제국주의는 1931년 만주사변, 1937년 중일전쟁을 계기로 종교 통제 정책을 강화하였다. 즉 신사참배를 비롯한 '황민화'정책을 기독교계 사립학교와 교회에 강요하였던 것이다. 그 과정에서 주기철 목사와 같은 영향력이 있는 목사들의 저항은 '정치적'걸림돌이 되었다. 주목사는 "신사참배는 십계명 중 엄연히 제1,2계명을 어기고 우상을 섬기는 것이다. 우리는 계명을 어기고는 살 수 없음을 천명하여,

일본이 강제하는 참배자리에는 결단코 나가지 않을 것"이라며 신사참배를 반대했다.

주기철 목사의 수난은 1938년 평양 장로회신학교에서 일어난 '기념식수 훼손사건'에서 시작되었다. 이 사건은 평북노회가 신사참배를 가결했다는 소식을 듣고 분노한 이 학교 학생들이 1934년 졸업기념으로 평북노회장이 교내에 심었던 나무를 뽑아 버린 사건이었다. 평북노회는 장로회 가운데서 가장 먼저 신사참배 강요에 굴복하였다. 1938년 2월 평북 선천읍 남예배당에서 열린 53회 평북노회에서 김일선 목사가 노회장으로 선출되면서 신사참배를 하기로 결정한 것이다. 즉"신사참배는 종교가 아니요 국가의식임을 시인"이라는 조선총독부의 주장을 받아들인 것이다. 주 목사는 이 사건의 배후인물로 지목되어 평양 경찰서에 연행되었다가 27일 만에 석방되었다. 일제는 사건과 관련없던 그를 연행하여 회유와 협박으로 그의 의지를 꺾으려 했지만 결과는 그 정반대였다.

신사참배에 반대했던 주기철

1938년 5~6월 일본기독교연맹 의장 도미타를 비롯한 일본 기독교계 대표단이 한국으로 와서 서울과 지방을 순회하면서 신사참배를 거부하는 한국교계지도자들을 회유하고 설득했다. 6월30일에는 산정현교회에서 간담회가 개최되었는데, 도미타는 깍듯한 태도로 '신사는 종교의 대상이 아니다'라고 누누이 설명했다. 수십 명이 경관이 자리한 삼엄한 분위기 속에서 도미타는 장시간 연설했고 신사참배를 권고 했다. 주기철목사는 '도미타목사께서는 조선을 불법으로 점령한 일본의 유익을 위하여 지금 불법을 함께 자행하고 있다는 사실을 알아야 한다'고 말하며 격렬하게 신사참배의 불가함을 역설하였다. 이 사건으로 심한 감시를 받았고, 1938년 9월 개최될 장로회 총회의 신사참배 결의를 앞둔 시점에 주목사는 일본 경찰에 체포되었다. 체포이유는 1938년 8월 경북 의성에서 터진 농우회사건에 연루되었는데, 주목사와는 아무런 관련이 없었지만 7개월간 구금 상태에서 조사를 받았다. 그가 의성경찰서에 붙잡혀 고문받고 있는 동안에 전국 장로회 노회들은 "신사참배는 교리에 어긋나는 것이 아니다"라고 선언하며 신사참배를 가결했다. 장로회 총회가 열리기 전에 이미 총 노회 27개중 과반수가 넘는 17개 노회가 스스로 신사참배를 결정했다. 1938년 9월 초 그가 속한 평양노회도 신사참배를 결의하였고, 9월 9일 평양 서문밖교회에서 개최된 27차 총회에서도 신사참배가 가결되었다.

| 주기철목사기념관(2015.3.24. 개관)

신사참배 거부운동

신사참배가 가결되면서 개인과 교회 차원에서 신사참배 거부운동이 일어나기 시작했다. 주기철목사와 산정현교회가 그 중심에 있었다. 1939년 2월 평양으로 다시 돌아온 목사는 설교를 통하여 신사참배를 반대하였다. 이 때문에 1939년 9월 장로회 총회를 앞두고 신사참배를 공개적으로 반대하던 교계인사들과 함께 평양경찰서에 다시 구금되었다. 주목사가 억류되어 있는 동안 평양경찰서는 평양노회의 임원을 회유하여 산정현교회를 폐쇄되고 주기철 목사의 가족은 사택에서 쫓겨났다.

이후 1940년 4월 주기철 목사는 일시 석방되었다. 4월 22일 신사참배를 거부했던 지도자들의 비밀회합이 열렸다. 이 자리에서 지방별로 지속적인 신사참배 거부운동을 추진할 것과 신사참배를 가결한 교회나 노회를 대체할 기구를 재건하는 문제 등을 논의하였다. 이것을 계기로 신사참배 거부운동이 활발하게 전개되었고, 이를 알게 된 일제는 1940년 6월부터 20여명이 넘는 신사참배 반대운동가들을 검속하였다. 주기철도 잡혀갔고, 그것이 마지막 구금이었다.

주기철의 죽음과 그의 부인들

1940년 여름에 잡혀간 주기철은 평양경찰서에서 고문과 악형을 받은 후 1년만인 1941년 8월 25일 평양형무소로 이감되었다. 허약했던 주기철목사는 "전향만 하면 석방하겠다"는 유혹을 거부하고 옥중투쟁을 하다가 병감으로 옮겨진 1주일 만인 1944년 4월 21일 저 세상으로 떠났다.

| 주기철목사의 삶을 조명한 영화 '일사각오'

신사참배를 거부한 행위는 종교적인 동기에서 비롯된 것이지만, 그 행위는 정치적이고 민족주의적 저항운동의 성격과 영향력을 가지고 있었다. 그것은 일제가 신사참배 거부를 순수 종교적 행위로 보지 않고 반체제 정치적 저항으로 해석했기 때문이다. 신사참배 거부는 천황제를 근간으로 하여 강력한 군국주의 통치체제를 구축하려는 일제의 정치적 의도를 정면으로 부인하는 것을 해석되었고, 주기철을 비롯한 신사참배 반대세력은 '정치범'으로 분류되어 탄압을 받았다. 주기철은 종교적 신앙 양심으로 정의롭지 않은 정치권력에 저항하였던 것이다.

주목사가 일제에 저항했던 이러한 활동이 가능했던 것은 그를 뒷받침해 주었던 부인들의 도움이 중요한 바탕이 되었다. 첫 번째 부인 안갑수는 주목사가 신학생시절부터 함께 했던 인생의 반려자 였다. 또한 부인의 신앙생활도 열정적이었다. 1931년과 1932년에 경남부인전도회 회장으로서 활약하며 적극적으로 전도활동을 했다. 하지만 1933년 5월 34살의 젊은 나이에 병사하고 말았다.

두 번째 부인은 오정모였다. 그녀는 33살이 되도록 결혼하지 않은 처녀였다. 전 부인의 자식이 넷이나 있는 주목사의 처가 된 것이다. 부인은 평남 강서 출신으로 정의여학교를 마치고 마산 의신여학교에서 교사로 일하고 있으면서 주일학교 교사이기도 했다. 부인은 주기철의 신앙을 흠모하였고 주기철 역시도 마찬가지였다. 그래서 1935년 여름 결혼하기에 이르렀다. 하지만 부인은 결혼 3년 만에 주목사가 투옥됨에 딸 고난의 삶을 살 수밖에 없었다. 가난하여 먹을 것이 없어 하루걸러 금식기도를 하기도 하고 한달에 3일은 물 한 방울도 입에 대지 않고 금식기도를 했다. 해방이후 산정현 교회 교인들이 신사참배를 반대하며 신앙을 지켰던 주목사의 동상을 건립하려 하자 부인은 적극 반대했다. '어찌하여 주 목사가 하나님의 영광을 가리게 하느냐'며 호통쳤다. 이러한 부인은 모습에서 강직한 성품을 엿볼 수있다.

주목사의 묘는 서울 국립 현충원에 있다. 정부는 1963년 그의 활동을 기리기 위해 건국훈장 애국장을 추서하였다.

6. 불교혁신으로 독립 꿈꾼 용성선사 _ 안순형

용성, 선지식을 찾아 전국으로

용성선사는 숭유억불을 표 방했던 조선 500년의 끝자락 에서, 밀려드는 외세종교의 격랑 속에서 조선불교의 명맥 을 유지하고 새로운 방향을 모색했던 선각자이다. 그는 1864년(고종 1) 음력 5월 8일, 전라북도 장수군 번암면 죽림 리 254번지(당시 남원부)의 수원 백씨(白氏) 집안에서 5남매 중 장남으로 태어났다. 어머니가

| 용성선사(독립기념관)

"찬란한 가사를 입은 스님이 방으로 들어오는" 꿈을 꾼 이후 에 그를 출산했다고 전하고 있으니, 그의 출가는 이미 전생 의 인연으로 운명되어진 것인가. 그가 1차로 출가할 때도 "내 이제 너를 부촉하노니 명심할지어다"라는 부처의 현몽 이 있었다고 한다. 그의 출가가 단순한 개인사가 아니라 부 처의 부촉으로 법을 수지하고 전승하며, 사바세계의 중생을 제도할 막중한 임무를 띠었다는 것을 강조한다.

용성은 1877년(14세)에 불문에 귀의하려고 무작정 집을 나와서 남원 교룡산 기슭의 덕밀암(德密庵)으로 갔다. 이곳 은 동학 창건주였던 최제우가 호남지역의 포교를 위해 잠행

179

할 때인 1861-2년에 은거했던 곳이다. 그의 첫 은사가 될 주지 혜월(慧月)은 조선 중기에 선풍(禪風)을 진작시켰던 환성 지안(喚惺志安)의 법맥을 계승할 사람이 찾아 올 것이란 꿈을 꾸었다고 한다. 이것은 그가 청허 휴정(淸虛休靜)→ 편양 언기(鞭羊彦機)→ 풍담 의심(楓潭義諶)→ 월담 설제(月潭雪齊)→ 환성 지안으로 이어지는 조선의 정통 선맥을 계승한다는 것을 말한다. 그는 혜월에게 진종(震鐘)이란 법명과 용성이란 법호를 받고 행자 생활을 시작했지만 얼마 후에 부모의 허락 없이 출가를 한 것이라 집안의 반대로 결국 환속하게 된다.

2년 후인 1879년이 되자, 용성은 은사였던 혜월의 도움으로 다시 합천 해인사 극락암으로 가서 화월(華月)을 은사로, 혜조(慧造)를 계사로 사미계를 받고 정식으로 출가한다. 이후 1886년(23)에 제 4차의 깨달음을 얻기까지는 선지식을 찾아 전국을 떠돌며 수행을 하였다. 해인사에서는 수행자로서 기본만 배우고, 경북 의성의 고운사(孤雲寺)에서 천수주(千手呪)로 견성했다는 수월 영민(水月永旻)에게 주력(呪力) 수행을 배웠다. 1882년(19)에는 파주의 보광사(普光寺) 도솔암에서, 1884년에는 금강산 표훈사에서 무융(無融)선사의 무자화두를 지도 받으며 두 차례의 깨달음을 경험했다. 무융이 그에게 구족계를 갖출 것을 권유하자, 남순(南巡)하여 양산 통도사의 금강계단에서 선곡(禪谷)율사에게 비구계와 보살계를 수지하였다.

1885년(22)에는 다시 서행(西行)하여 순천 송광사의 삼일암에서 『전등록』을 읽다가 3차로 깨달음을 얻고, 그 후 고승들에게 『화엄경』을 비롯한 경율론을 익히면서 수행의 깊이를 더했다. 1886년(23) 9월, 경북 선산에서 낙동강을 건널 무렵 4차 완전한 깨달음을 얻었다. 이후에도 1909년(46)까지 거의 20여년동안 정혜사에서 혜월, 해인사에서 제산(齊山), 화엄사에서 만공 등을 만나 법거량을 하고, 통도사의 동은(東隱)과 묘향산의 금봉(金峰) 등의 강백(講伯)을 만나 자신의 깨달음을 철저히 재점검하였다.

하지만 1905년 을사늑약, 1010년 한일병탄의 소용돌이 속에서 용성은 더 이상 산중의 보임(補任)만을 고집할 수 없었다. 용성은 출가 수행자로 총칼을 잡을 수는 없지만 그 나름의 조국 독립, 자주적 신앙에 대한 길을 찾아 나선다. 왜색불교에 대한 조선불교의 정통성 확보, 선불교의 대중화 등이 바로 그 길이었다.

조선불교의 자주화를 위하여

한일병탄 이전부터 기독교 세력이 급성장하고, 왜색불교가 만연하면서 조선불교는 몰락의 위기에 직면하였다. 용성은 지리산 칠불암 종주 시기인 1910년 7월에『귀원정종(歸源正宗)』을 저술하여 호법적·민족적 입장에서 불교와 기독교·유교의 차이점을 밝히고, 불교가 여타 종교에 비해 상대적으로 우수하다는 것을 강조하였다. 이미 1908년에 일제는 일본정토종의 후원하에 있던 조선 원종(圓宗)을 통해서 조선불교계를 지배하려는 시도가 있었다. 또한 1912년에는 원흥사(元興寺)에서 전국 30본사 주지회의를 열어 총독부의 사찰령에서 강요했던 조선불교의 '선교양종' 제안을 수용하도록 하였다.

조선불교계는 식민지 불교정책에 대항해서 정통의 임제종을 선양하여 조선불교의 정체성을 확립하고자 하였다. 이런 움직임은 1911년 초부터 경상도 지역과 지리산 일대에서 먼저 시작되었다. 1912년에는 전국화를 위해 본부를 서울의 종로구 사간동(현 인사동)으로 이전하였고, 통도사와 범어사 등 다수의 사찰이 연합하여 조선임제종 중앙포교당을 개설하였다. 용성은 이곳에서 개교사장(開敎師長)으로 중추적 역할을 담당하면서 만해(卍海)와 더불어 3년간 조선불교의 자주성과 정통성을 수호하는데 앞장섰다. 그는 대중들이 불교를 더욱 쉽게 이해할 수 있도록 국한혼용과 순한글의 2종으로 『불문입교문답』을 발간하기도 했다. 이들의 노력으로 조선불교는 다시 정체성을 확립하고 점차 교세가 확장되어 신도도 3000여명으로 증가되었다. 이로 말미암아 총독부는 지속적으로 탄압을 가하였고, 1914년에는 종명(宗名)에서 '임제'를 삭제한 선종포교당으로 변경할 수밖에 없게 되었다.

1920년 경, 조선불교계에서는 사찰령의 통제를 벗어나 다시 자주적인 임제종의 기풍을 회복하려는 시도로 선학원을 개설하였다. 용성은 범어사의 적극적 지원을 받으며 선학원 건립의 발기인으로 중요한 역할을 담당하였고, 이후 1930년대 초반까지도 선학원에서 일정한 역할을 하였다. 또한 용성은 선불교의 정통성과 순수성을 보장하기 위해

1925년 6월부터 도봉산 만월사에서 '만일참선결사회'를 추진하였다. 그는 정통선을 부흥하고, 공동수행을 견지하며 엄격한 계율의 수지로 선·율(禪律)을 균형적으로 실천할 것을 강조하였다. 구체적으로 1000일(3년)을 주기로, 30여명의 선승이 모여서 오후에는 먹지 않는[午後不食] 부처님 당시의 식사법을 지키고, 오랫동안에 묵언을 닦으며[長時黙言], 산사를 떠나 세속에 영합하지 않는[洞口不出]다는 등의 전통적 수행법을 제시하였다. 이 결사는 실제로 10월의 동안거일을 기점으로, 전국 50여명 선승들의 참여로 시작되었다. 이 결사는 비록 보안림 문제의 발생으로 1926년 4월에 통도사의 내원암으로 이전되기는 했지만 이후에도 지속되었다.

1920년대 중반이 되면 조선불교계에서는 대처와 육식으로 대표되는 왜색불교가 더욱 만연하게 된다. 불교계는 일찍부터 조선 불교의 혁신을 위해 일본에 많은 유학승을 파견하여 그들을 배우려는 움직임이 있었다. 하지만 조선 불교의 장래를 짊어질 유학승들은 오히려 대처승으로 변신하여 귀국하면서 조선불교계에 큰 실망을 남긴다. 대처 유학승들은 비구 중심의 조선불교계에서 활동이 어렵게 되자, 결국 총독부와 결탁하여 1925년 가을부터 사법(寺法)을 개정하여 조선불교계를 장악하려 하였다. 당시 범어사에 승적을 두었던 용성을 중심으로 한 127명의 비구들은 1926년 5월과 9월, 두 차례에 걸쳐 대처와 육식을 금지해달라는 취지의 건백서를 조선총독부에 제출하였다. 하지만 조선불교의 독자성을 유지하려던 이들의 건의는 총독부에 의해 악의적으로 방기되어졌고, 총독부는 오히려 1926년 10월 경에 '대처 주지 금지' 조항의 삭제를 지시한다.

총독부 탄압의 강화, 조선불교 정체성의 상실, 승려들의 파계 행위가 더욱 심각하자, 용성은 기존의 교단에서는 더 이상 불교개혁을 진행할 수 없다고 판단하였다. 그는 해인사와 범어사에 있던 자신의 승적을 과감히 버리고, 전통불교의 회복을 위한 대각교를 선언하면서 일제의 식민지 불교정책에 완강히 저항한다.

용성은 조선불교의 미래가 어린이에게 있다고 보고, 1928년 4월에는 서울 봉익동의 대각교당 내에 '일요학교'를 설립하였다. 학생들을 좀 더 체계적으로 교육하기 위해 『대각교아동교과서』를 직접 집필하기도 하였다. 또한, 성인 신도들을 위해 선원이나 선회(禪會)를 개방하여 선의 대중화를 시도하였다. 1929년에는 하안거를 맞이하여 대각사에 일반신도를 위한 '시민선방'을 개설하였고, 이후에는 '부인선원'을 개설하여 여성포교에도 힘을 쏟았다. 용성의 대각교는 국내의 포교에 만족하지 않고, 이주 조선인이 밀집했던 만주 용정에서도 적극 활동하였다.

용성은 대각교를 통해 선불교의 대중화를 지향하면서도 사원경제의 독립성을 대단히 중시하였다. 중국이나 한국 불교는 인도와 달리 신도들의 보시만으로는 생활할 수 없었기 때문에 독립된 경제력은 교세의 확장 뿐 아니라 출가자의 생존과도 밀접한 관련이 있다. 따라서 용성은 당대 남선종의 『백장청규(百丈淸規)』에 보이는 '일하지 않고는 먹지도 말

184

라[一日不作 一日不食]'는 수행법을 본받아 선농일치(禪農一致)의 실천불교를 강조하였다. 그는 "생산하지 못하는 종교는 세인들로부터 흡혈적 종교요, 사기적 종교요, 기생적 종교라는 비난을 면치 못할 것"이라면 독자적인 사원경제의 중요성을 역설하였다.

| 1940년 용성선사가 입적했던 대각사(서울 종로구 봉익동, 독립기념관)

1927년부터 국내에서는 경남 함양의 백운산에 황무지를 구입하여 화과원(華果院)을 설립하였다. 그는 이곳에서 노동선(勞動禪)을 실천하는 한편 번역과 저술 작업도 진행하였고, 인근 부락의 빈민 아동들에게 교육을 제공하기도 했다. 만주 용정에서도 대각교당과 함께 선농당이 개설되었다. 용정 교당의 주도로 명월촌(明月村)이나 영봉촌(寧鳳村) 등지에서 7~8만평 규모의 농장이 마련되자 대각교는 안정적인 경제 기반을 가지게 되었고, 신도들도 300여명으로 확대되었

다. 당시 용정의 교당은 고향을 떠나 타국에서 방랑하던 조선 동포들에게는 정신적인 구심점이 되었고, 독립운동가에게는 든든한 지원군이기도 했다.

국내외적으로 용성이 이끄는 대각교가 일제의 종교정책에 굴복하지 않자, 1930년대 중반이 되면 일제의 탄압도 노골적으로 철저하게 이루어졌다. 국내에서는 대각교를 '유사종교'로 규정하여 탄압하고 법인으로 전환의 길도 봉쇄하였다. 용성은 대각교가 독자적인 사세(寺勢)를 유지할 수 없게 되자, 부득이 함양 화과원을 비롯한 간도 용정의 농장(당시 시가 10만원 가량)을 범어사로 이전하게 된다. 용정에서 대각교에 대한 탄압은 그의 유언에도 드러나듯이 더욱 철저하였다. 일제의 간계로 "독립운동 우국지사가 일망타진"되고, "영봉촌 대각사 대각교당 선농당 화과원과 그 인근의 부락이 절단"이 나버리는 비운을 겪었다. 법적으로 1938년 4월경에 용정의 대각교당과 농장은 해체되었다지만, 용성의 입적 후인 1941년에 김달진이 이곳을 찾았을 때에도 용정의 교당과 농장은 여전히 명맥을 유지하고 있었다고 전한다.

3.1운동의 동참과 각성

용성은 비록 출가 수행자이지만 조국의 독립에 대해서도 지대한 관심을 가졌다. 이런 의지를 잘 알고 있던 만해(卍海)는 3.1운동의 민족대표를 선정할 때 불교계의 대표로 용성을 적극 추천하였다. 비록 용성은 만해보다 15세 연상이지만 1912년 임제종중앙포교당 시절부터 함께 수행하면 일제의 불교정책에 저항했던 동지였다. 따라서 만해는 민족대표를 구성할 때 불교계의 대표로 용성을 추천하였고, 용성도 만해의 권유를 받게 되자 적극 찬동하였다. 만해는 1919년 2월 20일에 최린에게 용성을 먼저 추천하였고, 같은 달 27일에야 용성에게 이 사실을 알려 도장을 받았다는 것도 상호간의 신뢰를 짐작하도록 한다. 용성은 3월 1일에 약속대로 명월관에 들러 29명의 대표들과 독립선언식에 동참하였고, 다른 참석자와 함께 경찰에 체포되었다. 경성복심법원에서 1년 6월을 선고받아 서대문형무소에서 옥고를 치룬 결과, 우리는 용성을 만해와 더불어 33인 가운데 불교계의 대표로 기억하게 된다.

하지만 용성의 항일저항은 33인의 민족대표로 참여한 것보다도 한문 경전의 한글화로 대표되는 역경사업에서 더욱 진가를 드러낸다. 그는 수감 중에 한글로 된 성전을 읽으면 신앙생활을 하던 다른 종교지도자를 보면서 조선불교의 중흥에 경전의 한글화가 필수적임을 절감하게 된다. 불교는 심오한 사유체계를 가지고 있을 뿐 아니라 한문으로 이루어져 있으니, 무지한 민중이 스스로 경전을 읽는다는 것은 애초부터 불가능하다. 그 결과, 조선불교계는 자각적 수행이 아니라 이타적 기복신앙으로, 재가불자가 아닌 출가자 중심으로 교단이 운영되어졌고, 외세와 결탁 속에 부패와 타락이 만연하면서 위기에 직면하게 되었다고 보았다.

용성은 1921년 3월에 출옥하자 경전의 한글화를 위하여 8월에 서울 가회동에 삼장역회(三藏譯會)를 결성했다. 당시 동아일보도 "불교의 민중화를 목적하고 백상규씨를 중심하야"라면서 삼장역회 설립이 불교의 대중화에 상당한 역할을 할 것으로 보았다. 하지만 불교계에서는 경전 한글화를 반대하는 목소리도 있었다. 경전의 오역으로 본의에 어긋날 수 있다, 신자가 스스로 경전을 이해하게 되면 '삼보' 가운데 하나인 '비구'에 대한 존경심이 약화된다는 것이 주요 이유였다. 다시 말해, 그들은 기독교를 비롯한 서구 종교와 왜색불교로 조선불교계가 몰락했을지라도 여전히 삼보라는 자만으로 일신의 영달과 기득권을 고수하려 했던 것이다.

용성은 이런 반대에도 불구하고 경전을 조선인이 이해하기 쉬운 단어로 가능한 의역하고, 반복과 번거로운 곳을 생략하여 본의를 명확히 하고, 오역을 줄이기 위해 동일한 경전을 수정 재출간하였다. 그 결과, 용성은 1921년부터 『조선글 화엄경(12권)』을 비롯한 21종 경전을 한글화하고, 불교의 대중화를 위해 『심조만유론(心造萬有論)』을 포함한 22종의 저술을 남겼다. 이런 그의 역경·저술활동은 불교에 대한 애정, 신도에 자비심이 기반이 된 것으로, 불교 대중화를 위한 공고한 토대가 되었다. 뿐만 아니라 출가 수행자였지만 세상을 방기하지 않고, 자신만의 방식으로 민족문화의 창달과 자주성을 추구했던 것이다.

| 용성선사 사리탑비(경남 합천 해인사)

| 해인사 용탑선원(경남 합천 해인사)

독립운동 기억하기

Ⅲ. 독립운동 기억하기 _ 신은제

1. 기억이라는 문제

"우리 잊으면 안돼."영화 '암살'의 대사이다. 독립운동을 다룬 영화 '암살'은 노골적으로 독립운동의 망각을 우려하며, 친일파의 처단을 상상했다. 그리고 1200만이 넘는 국민들이 이 영화를 보기 위해 극장으로 달려들었다. 특히 영화가 상영된 후, 80년대 님웨일즈의 『아리랑』에 소개되어 몇몇 관심을 가진 이들만 알고 있던 '걸출한 테러리스트'는 '밀양사람 김원봉'으로 대중들에게 널리 알려졌고, 그를 소개하는 글들이 인터넷에는 넘쳐 났으며 잊지 않겠다는 댓글이 이어졌다. 그리하여 영화 '암살'은 1930년대 일제의 식민지배가 절정으로 치달았던 시기, 많은 조선인들이 친일의 길로 접어들었던 시기, 끝까지 조국의 해방을 위해 싸우던 독립운동가들, 특히 김원봉과 같은 인물의 '기억의 터'가 되었다.

사실 인간은 항상 과거를 기억하고 기념해 왔다. 그리고 때로 언어, 예술, 제의, 도상icon은 기억을 전승하는 기재로 활용되었다. 특히 현대로 접어들면서 과거를 재현하기 위한 장치들은 과거 어떤 시대와도 비교할 수 없을 만큼 증대하였다. 문서보존소에는 기록물로 넘쳐나고, 거리는 과거와 연관된 이름으로 명명되었으며, 박물관과 기념관은 문화 도시의 상징이 되었다. 곳곳에는 비석과 기념비들이 세워지고 나무, 돌 하나에도 의미가 부여되었다. 가히 기억의 홍수 속에 살고 있다고 할 수 있다.

기억에 대한 이러한 열풍은 어디에서 시작된 것일까? 프랑스 역사학자 피에르 노라Pierre Nora는 과거를 재현하는 데 활용되는 이러한 기재들을 '기억의 터Realm of memory'라 명명했다. 노라에 의하면, '기억의 터'에 대한 사회적 관심의 증대는 사회적 단절 즉 과거와 현재가 돌이킬 수 없는 단절이라는 사태에 직면했을 때 나타나는 현상이다. 물론 과거와 현재의 단절이 '기억'의 문제를 야기했다는 노라의 주장을 곧장 수용할 필요는 없다. 그럼에도 노라의 주장이 주는 시사점은 있다. 노라는 엄밀하게 기억과 새로운 역사를 분리하고 있다. 아날학파의 등장 이후 역사학이 과거를 현재와 단절된 과거로 현시하려 했고 과거와 현재의 차이 혹은 각 시대의 특이성을 현시하려는 시도는 현대 서양 역사학의 주요한 경향이었다. 따라서 노라에 의하면 기억은 과거의 문제가 아니라 현재의 문제이다.

이는 한국에서의 기억문제를 살펴보면 더욱 확연하다. 한국의 경우 해당시기의 의지와 권력이 해당시기의 기억을 조정하려 했다. 박정희시대 초등학교에 건립된 이순신 장군의 동상은 박정희 시대 의지와 권력이 만들어 낸 결과였다. 따라서 기억의 문제는 기억되는 시대의 문제가 아니라 기억하는 시대의 문제이다. 즉 기억의 문제는 과거의 문제가 아니라 현재의 문제인 것이다.

| 산청 오부초등학교 이순신장군상, 2013년에 낡고 빛바랜 동상에 색칠을 했다.(창원일보)

　독립운동에 대한 기억 역시 기본적으로 이와 유사하다. 독립운동에 대한 기억은 역사로서 독립운동을 이해하기 보다는 해당시대의 의지와 권력이 작용한 측면이 크다.

194

2. 기억과 망각의 장소, 독립운동

약산 김원봉이라는 독립운동가 혹은 혁명가가 있었다. 그러나 월북한 뒤, 그의 이름을 거론하는 것은 금기였다. 그의 형제 4명이 국민보도연맹원으로 살해당했고 그의 친척들은 갖은 고초를 겪어야 했으니, 서슬 퍼런 반공의 권력 앞에서 김원봉의 이름을 거론하기는 어려웠을 터이다. 한때 일본의 간담을 서늘하게 만들었던 독립운동가는 이렇게 망각되어 갔다. 그러다 김원봉이라는 이름이 조심스럽게 대중들에게 알려진 것은 한때 대학가의 베스트셀러였던 님웨일즈의 『아리랑』 덕분이었다. 『아리랑』의 주인공 김산은 김원봉을 '걸출한 테러리스트'라 명명했고 이후 김원봉은 관심있는 소수에게 낯익은 이름이 되었다. 2015년 1200만의 관객이 관람한 영화 '암살'은 '밀양사람 김원봉'을 단숨에 대중적 인물로 만들었다. 김원봉은 영화 '암살'을 통해 일약 국민들이 기억하게 된 독립운동가가 된 것이다.

| 영화 '암살'포스터

일본의 간담을 서늘하게 했던 한 독립운동가의 망각과 기억의 역전은, 김원봉의 예외적 현상은 아니었다. 독립운동가들 중 상당수는 이러한 과정을 거쳐 독립운동가로 재조명되고 있다. 경남의 경우 이러한 사정을 가장 잘 보여주는 예는 의령군 부림면 입산마을의 사례일 것이다.

의령군 부림면에 위치한 입산마을은 백산 안희제 선생의 고향마을로 유명하다. 조선후기부터 탐진안씨의 집성촌이 된 입산마을은 1930년대 탐진 안씨 80호가 거주하고 있는 마을이었다. 수파(守坡) 안효제(安孝濟: 1850-1916)와 그의 동생 송은(松隱) 안창제(安昌濟: 1866-1931)가 만주에서 독립운동을 하다 사망한 이후, 입산은 독립운동가의 마을로 간주되어 늘 일제로부터 감시의 대상이 되었으며, '수파문집사건'등으로 마을 사람들은 갖은 고초를 겪어야 했다.

일제에 의한 입산에 대한 탄압은 백산 안희제의 존재로부터 기인한 것이었다. 안희제는 일찍이 교육운동과 같은 실력양성운동에 매진하였으며 이후 대종교에 빠져 있었다. 조선어학회 사건으로 이극로, 이우식 등이 검거되자 안희제는 만주로 가야 했고 그곳에서 쉰아홉에 순국했다. 그때가 1943년 9월 2일이었다.

| 문화역사마을 입산마을 입구전경

그러나 입산마을에 백산 안희제만 있었던 것은 아니었다. 고향을 떠나 있었던 백산보다 직접적으로 입산사람들에게 영향을 미친 이는 안균(安均)이었다. 백산보다 한세대 아래인 안균은 1920년대 많은 조선 청년들처럼 사회주의에 경도되었다. 홋까이도 제국대학을 중퇴한 안균은 귀국 후 1929년 낙동강농민조합 결성을 주도했으며 1932년 9월 조선공산주의협의회 산하 적색농민조합경남위원회에 낙동대표로 참석하기도 했었다. 낙동강 농민조합의 사무실은 입산마을에 위치해 있었고 안균은 이곳에서 안상록 등과 농민조합운동을 적극적으로 벌여나갔다. 때문에 낙동강농민조합운동은 입산 청년들 특히 입산의 소작농들에게 적지 않은 영향력을 행사해 왔다. 해방 후 안균은 의령군 인민위원회 위원장에 선임되었으며 경상남도 인민위원회 노동부장에 피선되기도 했다. 그는 의령군민이 뽑은 초대 민선군수였으나 미군정의 인정을 받지 못해 그 자리를 물러나야 했다. 1946년 10월 이른바 '추수봉기'를 입산 청년들이 주도하자, 입산은 '빨갱이 마을'로 낙인찍혔으며 안균 역시 고난의 세월을 겪어야 했다. 빨갱이 마을로 낙인찍힌 입산의 앞날은 더욱 험난했다. 무시로 마을에 들어와 청년들을 체포하거나 구타를 일삼은 경찰의 행위는 이제 일상이 되었다. 그리하여 안균이라는 이름은 이제 마을 사람들이 자랑스러워해야 할 독립운동가가 아니라 침묵과 망각의 대상이 되었다. 안균의 망각과 더불어 한동안 입산은 독립운동가의 마을이 아니라 빨갱이 마을로 낙인찍혀 자신들의 과거에 침묵

해야 했다.

  입산마을이 독립운동가 마을로 알려지기 시작한 것은 1990년대 들어서부터였다. 입산을 대표하는 독립운동가 안희제는 비록 1962년 '독립장'에 추서되기 했으나 1970년대까지 그는 한국의 근대 기업가로서만 조명받았다. 1979년 입산마을 출신으로 초대 문교부장관을 지낸 안호상에 의해 그의 독립운동이 언급된 적은 있으나, 백산 안희제가 독립운동가로서 적극적으로 인정받기 시작한 것은 1990년대 들어서 부터였다. 안희제 관련 논문과 저서들이 출간됨에 따라 그의 독립운동은 주목받기 시작했고 1995년 8월 부산 중구에는 백산 안희제 기념관이 개관했으며 이즈음부터 백산 생각의 정비 사업이 시작되었다. 백산 안희제가 주목받게 되면서 입산마을의 여러 인물들 역시 관심의 대상이 되었다. 그러한 관심의 결과는 입산 마을에 대한 대대적인 정비사업으로 이어졌고 최근(2005년 이후) 입산마을은 충효의 마을로 다시 자신의 정체성을 확립하고 있으며 마을 곳곳에 과거를 기념하려는 '기억의 터'가 건립되고 있다. 특히 마을 어귀에는 마을을 빛낸 7명의 이름이 적힌 푯말이 세워져 있는데, 임진왜란 당시 곽재우의 보급부대장이었던 안기종, 앞서 언급한 안효제·안창제·안희제, 우파였던 제헌국회의원 안준상과 초대 문교부 장관 안호상, 그리고 마지막으로 안균의 이름이 마을 어귀에서 방문객들을 맞이하고 있다. 마을에는 안희제 생가를 비롯해 낙동강농민조합 건물지의 표지석까지 각종 '기억의 터'들이 입산마을이 충절의 고장이자 독립운동가의 고장인 것을 상기시키고 있다. 빨갱이 마을 입산이 이제 충효의 마을로 재탄생하고 있는 것이다.

입산마을의 기념화와 관련하여 주목되는 지점은 역시 안균의 존재이다. 비록 안균과 그가 참여한 낙동강 농민조합이 기억되고 있음에도 불구하고 그에 대한 기억은 여전히 주변부에 머물러 있다. 이는 2010년 농어촌테마파크 신규지구로 선정되어 4년여의 공사 끝에 최근 개장한 '설뫼 충효 테마파크'의 조성에서 확인된다. '충효'의 강조는 충절의 고장 의령과 무관하지는 않을 터이다. 그럼에도 이 공원 전시의 주된 부분은 독립운동이다. 일제시대 감옥과 고문체험, 독립운동 영화관, 안희제 전시관 등은 독립운동이 이 공원의 주요한 콘텐츠임을 보여준다. 그러나 안희제 선생 못지 않게 마을에 영향을 미친 안균의 행적은 이 공원에서 확인될 수 없다. 안균의 부재는 그가 사회주의 행적과 무관하지는 않을 것이다. 결국 90년대 이후 입산은 독립운동가 마을로 다시 부각되기 시작했으나 그 독립운동에서 사회주의에 입각한 독립운동가의 흔적은 여전히 현시해야 할 기억의 대상이 되지 못하고 있는 것이다.

| 경남 의령 입산마을

3. 독립운동에 드러난 기억의 역사

입산마을의 사례를 중심으로 독립운동이 어떻게 기억되고 있는지를 살펴보았다. 입산마을의 사례를 일반화 할 수 있을까? 이 문제를 파악하기 위해 독립운동이 어떻게 기념되고 있는지를 검토해 보자. 독립운동의 기념 양상을 검토하는 방안을 여러 가지가 있을 수 있다. 기념관과 기념물(동상과 비석)의 건립을 통해 파악할 수도 있고, 독립운동가들의 서훈을 통해 파악할 수도 있다. 이 글에서는 독립운동가들의 서훈을 통해 이 문제를 파악하려 한다.

국가보훈처 홈페이지에는 독립운동가 공훈록이 있다. 전체 13,408명을 훈격별 혹은 독립운동계열에 따라 각각 분류하고 있다. 이를 정리한 것이 아래의 〈표-1〉이다.

〈표-1〉 독립운동가 분류

훈격	수	운동계열	수
대한민국장	30	애국계몽운동	29
대통령장	93	의병	2039
독립장	805	3.1운동	3945
애국장	3886	국내항일	1779
애족장	5017	만주노령방면	6
건국포장	1038	임정중국방면	0
대통령포창	0	미주방면	126
	일본방면	212	
	광복군	593	
	광복회	42	
	문화운동	3	
	신앙운동	0	
	의열투쟁	56	
	학생운동	373	
계	10,869	계	9,203

전체 13408명인데 훈격별로 파악한 인원은 10,869명이

고 운동계열별로 파악한 인원은 9,203명에 불과하다. 따라서 분류과정에서 상당수가 누락된 것으로 보인다. 이는 2000년대 들어 서훈된 인명이 분류되지 못한 점, 운동계열에 포함되지 못한 인물 예컨대 신민회 등으로 분류된 인물들이 누락된 결과로 보인다.

우리의 관심은 이들 독립운동가들에 대한 서훈이 어느 시기에 이루어졌는가이다. 이를 파악하기 위해 각 서훈연도별로 분류할 필요가 있다. 전체 서훈 독립운동가들을 모두 검토하기 어려워 1등인 대한민국장에서 3등인 독립장에 서훈된 독립운동가들을 분석으로 대상으로 삼았다.

독립운동가의 서훈과 관련해서 주목되는 점은 독립운동가들의 서훈시기이다. 아래의 〈표-2〉는 독립운동가들의 서훈시기를 정리한 것이다.

〈표-2〉 독립운동가들의 서훈시기

훈격	총인원	시기	인원	비고
대한민국장	30	61년 이전	3	
		60년대(61~72)	23	
		70년대(72~79)	2	
		80년대(80~87)	0	
		90년대(88~97)	2	조소앙, 김규식
		2000년대(98~현재)	0	
대통령장	93	61년 이전	0	
		60년대(61~72)	72	
		70년대(72~79)	2	
		80년대(80~87)	3	
		90년대(88~97)	14	
		2000년대(98~현재)	2	
독립장	805	61년 이전	0	
		60년대(61~72)	444	62년(127), 63년(224), 68년(93)
		70년대(72~79)	84	전부 77년
		80년대(80~87)	47	
		90년대(88~97)	184	
		2000년대(98~현재)	47	

위의 〈표-2〉에서 2가지 사실을 확인할 수 있다. 첫째, 독립운동가의 대부분은 60년대 서훈되었으며, 70년대 이후에는 일부만이 추가되었다. 대한민국장의 경우 86.7%가, 대통령장의 경우 77.4%가, 독립장의 경우 55.2%가 60년대에 서훈되었다. 둘째, 대통령장과 독립장의 경우 90년대 이후 서훈된 독립운동가의 수도 적지 않았다. 대통령장은 전체 93명 가운데 16명 즉 전체 독립운동가 가운데 17.2%가 90년대 이후 서훈되었고, 독립장의 경우 26.7%가 90년대 이후 서훈되었다. 서훈 연대를 보면, 60년대와 90년대에 대다수 독립운동가들이 서훈되었음을 알 수 있다. 주목되는 또 다른 점은 후대로 갈수록 서훈의 훈격이 낮아진다는 사실이다. 90년대 서훈된 독립운동가들 가운데 대한민국장은 김규식과 조소앙 2명에 불과하던 것이 독립장에서는 231명이나 되었다.

결국 위의 〈표-2〉는 우리에게 2가지 사실을 알려준다. 첫째. 60년대 독립운동가들이 본격적으로 서훈되기 시작했고 훈격이 높은 독립장이상의 대다수는 이 시기에 서훈되었다. 둘째, 비록 훈격이 낮기는 하였으나 90년대 이후에 본격적으로 독립유공자들이 서훈되기 시작하였다. 독립장 수여자에서 부분적으로 확인되던 사실은 애국장에 대한 분석에서 확연하게 드러났다.

60년대와 90년대 독립운동가들의 서훈이 본격화 된 것은 무엇 때문일까? 짐작되는 일이 없진 않다. 우선 60년대부터 살펴보자. 60년대 독립운동가에 대한 서훈이 본격적으로 시작된 것은 박정희의 정책에 힘입은 바가 큰 것으로 판단된다. 주지하듯이 박정희는 역사를 통치에 가장 잘 활용한 대통령이기도 했다. 그의 재임기간 수많은 위인들의 동상이 건립되었고 각종 문화유적 복원에 심혈을 기울였다. 독립유공자의 서훈은 이러한 분위기 속에서 이루어진 것으로 판단된다.

이 당시 독립유공자로 서훈된 이들은 주로 어떤 활동을 하였을까? 60년대 대한민국장을 수여받은 이들은 23명이다. 이 가운데 3.1운동에 참여한 이가 3명(손병희, 이승훈, 한용운), 임시정부에서 활동한 이가 4명(김구, 김창숙, 신익희, 안창호), 한말의병활동을 한 이가 3명(이강년, 허위, 최익현), 의열투쟁을 한 이가 4명(민영환, 안중근, 윤봉길, 강우규), 교육 언론활동을 한 이가 1명(조만식), 중국인으로 독립운동을 지원한 이가 4명(송미령, 손문 등), 만주에서 의병 활동을 한 이가 2명(김좌진, 오동진), 기타가 2명(이준, 조병세)이다. 전체적으로 보면 한말 의병 활동을 하거나 일본에 강력하게 맞섰던 이들이 주로 서훈되었고 식민지시기의 경우 3.1운동과 임정에 참여한 이들이 가장 많이 서훈되었고 의열투쟁에 참여한 이들 역시 대한민국장을 수여받았다. 이러한 양상은 대통령장에서도 유사하다. 60년대 대통령장을 수여받은 독립운동가는 72명인데, 3.1운동 참여자가 23명, 의병활동을 한 이가 13명, 의열단 등 의열 활동을 한 이가 5명, 임정에 참여한 이가 5명, 독립을 지원한 중국인이 9명, 광복군이 2명, 만주 독립군이 3명, 신민회 참여자가 2명, 언론인이 2명이었다. 60년대 대한민국장과 대통령장에 수여된 독립운동가들은 주로 의병활동을 하거나, 3.1운동에 가담하거나, 만주에서 독립군으로 활동하거나, 의열투쟁을 전개하거나, 임정에 참여한 인물들이었다. 여기에는 애국계몽운동과 국내에서의 각종 사회운동참여, 교육운동에 참여한 이들의 이름을 찾아보기 어려웠다.

5.16 직후 박정희가 대대적으로 독립운동가들을 서훈한 것은 5.16의 정당성을 확보하려는 시도였을 것이다. 박정희는 의병투쟁, 3.1운동, 임시정부, 만주 독립군의 항일전통을 대한민국 건립의 전사로 새롭게 대한민국의 정초를 닦으려 했던 것이다. 여기에 사회주의 전력자들, 개화파와 계몽운동과 실력양성론자들은 적극적으로 주목받지 못했다. 이러한 사실은 대한민국장을 수여받은 김규식과 조소앙의 사례에서 단적으로 확인된다. 60년대 김규식과 조소앙이 임정의 활동에도 불구하고 독립운동가로 서훈되지 못한 것은 그들의 월북 혹은 납북과 무관하지는 않을 것이다. 반공을 국시로 내건 박정희 정권에게 자의든 타의든 북으로 간 독립운동가를 서훈할 여지는 없었던 것이다.

90년대 이후에도 많은 독립운동가들이 서훈되었다. 90년대에, 비록 훈격은 높지 않더라도, 현재 독립운동가의 거의 대다수는 90년대 이후 서훈되었다. 독립운동가의 서훈이 폭발한 이유는 있다. 우선은 근현대사 연구의 비약적 증대이다. 80년 광주이후 한국사회에 불어 닥친 근현대사의 열풍은 역사분야에서 근현대 연구자들의 비약적 증대를 야

204

기했고, 연구자의 증대는 연구결과의 증대를 낳았다. 연구의 확대는 새로운 인물의 발굴과 평가로 이어졌으며 그 결과 많은 독립운동가들이 새롭게 서훈될 수 있었다. 둘째는 사회적 환경의 변화이다. 87년 6월 항쟁으로 인한 군부독재의 후퇴와 민주주의의 확대는 대한민국을 새롭게 정립하려는 시도로 이어졌다. 특히 외세와 민주의 문제는 87년 이후 한국사회가 대면해야할 가장 중요한 문제였다. 특히 93년 문민정부가 들어선 후, 식민청산이 새롭게 제기되었고 그런 맥락에서 조선총독부 건물이 철거되기도 했다. 이런 분위기에서 많은 독립운동가들이 서훈될 수 있었다. 민주화 운동의 성과가 독립운동에 대한 평가에 영향을 미쳐 일제하 사회주의 운동가들이 재평가될 수 있었고 이들 가운데 일부가 서훈될 수 있었다. 90년대 백산 안희제가 새롭게 조명 받게 된 것 역시 이런 시대적 상황 하에서 가능하게 되었다. 90년대 독립운동가 서훈에서 주목되는 또 다른 점은 애국계몽운동, 문화운동, 학생운동에 참여한 이들이 서훈되기 시작하였다는 점이다.

4. 기억투쟁을 넘어

최근 독립운동에 대한 관심은 정치적 문제로부터 기인한 측면이 있다. 내재적 발전론과 식민지 수탈론을 비판하던 일부 학자들이 식민지 근대화론은 보수적 정치세력과 결합하면서 뉴라이트로 탄생했다. 그들은 일본의 군국주의적 침략을 반성해온 일본 역사학계의 입장을 '자학사관'이라 비판하던 일본 극우세력의 입론을 도입하여, 일본의 한국에 대한 식민지적 수탈과 그에 대한 저항을 강조한 연구들을 비판하면서, 식민지를 근대화 과정으로 설정하려 했다. 식민지가 근대화의 과정으로 설정되면 60년대 이후 대한민국 정통성의 근간이 된 독립운동의 지위가 근본적으로 흔들리게 된다. 독립운동가들은 근대화를 저해한 세력이 되고 친일파는 한국 근대화의 주역으로 새롭게 탄생하게 되는 것이다.

뉴라이트의 '새로운'역사관은 권력에 의해 검인정교과서(교학사 교과서)를 낳았고 급기야는 국정교과서로 이어졌다. 그리고 교과서 국정화라는 이 '창조적인(?)'시도는 수많은 현실의 정치적 논쟁과 대립을 결과했다. 그리하여 이제 새로운 역사투쟁 혹은 기억투쟁의 장이 열리게 되었다. 역사가 권력으로부터 자유롭지 못하다는 점은 상식이다. 하지만 역사가 곧 정치투쟁과 동일시 될 수 없다. 역사는 자신의 고유한 영역이 있다. 따라서 독립운동의 역사 역시 정치투쟁의 장과 분리될 수는 없지만, 그렇다고 정치투쟁과 동일시되어서도 안 될 것이다. 역사는 자신의 독자적 영역이 존재한다. 과거를 과거로서 현시하거나, 과거가 현재에 어떻게 자리잡고 있는지를 모색하는 것, 이것이 역사학이 추구하는 방식이어야 한다. 독립운동의 역사 역시 그러해야 할 것이다.

부록

Ⅳ.부록

1. 경남독립운동년표

1875년

4.21   일본군함 운요호(雲揚號) 등 3척이 부산에 입항.
동해안 일대 측량·정탐활동 감행(5월)

5.   일본군함 제2정묘호(丁卯號), 부산에 불법으로 입
항하여 위협사격을 가함

10.12 부산에 정박 중인 일본해군 70여 명이 초량리에
난입하여 소요

12.   일본 전권변리대신 구로다 기요다카(黑田淸隆)·
부대신 이노우에 가오루(井上馨)가 7척의 군함에
800여 명을 이끌고 부산에 들어와 운양호사건에
대해 회담을 요청. 남해와 서해안 일대에서 무력
시위와 불법적인 측량 정탐을 감행

1876년

11.   부산 일본 영사관 내에 일본 재외우편국 설치

12.17 동래부사 홍우창이 일본국 관리관 近藤眞鋤와 부
산일조계조약(釜山日租界條約) 조인 체결

1877년

5.23 동래부사 홍우창이 주 부산항 일본관리인 곤도 신스케와 변리표류선척장정 조인

1878년

4.6 일본 군함 천성호(天城號)가 개항장 물색 위해 부산 남서해 연안 측량

1879년

3.25 일본인 군관 60여 명 동래부 관청 습격

1880년

4. 부산영사관에 일본경찰서 설치

1882년

8. 한일수호조약속약(韓日修好條約續約) 조인

1883년

1.24 부산-나가사키간 한일해저전선부설조약 체결

5.11 동래부에 농민 봉기 발생. 난민 수백 명 관아에 난입해 죄수 석방 요구

7.25 경상·전라·강원·함경 4도 연안의 통어권(通漁權)을 일본에 허가

1884년

8.   부산에 청국영사관 설치

1888년

2.   서울-부산간 전기가설공사 착공

1889년

6.13   러시아, 남해의 녹도를 러시아 동양함대의 기류
        지 및 저탄장으로 삼고자 정부에 요청(거절)

10.   경기도 수원에서 농민봉기, 경상도 창원 금광채
        굴권을 일본에 넘김

1892년

4.13   부산 일본영사관 승격 총영사관으로 함

1893년

10.15   창원지역, 반봉건농민항쟁 발생

10.24   부산·원산 두 항구에서 방곡령 실시(~1894.2.1)

1894년

2.1   부산·인천·원산항 방곡령 해제

9.11   남해에 호남 동학군 19명이 읍내에 돌입, 이청
        (吏廳)을 장악하고 무리를 모아 진주로 출발

9.13   사천 동학교도 봉기. 고성 동학교도 6백여명 읍

내에 진입, 포량미를 빼내 인근 마을에 나눔

9.17   동학교도 수천명 하동으로부터 진주로 들어와 각
공해에 접소 설치

9.18   영호대접주 김인배 천여 명을 이끌고 진주입성.
진주 인근 각 고을 농민군 총 집결해 대회 개최

1896년

1.7   노응규(盧應奎), 경남 안의에서 기병

1.19   노응규 의병, 진주성 점령

1898년

5.26   성진·마산·군산의 개항과 평양을 개시장으로 할
것을 정하고 절영도의 각국조계도 정함

1899년

5.1   마산·군산·성진 개항

5.   부산 각국 공동조계지안에 일본영사관분국 설치

1900년

1.   일본 영사관 마산분국이 정식 영사관으로 승격.
마산포 일원 일본의 불법적 치외법권 취급

2.20   경남도관찰사, 정부에 동학도의 재봉기를 보고
하고 관군파견 요청

3.30   '마산포 부근의 러시아 태평양 함대 전용 조차지

에 관한 협정'체결(거제도협약)

4.10 　마산포를 러시아 특별거류지로 분할

4.11 　마산포의 부산일본영사관 분관을 영사관으로 승
　　　격 신설

6. 　　영남 동학 수령 손숙개(孫叔介) 등이 경상남북도
　　　어사 김화영(金華榮)에게 체포

8. 　　활빈당 수백명, 양산(梁山) 등지에서 재물 약탈

9. 　　경상도·전라도 활빈당 출몰, 진주관찰부에서 울
　　　산·웅천·함안·산청 등지에서 적경(賊警) 대치로 진
　　　위대 파견 요청

10.11 　활빈당, 미국인 싸이포덤 밀양읍(密陽邑) 근처에
　　　서 습격

10.19 　진주관찰부, 의녕·창녕·함양 등지에서 적경 대치
　　　로 병정 파견 요청

1901년

9.21 　경부철도주식회사, 부산 초량에서 경부철도 남
　　　부 기공식 거행

1902년

3.19 　일본, 외국 영해수산조합법 발표해 수산자원 약
　　　탈망 확장함

5.13 　마산포일본전관조계협정서 조인 70만평 일본인
　　　거류지로 허가

212

1903년

1.   일본대리공사 하기와라, 동남해안 어업협약 기한 연기와 남포해안의 어업권 탈취 시도

7.23   일본공사, 정부측의 경부전선 철폐요구를 거절

1904년

1.   일제, 대한철도회사로부터 마산선 철도 부설권 탈취해 착수함

2.6   일본군, 창원 부산전보사를 점령

2.10   일군, 진주전보사 점령

7.   활빈당 맹감역(孟監役) 등 80여명, 양산, 삼가, 합천, 성주 등지에서 재화 등 탈취

8.31   총검 휴대한 무리 50여명, 창녕군 군수집 습격

9   동학교도, 진주·하동에서 회집해 일진회 통문 향교에 전파

10   거제도에 주둔한 일본병참부, 군율 15조를 각처에 게시

1905년

3.2   활빈당 맹감역(孟監役) 등 21명, 함안군 관아 습격

8.   일본, 마산~삼랑진간 군용철도 정거장 용지로 토지 강탈

11.   을사조약 체결로 마산 이사청 설치
        일본, 가덕도 외양포에 진해만요새사령부 설치

1906년

4. 정환직·정용기, 황제의 밀지를 받아 경상도 의병 봉기

1907년

1. 일본, 토지매수 위한 한국기업주식회사 김해에 설립

2.16 진주에서 기병하여 함안·마산·진해·김해에서 활약한 의병장 노응규(1861~1907) 옥사순국

2. 부산항상무회의소, 국채보상운동 주장

3.19 진주, 진주애국부인회 조직

3. 국채보상 경남찬성회 조직. 진주, 애국채권회(愛國償債會) 조직

7.11 대한협회 12개소 지회설립(김해 · 동래 · 부산 · 진주 · 마산 · 남해 · 함안 · 밀양 · 합천 · 하동 · 사하 · 창원)

8. 진주분견대, 의병 봉기

9.10 김동신(金東臣) 의병부대, 구례·안의·거창일대 세력 확대

9. 함안·함양 의병봉기, 진주 문막, 함양 좌전(左田) 등지에서 일본군 교전

10. 하동·안의·거창 의병봉기, 거창 월성 등지에서 접전

1908년

1. 의병들 산청 덕산·진주 삼가군 등지에서 일본인·친일파 총살하고 군자금 모음

2.12	거창 의병 이규철 등 40여명, 함양 서북지역에서 장수로 북진
2.16	김동신(金東信)·오진사(吳進士), 함안·거창에서 일본군수비대에 체포
2.17	거창 의병대, 군수전령사 한성대(韓成大) 체포 후 포살
2.	국채보상운동 목적으로 창원항부인회(昌原港婦人會) 조직. 의병들이 하동, 밀양, 합천, 안의, 지리산 등지에서 일군과 교전, 군수물자를 모집하는 한편 세금 불납 등의 격문 배포
3.6	경남 의병 27명, 신등면(新等面) 면장에게 세금징수
4.	의병들 함양·거창·합천·야로·하동 등지에서 일본군과 교전하고 합천순사주재소·우편취급소 습격.
5.23	신마산 일본인 상업회의소 설립
6.	의병들 산청·하동·의령·양산·산청·함양 등지에서 수비대·토벌대와 교전
7.	의병들 하동·삼가·산청·합천·거창 등지에서 분견대·수비대와 교전
8.7	경남 의병 10여명, 하동 원전에서 우편호위병과 교전
8.30	의병장 유명국(柳明國), 경남 덕산에서 체포됨
9.	일제, 자본금 30만원으로 한국흥업주식회사 양

산출장소 등 설치. 의병들 산청, 쌍계사, 고현
장, 신평, 옥과, 진주 인근에서   토벌대·분견대
와 교전

10.5   손마생(孫馬生) 의병부대, 진주에서 교전, 손마생
이 일본군에게 피포됨

10.   의병들 하동, 구례, 단성, 사천, 의령, 의령 인
근에서 수비대 및 헌병분견대와 교전하고, 합천
군 흑석동, 단성군 묵곡동, 사천군 근남면, 안의
일부지역 습격

12.   의병들 하동, 예안, 안의 인근에서 수비대·일본
군헌병분견소원와 교전하고 안의군 서하면 습격

1909년

1.   의병들 하동, 곤양 등지에서 군용금 모금

2.18   경남 의병 50여명, 산청군 시천면에서 용업고(龍
業故)를 총살

2.28   의병 5명, 경남 고성군 영현면 봉대동민(鳳臺洞
民) 30여명과 충돌

4.25   의병장 유종환(兪宗煥), 거창 동북 신방소(新芳所)
에서 일본군에게 피체

4.   의병들 고성, 거창, 통영, 산청, 창원, 진주 등
지에서 교전 및 습격

6.1   서병희(徐炳熙) 의병부대, 함안군 군북시장에서
일본인 응징한 후 격문을 일군수비대와 경찰서에

보내 각성을 촉구

8. 곤양·하동·남해·거창·안의·합천·초계·산청·동래·
김해·고성·창원·월정장(月亭場)·보성·무장·탁영대·
양합리·진부·영양·퇴계원 일대에서 의병이 일어
나, 칠원군(漆原郡)등 13곳을 습격하고 의령 등지
에서 수비대 및 헌병분견소원과 교전하는 등 경
남 의병 127명 활약

9.16 경남 남해군 창선도 정익환(丁益煥), 의병가담 및
의병은닉 혐의로 하동헌병분견소에 피체, 도민
수백명이 석방을 요구하던 중 2명 순국

9. 의병들이 일인 동산사무소 등을 습격해 금 및 다
이나마이트 은화 등을 탈취

10.14 의병, 진주군 가좌면 호동에서 재무주사를 처단
하고 권총1정과 인쇄물 압수

10.20 의병 약 20명, 진주군 해남면에서 진주재무서
주사 김옥현(金玉顯)을 습격 사살

10. 백산 안희제 등이 대동청년단 조직.

11.22 경남 의병장 서병희, 함안군 칠원 부곡리에서 총
기 은닉하고 잠입 중 체포

11.24 경남 산청 의병 김경선, 진주군 신풍면에서 순사
에게 체포

11.27 경남 경찰부장, 거창군 일본수비대의 하물운반
강요사실 및 의병 박해로 원성이 높음을 보고.
경남 김천만(金千萬) 의병장, 삼가군에서 거창 경

찰에게 체포

12.24   활빈당 배경신(裵敬信), 밀양군 읍내 영남루에서 피체

1910년

1.21   의병 약12명, 경남 청하 부근서 교전

5.15   의병 6명, 함양군 관변면 신당동 내습

1911년

1.1   진해 군항 보호하기 위해 마산항 폐쇄

대정(大正)이 일본국왕이 되자, 축하 시가행진 과정에서 당시 행사에 동원된 창신학교 학생들이 일제에 저항해 일제의 기마경찰들을 공격함.

1912년

4.18   거제도 송진포에 있던 일본해군 방비대를 진해로 이전

5.19   진해 석리 농민, 군용지 부당 편입 후 일본인에 불하하여 개간하는데 항거하여 일본인 지주 및 경찰과 충돌

1913년

4.21   마산포 각국 조계 폐지

1914년

12. 안희제, 백산상회 설립

1915년

12.　　총독부, 해인사 대장경 인쇄본 교토 천용사로 반출

1916년

1.7　　의병장 신석원, 진주검사국에 압송

1918년

8.　　경남 진주청년친목회 조직

1919년

3.11　부산 3·1운동(경남 확산)

4.8　　경남 동래군 기장 노동자들 시위.

7.28　경남 마산 운송업 욱조환일조원구조 운반부 32
　　　명, 임금인상을 요구하며 동맹 파업

9.　　강우석·려병섭 등, 경남 진주 광림학교에서 혈성
　　　단 조직

1920년

3.5　　김응규,박달용,백광흠 외 7명, 동래군 동래면 장
　　　춘여관에서 독립만세시위 및 전단살포하다 검거

3.　　고성군 구만면 화림리에서 총독 및 정무총감 암

살을 위한 천도교도 결사대 결성

4.6 함양군 안의면 니전리 이쌍룡, 독립만세 운동 기획하다 검거

5.15 밀양군 하동면 거주하던 대한민국임시정부 통신부원 김창배(金昌培), 독립운동자금 모집 중 체포

5.23 진주 경남도청 부산이전방지동맹회, 총독부에 파견할 진정위원 8명 선발

5.27 경남 동래연죽직공(東萊煉竹職工) 400여 명, 임금 30% 삭감에 항의 시위함

6.30 경남 창원청년단 조직

7.15 경남 양산청년회 조직

7.31 경남 진주제일공립보통학교 학우회순회강연단 환영에 참가한 70여명 학생, 퇴학처분되었다가 전교생 동맹 휴학으로 해제, 상해에서 밀송한 폭탄 3개, 이병철이 경남 밀양 김병완에게 밀송한 사실 발각

9.12 경남 밀양읍 한국인 약 300명, 경찰서와 야구미(野久尾)부장 사택 습격

9.14 의열단원 박재혁, 부산 경찰사무소에 폭탄 투척

9.22 의열단원 박재혁, 단식으로 순절

9. 박영환, 김찬성, 김영조 등 21명, 경남 진주군에서 진주청년친목회 결성

11.11 대한국독립운동자금징수원 윤영백·박충국·최진협 등, 남해군 창의면에서 검거

12.27　의열단원 최수봉, 밀양경찰서에 투탄

1921년

1.15　사천군 사립개진학교생 송지환, 서포청년회 총
　　　회에서 한국 독립 선동 혐의로 징역

3.7　　경남 고성군 일심회, 일경에 의해 해산

7.8　　밀양경찰서에 폭탄을 던진 최경학(본명 최수봉, 밀
　　　양, 1894~1921), 대구에서 사형 순국

8.18　밀양 청년 30여 명, 사형집행된 박상진의 시체
　　　를 출영하려다 검거됨

1922년

2.15　함양군 권석수 외 2명, 비밀결사 암살단 조직 활
　　　동하다 검거

3.1　　부산방적회사 남녀직공 500여 명, 임금인상을
　　　요구하고 동맹파업

4.24　밀양군 차해규 정치 불평문서 우송한 혐의로 검거

12.16　진주의 독립운동단체 우리모듬, 일경의 간섭으
　　　로 해산됨

1923년

2.23　경남 사천 박리연 등 100여명 발기로 토산 장려
　　　회 조직

3.14　마산노농동우회 결성

4.6	경남 진주 소작인, 지주 경작권 박탈로 150여명 새소작인들 몰아내고 직접 운동 전개
4.25	진주 회원 80여 명, 형평사 설립하고 형평운동 전개
5.1	경남, 부산 등지에서 메이데이운동 전개
5.23	진주노동공제회 하동북천지회회원 1,000여명, 악덕지주 토지는 회원이 경작하기로 결의
5.24	진주, 반형평사 운동발생. 우육비매동맹(牛肉非買同盟) 및 형평사(衡平社) 사장구타 등
5.	경남 합천군 가야면 소작인들, 소작권 이동에 항거
8.14	김해 농민 약 1만명, 16일까지 반형평운동 전개
9.21	이교재(李敎載), 경남 통영면에서 군자금 모집 중 검거

1924년

1.11	진주에서 32개 노동단체대표들, 경남노농운동자간담회 개최(노동공제회 계열)
2.29	마산조면공장 노동자 52명, 임금인상·처우개선을 요구하며 동맹파업
3.6	형평사 마산분사 조직
3.31	경남 진주, 형평청년회 창립총회
4.25	경남 진주, 형평사 창립1주년기념식 거행. 김찬성(金贊成)의 언사가 문제가 되어 중지됨
5.28	경남 마산노농동우회 외 9개단체, 삼산노농연맹

창립총회 도중 경찰에 강제 해산

8.17   김명규, 김형선 등, 마산공산당 조직

8.25   경남 마산, 6개 지역 형평사 형평대회 개최

10.23   경남 진주, 강상호·김종명 등 동우사(同友社)창
        립. 신사상연구·무산계급의 지식계발목적

1925년

2.1   밀양폭탄사건의 관련자 이병철(李炳哲), 만주 영
        고탑(寧古塔)에서 사망

2.   경남 합천군 삼가 운수노동자 임금인상을 요구하
        며 파업

3.23   경남 진주, 긴급 형평사 연합총회 개최. 진주형
        평연맹본부 화요회에 참여 결정. 전조선민중운
        동자대회 참가와 정행단 조직결의

4.30   경남 진해군용지 대부문제와 소작미 감납문제로
        소작인 70명 쟁의 발생

6.3   경남 김해수리조 제방수선공사 한국인 노동자
        50여명, 일본청부업자에게 폭행당함

11.23   경남 창원군 우산리 촌정농장(村井農場) 토공(土工)
        들, 임금인상 요구하며 파업

12.5   마산노동동우회 간부 김명규 등 8명, 신의주 사
        건에 호응해 경남경찰부에 검거

1926년

1.6 경남 어업자 대표 김태권 외 28명, 일본인 착취에 항의하는 탄원서 총독부에 제출

3.30 고성군 동척농장의 소작인들이 일본인 이민에 밀려 추방됨

10.10 경남 함양기업조합 여자전습생 10여명, 일인 기수의 구타에 항의 동맹파업

동경 거주 제성희(諸聖禧)가 경남 하동 정찬우(鄭燦雨)와 천황암살계획 서신교환사건 발생

1927년

5.13 경남 통영 민정회 황윤덕 외 10여명, 김기정 성토 전단살포 중 피체되자 시민들 경찰서에 쇄도하여 항의시위를 진행

5.28 신간회 부산지회 창립대회 금지령

6.8 경남 진주공립농업학교생, 일인 교사배척 동맹휴학 일으켜 6명 퇴학, 6명 정학처분됨

10.8 창원군 안민리 동척 소작인, 농감 우매다(梅田治郎)의 횡령을 고소

10.16 신간회 함안지회 설립

10.17 신간회 고성지회 설립

10.20 신간회 창원지회 설립 / 신간회 하동지회 설립

11.9 밀양공립농잠학교 1·2년생, 부평정 일경 징계·일인 교사배척 등 요구하며 동맹휴학

11.14   경남 합천공보 4년생, 일인 교사배척 요구하며
        동맹휴학
11.22   경남 하동공립보통학교 100여 명, 일본인 교장
        배척 동맹휴학
12.7   창원군 천기(川崎)농장 소작인 30여 명, 소작료
        불납동맹으로 항쟁
12.19   신간회 밀양지회 창립

1928년
3.25   신간회 통영지회 설립
5.4   경남 밀양군 밀양강 개수공사에 따른 이전비의
        한·일인 차별지급에 한인들, 이전비 반환 및 당
        국에 항의
5.5   조선청년총동맹 경남연맹 위원 8명, 출판법위반
        으로 경남경찰부에 피검
5.16   경남청년 간부 최돈·강수승·김기태·전혁·배상현·김
        계채·천두상·전갑봉 이상 8명, 검사국으로 송치
6.4   김해 상전수치(上田秀治) 농장 소작인, 농감의 횡
        포와 소작이동에 항쟁
6.7   밀양 부북수리조합 공사 중 경찰의 횡포가 심하
        여 농성하며 처벌 요구
6.19   경찰, 동맹휴학 중인 마산 사립호신학교생들 수
        십명을 검거
6.22   경남 통영 어업자들, 어업권 보호를 목적으로 어

업자상조회 조직

7.10   진주고보·진주농업교 동맹휴학사건에 대해 경남
        도당국에서 학생운동이 아닌 정치운동으로 규정
        해 무기휴교 명령

7.31   총독부와 조선은행이 경남은행, 대구은행 통합
        추진 경상합동은행을 설립

9.24   경남 통영 수산학교생 60여명, 동맹휴학 실행

1929년

1.20   경남 통영군 이운·일운면 주민들, 장승포에 금융
        조합 창립

2.10   경남 함양군 류평리, 새해 아침을 기해 동민 전
        원 검은 옷 착용

3.4   경남 밀양군민 200여명, 군청 앞에서 부북수리
        조합 반대시위 전개

4.   경남경찰부, 민중집회 일체 금지

8.2   통영 조선제강주식회사 여공 200여 명, 임금인
        하 반대 파업

9.   경남 박간농장 조선인 소작인 1200명, 일인 소
        작인과의 차별대우 철폐·부당한 소작료 반대 요
        구하며 투쟁

10.14   의령군 농민, 낙동수리조합 설립운동을 추진, 방
        해하는 경찰과 충돌

11.   경남 김해 박간농장 소작인 1,300명, 투쟁

1930년

1.17   광주학생운동(1929년 11월 3일 발생)의 전국적 파급
으로 경남지역에서는 진주고보, 진주제일보교,
일신여고보 학생 1천 여 명이 광주학생운동에 동
조해 궐기 만세시위운동을 전개(진주고보생 29명 체
포. 11명 퇴학. 245명 무기정학 처분)

1.19   마산소년동맹원 15명, 무단집회로 경찰에 체포

1.22   경남 진영공립보통학교 6학년생 4명, 만세시위
계획 중 피검

1.25   신간회 김해지회. 청년동맹. 소년단체 간부 12
명, 학생운동 관련혐의로 체포

2.1   일제경찰, 경남 김해농업학교생의 반일시위운동
으로 70여명 체포구금

2.12   김해청년동맹. 신간회간부. 공립보통학교생, 만
세시위 사전발각

5.1   김해농민연맹, 메이데이 기념식 거행 후 군중 수
천 명 시위행진

10.31   경남 통영수산학교생, 동맹휴학 단행, 근우회
통영지회의 제1회 부흥대회 경찰이 금지

11.4   경남 밀양농잠학교생, 부당한 학생처벌에 항의
동맹휴학 실행

12.2   경남 진주 대곡면 단목리민 100여명, 연초밀매
자 고문에 항의하여 주재소 습격하고 4일 동민대
회 개최해 단연동맹 조직

12.21 경남 함안 수리조합 공사노동자 300명이 임금 체불에 항의하여 파업하다.

1931년

2.18 진주농업교생 퇴학생 복교 요구 동맹휴학

2.22 통영 각 사회단체 상무위원 6명, 경기도 경찰부 의 의뢰를 받은 통영서에 체포

2.27 진주고등보통학교생 조정래(趙正來) 등, 동맹휴학 선동 중 경찰에 체포

3.16 부산 태화고무공장 여공 130명, 임금인하 반대 동맹파업

3.28 진주농업학교 3년생 최남종(崔南鍾)·허맹도(許孟道) 등 21명, 비밀결사 동무사를 조직하고 사회 과학연구 활동 중 체포

5.1 김해농민연맹 500여명, 메이데이기념 시위 전 개 중 40여명이 김해서(金海署)에 체포. 밀양군 상남면 예림리 신간회 집행위원장 박도원·청년동 맹·소년동맹·노우회(勞友會) 등 간부 16명, 메이 데이를 경계하던 밀양경찰서원에 체포. 마산노 동연맹·합동노동조합 등, 마산노동연맹 주최 메 이데이집회가 경찰에 의해 금지되자 일제히 휴업 단행

5.25 진주노동동맹 김기태(金基泰)·농민조합 빈태민(賓 泰珉)·청년동맹 신태민(申泰玟) 용산서원(龍山署員)

에서 체포

5.29 통영청년동맹 지수만(池守萬) 등 5명, 기념식행사 불온혐의로 체포

6.8 경남 단천군 수하면 상운승리 임여해(林如海) 외 20여명, 격문살포혐의로 체포

6.24 경남 초계공보교생, 6학년생 63명을 퇴학처벌한데 항의 동맹휴학

7.30 경남 고성수리조합 공사장 인부 200여명, 강제 저축 반대 동맹파업

7. 의령농민조합 집행위원장 하청(河淸) 및 조합원 13명, 소작쟁의로 체포

8.31 경남 합천군 합천면 사방공사 노동인부 50여명, 임금감하 반대해 동맹파업

10.2 경남 통영 착양교(鑿梁橋) 해저도로 빈민구제공사장 인부 300여명, 임금금리폐지·대우개선 등 요구하며 동맹파업

10.8 경남 함안농장 비료대의 3배 강징에 대해 조합원 200여명, 농장사무소에 쇄도해 항의

10.13 경남 마산 산호리 야학생, 경찰서에 쇄도해 체포된 야학 선생의 석방 요구

10.23 경남 함안 제이수리조합 소작인 200여명, 탈퇴한 토지에 대한 조합비 징수에 대해 항쟁

11.8 경남 진영 박간농장(迫間農場) 소작인 200여명, 도청과 동농장(同農場) 본점에 대해 그들의 요구

229

조건 수락을 요구하며 농장사무소에서 농성시위. 이 사건으로 농조 간부 13명이 체포되었지만 25일 석방

11.27 경남 삼천포공립보통학교 5,6학년 60여명, 수업료 미납학생의 가산(家産)차압에 대해 항의 선전문 살포 및 만세시위

12.12 경남 산청군 신사면(新寺面) 율현리(栗峴里) 농민 70여명, 농사개량 및 지주·소작인간 평화를 목적으로 소작공조회(小作共助會) 조직. 경남 함안군 군북공립보통학교 4·5·6학년 100여명, 수업료 독촉 반대·시간외 실습 반대·생도모욕 및 생도압박 반대·교장 배척·생도자치권리 줄 것 등 8개항 요구하며 시위

12.20 경남 의령군 의령농민조합과 낙동강농민조합 합동으로 제1회 집행위원회를 개최하던 중 경찰의 해산명령을 받고 군중들 시위하다 체포됨

12 강병도(姜炳度), 진주에 반제동맹(反帝同盟)조직

1932년

1.4 경남 의령 동아인쇄소(東亞印刷所) 직공들, 해고직공 복업·대우개선·임금인상 등 5개항 요구하며 동맹파업

1.7 최재명·이장화 등, 부산에서 반전격문 살포하다 검거됨 / 양산군 웅상면 수리조합공사장 인부

200명 파업

1.18   마산 환일운송조(丸一運送組) 인부 20여명, 임금
       감하 반대·불공평한 임금분배제 철폐 등 3개항
       요구하며 동맹파업

2.20   경남 산호리야학교 교사 7명, 마산 적색교원회
       (赤色敎員會)와 관련해 체포됨.

3.9   경남 삼천포 용산야학회(龍山夜學會), 강제 폐쇄되
       고, 강사 최을환(崔乙煥) 등 3명 체포되자 이튿날
       학부형과 학생들, 선생구제운동 펼치다 12명 체
       포.   진주학교비평의회(晉州學校費評議會), 일본인
       교사 채용시 가봉(加奉) 철폐를 주장

3.16   경남 양산농민조합원(梁山農民組合員) 300여명,
       체포된 간부 구출코자 경찰서 습격

6.12   진주노동연맹대회(晉州勞動聯盟大會)·출판노동조합
       (出版勞動組合)·농민조합(農民組合) 경찰에 의해 집
       회금지

8.10   울산에서 한글연구회 조직

11.4   진주시내 격문 100여 매 살포로 농민조합·노동
       조합, 경찰에 의해 수색 및 간부·학생 50여명 체
       포

11.14 진주공립고보생, 비밀결사사건으로 체포

11   송기호(宋畿鎬)·박지원(朴志源) 등 100여명, 비밀
       결사 진주지방협의회 조직혐의로 체포

12.16 노동조합 혐의로 체포된 진주고보·농업학교생·인

쇄직공 등 50여명 중 28 명, 진주검사국에 송국

12.23 영산-칠원선 공사장 인부 500여 명, 임금인하
반대 동맹파업

1933년

1.4 진해 동양제사공장 여공 300여 명 노동시간 단
축요구 쟁의

2.13 경남 일대 노농조 대탄압을 개시

6.2 충무공 이순신 영정봉안식 및 제승당 중건낙성
식, 한산도에서 거행(동아일보사 주관)

8.1 함안수조(咸安水組) 농민 수천명, 농장측의 1,2차
대수해대책(大水害對策) 미비에 항의해 8월 5일까
지 당무자 전원 인책사임. 유실가구 농구변상 등
을 요구하며 시위

8.12 함안. 남해. 하동. 부산 등지 보통학교 교원 12
명, 비밀결사 조직혐의로 체포

11.25 진주고보생 22명, 독서회사건으로 피검

12.18 경남 적색교원노조 관련자 30명 검거

12.28 부산지법, 사회주의운동가 정재달(鄭在達)에 징역
4년 언도

1934년

1.20 경남 창녕군 소작인 300여 명, 일본육군연습소
설치로 소작지를 상실한데 항의 설치반대를 진정

2.4 경남 밀양 부북수리조합 지주 500여 명, 지주회

조직·수세인하등 6개항을 결의

4.16   경남 함안농장 소작인 100여 명, 소작권 이동에 항의해 연좌농성

5.22   진영공립학교생 36명, 교사배척 요구 동맹휴학에 학교측 전원 무기정학 처분

6.6   김해군 대저면(大渚面) 녹산주민 2,000여명, 당국의 일천식(一川式)공사에 반대·홍수피해 보상요구를 위해 도청에 쇄도

7.5   경남교원노동조합사건 金斗榮 등 20명, 부산지법에서 징역 1~4년 언도

11.   일제, 창원군 북면내의 20여개 야학, 강제폐교

1935년

2.27   창녕군 문마리(文麻里) 영남수리공사장(嶺南水利工事場) 노동자 170명, 임금전표를 불공평하게 처리한 일본인 감독 구타

3.17   경남 합천군 도로공사장 인부 120명, 임금인상 요구 파업

4.30   馬山에서 문학활동중인 김문주 등 5명, 비밀결사 혐의로 수감

7.26   창녕군 남지면 소작인 130여명, 동척토지를 매수한 죽전경차랑(竹前慶次郞)이 소작료를 인상한데 항의해 쟁의 전개

12.20 김해군 대저면 소작인 500여 명, 소작료 인상에

반대 쟁의 단행

1936년

6.   경남 마산의 30여개 저축조합, 경찰로부터 해산
        명령

7.23   경남 밀양읍 읍회의원(邑會議員) 및 구장 긴급회의
        열고 형북산(衡北山) 채광권허가반대(採鑛權許可反
        對) 결의

1937년

3.26   진해시멘트공장 직공 600여 명 임금 쟁의

12.8   경남경찰부 고등과, 도내 주요인사 및 사상전과
        자 서적상 등의 가택수사 실시

1938년

1.   학습강습회·농촌진흥공작사건으로 경남 삼천포
        에서 다수 체포

3.3   김해농민조합재건운동사건 盧在甲 등 5명, 부산
        지법에서 징역 3년-10월 언도

12.10 경남 밀양공립농잠학교, 학생 동요사건 관련자
        퇴학 처분

1939년

3.2   경남 합천군민 847명, 만주 길림성 오가자(五家

子)로 이주

3.29 南海郡 노동자 325명, 함남 풍산수력전기 공사
장으로 노동 이주

4.15 경남 하동군민 114명 만주로 집단 이민

4. 경남 창원군내 한국인 소학교장회의에서 한국어
교육 전폐를 결의

5.14 경남 진해 제3소학교 학부형총회에서 한국어교
육 부활 요구

6.2 경남 진주육운주식회사 운전수 60명, 전시수당
요구 동맹파업

7.14 신사참배 거부한 마산 창신학교·의신학교 폐교

8.30 경남 삼천포농민조합사건 관련 박이기(朴二基),손
영섭(孫泳燮) 등 11명, 진주지청에서 징역 3년−8
월 언도

1940년

1.4 마산조면공장 조면부 노동자 61명이 2일간 임금
인상, 정근수당을 남자는 1개월에 1원, 여자는
50전을 지급할 것을 요구하며 파업하다.

9.20 일제, '기독교반전공작사건'조작, 주기철·최봉석·
최상림 목사 등 신사참배 반대인사 193명 검거

11.22 제2회 경상남도 학도 전력증강 국방경기대회에
서 주최측이 전년도 우승자인 한국인 학교 동래
중학과 부산제2상업학교의 우승을 막기위해 편

파·부정한 판정으로 일관하자 폐회식에서 부산
학생들의 반발과 시위. 국기하강을 외면, 애국가
와 아리랑 제창. 학생 1,000여 명은 운동장에서
시내까지 시위행진을 벌임.

1942년

10.26   의열단 간부로 활동한 김대지(金大池, 밀양, 1891~
1942) 사망

1943년

12.8   조선어학회사건으로 한글학자 이윤재(李允宰, 경남
김해, 1888~1943) 옥사함

1944년

4.21   주기철(경남 창원, 1897~1944) 목사, 신사참배 거
부로 평양감옥에서 순교

5.27   의열단 단장 김원봉의 부인으로 중국 등지에
서 항일독립운동에 헌신한 박차정(朴次貞, 동래,
1910~1944) 사망

2. 경남의 독립운동가들(독립기념관 수록, 893명)

이름	훈격	수훈년도	운동계열	출신지	활동내용
강갑영 (姜甲永 (姜顯永))	대통령 표창	1995	국내항일	산청	1931년 8월 26일 부산에서 독립의식을 고취하는 격문을 인쇄·배포하면서 항일투쟁 전개. 격문내용은 독립하기 위해서는 혁명적 노동자가 선두에서 서서 농민·소시민 등과 조직직 단결을 이루어야 한다는 것. 노동조합운동에 참가하여 전남지방의 노동조합건설에 힘을 쏟기도 함.
강기수 (姜琪秀)	건국포장	2000	3·1운동	산청	3월 19일 함안읍 장날의거에 참가. 1920년부터 산청에서 단성청년회를 이끌다.
강달룡 (姜達龍 (姜達永))	애족장	1990	3·1운동	진주	3월 18일 진주의 독립만세시위운동을 주동하다.
강대성 (姜大成)	건국포장	1993	학생운동	함안	서울에서 광주학생운동에 동조하는 동맹휴교 주도, 1936년 동경에서 조선유학생연구회를 결성하여 조사부위원으로 활동하다.
강대순 (姜大珣)	애족장	1990	3·1운동	함안	1919년 3월 19일 함안읍 장날 시위 주도.
강대한 (姜大漢)	애족장	1990	3·1운동	함안	1919년 3월 19일 함안읍 장날 시위 주도.
강덕수 (姜德壽)	건국포장	1993	3·1운동	밀양	1919년 밀양공립보통학교를 졸업한 15세의 소년으로 밀양공립보통학교 생도들과 함께 4월 2일 시위를 벌이다.
강두안 (姜斗安)	애국장	1990	학생운동	통영	1940년 1월 대구사범학생으로 민족의식과 항일정신을 고취하는 「반딧불」이라는 책자를 간행하다. 그해 11월 23일에는 문예활동을 표방하는 항일학생결사 문예부를 조직하다. 복역중 44년 12월 옥중에서 순국하다.
강명수 (姜明秀)	애족장	2008	3·1운동	산청	1919년 3월 산청 독립만세운동 참여
강병창 (姜炳昌 (徹))	건국포장	1993	일본방면	진주	1922년 여름 동경 조선노동동맹회 결성참여. 1925·26년에는 일월회 회원과 정우회 상무집행위원으로 민족계몽과 민족문제 해결을 위해 활동. 1927년 4월에는 동경에서 조선공산당 일본부를 조직하고 검사위원으로 활동.
강부근 (姜富根)	애족장	1990	국내항일	통영	1944년 겨울 항일결사 경남학생건국위원회를 그가 수학하던 김해농업학교에 조직
강상호 (姜相鎬)	건국포장	1993	3·1운동	진주	1919년 3월 18일 진주장날의거 주도, 1924년 형평사 발기총회에서 임시의장 및 위원장으로 선출. 1924년 8월 11일 진주노동공제회 집행위원회 회계담당. 신간회 진주지회서 간사와 위원으로 선출.

강수영 (姜壽永)	건국포장	2010	국내항일	진주	1927년 진주청년회에 가입하여 축구를 통한 애국애족이라는 신조로 4257단이라는 축구단 조직. 1928년 진주청년동맹 준비위원. 1928년 3월 경남청년연맹 제1회 중앙위원회에서 서무부 위원으로 선임. 1929년 진주청년동맹 위원장.
강신혁 (姜信赫)	건국포장	1993	3·1운동	창녕	1919년 파리장서운동 참여
강연중 (姜鍊中)	애족장	1990	일본방면	진양	일본 관서공업학교 야간부 재학중인 1941년 8월 항일결사 조선독립청년당 결성.
강영순 (姜永淳 (姜瀚淳) (姜伯文))	애족장	1990	3·1운동	고성	1919년 3월 18일 진주군 정촌면일대의 만세운동 주도.
강용운 (姜龍雲)	애족장	2000	문화운동	함안	1931년 사천공립보통학교 및 명지공립보통학교의 교사로 근무하던 중 사회주의 사상에 공명하여 독립운동 투신. 1933년 3월 28일 마산만의 선상에서 반전의식고취, 교내 일본어 상용반대 등 35개항의 행동강령을 채택한 후 교육노동자협의회 조직.
강우석 (姜佑錫)	애족장	1995	국내항일	하동	1919년 9월 진주광림학교 교사로 재직 중 임시정부 지원을 목적으로 한 군자금 모집활동과 임시정부 선전활동을 하는 혈성단 조직. 1927년 신간회 마산지회 창립참여
강윤조 (姜潤祚)	애족장	1990	3·1운동	통영	1919년 4월 2일 통영장날의거 주도.
강인수 (姜人壽)	독립장	1980	임정· 중국방면	밀양	김원봉이 조직한 의열단에 가입. 1924년 10월 중국군 간부 양성학교인 황포군관학교 제4기 보병학교 졸업. 1940년 7월부터는 조선의용군 및 조선민족혁명당 특파원 등 활동.
강재호 (姜在鎬)	대통령 표창	1992	3·1운동	양산	1919년 3월 27일 양산군 양산읍(梁山邑) 장날의거 주도.
강제형 (姜齊馨)	애족장	1990	3·1운동	의령	1919년 3월 14일 의령읍 장날의거 주동. 잔혹한 고문의 여독으로 38세의 젊은 나이로 사망.
강종완 (姜宗完)	애족장	1990	3·1운동	마산	1919년 3·1독립운동 당시 진주(晉州)·함안(咸安)·마산 등지에서 동지 1800여명과 함께 항일 비밀결사대를 조직하여 독립선언문을 등사하고, 독립운동을 선전하는 격문을 작성하여 배포하는 등 지하운동 전개.
강찬영 (姜贊永)	애족장	1990	3·1운동	진양	1919년 3월 25일 문산면 소문리 장날의거 주도.
강필진 (姜必鎭)	대통령 표창	2010	학생운동	진주	1943년경 진주군 진주공립중학교 3학년 재학 중 광명회(光明會) 조직. 광명회는 독서모임으로 우리 역사를 공부, 토론하고 일제에 저항할 수 있는 투쟁을 전개하기로 결의한 단체.

238

강한문 (姜漢文)	애족장	1990	3·1운동	남해	1919년 4월 4일의 남해읍 장날의거 참여.
강홍렬 (姜弘烈 (姜逸))	애족장	1990	의열투쟁	합천	1919년 3·1운동시 합천에서 등 3·1운동의 조직적 확대를 위해 노력. 상해로 건너가 의열단 입단. 1924년 2월 국내 잠입하여 조선총독부 등 주요 관서 폭파 및 고관 암살 등을 기도하던 중 체포됨. 출옥후 합천에서 삼일의숙(三一義塾)을 설립하여 교육구국운동 전개, 광복시까지 임정 경남 내무부장으로 활동.
고규주 (高圭柱 (奎柱))	건국포장	1993	국내항일	창원	1920년대 부산에서 독립군자금을 모집하며 항일투쟁 전개. 1922년 4월 하와이에서 결성한 대조선독립단과 연계하여 군자금 모집 활동.
고양주 (高昻柱)	애국장	1991	3·1운동	창원	1919년 4월 3일의 진전면·진북면·진동면의 연합 독립만세운동 참여. 경찰의 발포로 8명이 순국하고 22명이 부상하였는데, 흉탄에 맞아 순국.
고영건 (高永建 (高光洙))	애족장	1990	3·1운동	김해	1919년 3월 13일의 동래고보 학생대표로서 동래읍 장날의거 주동.
고인덕 (高仁德)	독립장	1963	의열투쟁	밀양	1919년 국내에서 3·1독립운동이 일어나자 상해에서 의열단장 김원봉(金元鳳) 등과 밀의하여 상해에서 구입한 폭탄을 휴대하고 고향인 밀양으로 돌아와 최경학에게 폭약과 폭탄제조기 건내줌. 최경학은 폭탄 두 개를 만들어 1920년 12월 27일에 밀양경찰서에 폭탄 투척. 대구형무소 병감 안에서 1926년 12월 21일 심장병으로 옥중순국.
고채주 (高采柱 (高錫柱))	애국장	1990	3·1운동	통영	1901~1909년까지 미주(美洲)에서 동포의 단결을 위해 노력하다 귀국. 통영 독립만세운동 주도, 1907년 9월 2일에는 교포단체를 모아 하와이 한인협성협회(韓人協成協會)를 발기하고 월보 발행. 1909년 2월 1일 하와이와 미주의 한인협회를 해소하여 국민회(國民會) 창립. 그후에 귀국하여 미주의 국민회의 국내 연락책으로 지하활동 계속. 1919년 4월 2일 통영면 부도정시장 독립만세시위 참여.
공민호 (孔敏鎬)	대통령 표창	1992	3·1운동	합천	1919년 3월 19일 합천군 삼가읍 장터 시위 참여
공사겸 (孔士謙 (孔在奎))	애국장	1991	3·1운동	합천	1919년 3월 23일 상백면(上栢面)과 삼가(三嘉) 장터 독립만세운동 주동. 일본 군경의 무차별 사격으로, 선두에 서있던 그는 현장에서 순국.
곽종석 (郭鍾錫)	독립장	1963	3·1운동	산청	파리강화회의에 유림대표로서 파리장서(巴里長書)를 제출. 파리장서라고 하는 2,674자의 장문을 지어 김복한 등과 같이 137명의 유림대표로서 이에 서명, 김창숙으로 하여금 상해로 보냄.

구기언 (具奇彦)	건국포장	1992	국내항일	고성	1924년 7월말 상해 대한민국임시정부 군무총장 노백린(盧伯麟) 명의의 군자금모집 지령서 400여 매를 교부받고 군정서 총무국장으로 임명되어 군자금 모집활동 전개.
구남회 (具南會)	대통령 표창	1992	3·1운동	창녕	1919년 3월 13일 창녕군 영산읍(靈山邑)에서 결사단(決死團) 조직. '독립운동에서 후퇴하는 자는 생명을 빼앗긴다'는 맹세서에 서명하고 독립만세 시위운동 계획하다.
구범이 (具凡伊 (具在軫) (具勝夫))	애족장	1990	3·1운동	합천	1919년 3월 21일 초계면 초계리(草溪面草溪里) 장날 독립만세운동 참여. 그는 시위 군중과 함께 발포한 일본 경찰 2명을 붙잡아 구타함.
구수서 (具守書)	애족장	1990	3·1운동	창원	1919년 4월 3일의 진전면(鎭田面)·진북면(鎭北面)·진동면(鎭東面) 독립만세운동 주동.
구여순 (具汝淳 (具宇一) (具春熙))	애국장	1990	의열투쟁	의령	1919년 3·1독립운동 당시인 3월 12일 동지 최정학(崔正學)과 함께 의령지방의 독립만세시위 주도. 1923년 초 중국으로 건너가 의열단(義烈團) 가입. 동년 12월 일제의 주요 관공서를 폭파할 목적으로 국내 잠입. 다시 시베리아로 건너가 1928년 반제지방단부(反帝地方團部) 조직하여 군자금을 모금 등의 활동 전개하다 1940년 귀국. 귀국후 1941년 4월 경남 고성군(固城郡) 개천면(介川面)에서 고려구국동지회(高麗救國同志會) 조직하여 활동.
구재균 (具在均)	대통령 표창	1992	3·1운동	창원	1919년 3월 23일 창원군 창원읍(昌原邑) 장날의거 주동
구재옥 (具載玉)	애족장	1990	3·1운동	함안	1919년 3월 19일 함안읍 장날 독립만세운동 주동.
구중회 (具中會)	애족장	1990	3·1운동	창녕	1919년 3·1독립운동 당시 천도교인으로서 독립만세시위를 준비·계획. 1919년 3월 13일 창녕군 영산읍(靈山邑)에서 천도교인 23명으로 결사단(決死團) 조직. 3월 13일 약 400여명의 시위군중을 이끌고 주재소를 포위하고 일인상점을 습격. 1921년 일본 조도전대학(早稻田大學) 영문과 졸업 후 귀향하여 농촌계몽운동에 투신.
구판돈 (具判敦)	대통령 표창	1992	3·1운동	창녕	1919년 3월 13일 창녕군 영산읍에서 결사단 조직하고 독립만세 시위운동 계획. '독립운동에서 후퇴하는 자는 생명을 빼앗긴다'는 내용의 맹세서에 서명한 후 700여 명의 시위군중을 규합. 태극기를 흔들고 독립만세 고창.
구판진 (具判珍)	대통령 표창	1992	3·1운동	창녕	1919년 3월 13일 창녕군 영산읍 남산에서 결사단 조직하고 독립만세 시위운동을 벌이기로 계획. '독립운동에서 후퇴하는 자는 생명을 빼앗긴다'는 내용의 맹세서에 각기 서명한 후 700여 명의 시위군중을 규합하여 독립만세를 고창.

240

권남선 (權南善)	애족장	1990	3 · 1운동	통영	1919년 3월 13일 통영읍 독립만세운동 계획.
권대형 (權大衡)	건국포장	1993	국내항일	하동	1919년 3 · 1운동시 하동군 옥종면 안계리 장터 만세운동 주도. 1925년 4월 일본 와세다대학 입학 이후 도쿄에서 사상단체인 일월회 · 재동경조선청년동맹 · 재일본조선노동총동맹 등의 회원으로 활동. 사회주의 사상 서클인 신흥과학연구회가 발간하는 「신흥과학」의 발기인으로 활동. 1927년경 신간회동경지회 결성에 적극 참가. 귀국하여 1930년 6월 조선공산당 재건운동 계획하고, 경상남도 지역 담당함. 1931년 2월에는 조선공산당재건설동맹 조직하여 중앙집행위원 및 서기국 책임자로 선출. 「코뮤니스트」· 「봉화」등 발행. 1931년 9월 양산에서 조직된 경남적색농민조합 동부위원회와 동년 12월 광주에서 결성된 전남노농협의회 지도.
권도용 (權道溶)	애족장	1990	3 · 1운동	함양	1919년 3 · 1독립운동시 함양군 지곡면 정치리에서 유생 박재룡과 같이 조선독립선언서 · 독립충고문 · 조선독립기 · 조선독립경포서 · 조선독립책선문등 제작하여 배포하다 일경에 체포됨. 출옥 후 고향에 서당을 설치하고 후진양성.
권무용 (權武容 (權國瑞))	애족장	1990	3 · 1운동	합천	1919년 3월 21일 초계면 초계리 장날 독립만세운동 주동.
권석도 (權錫燾)	독립장	1986	의병	함양	대한제국 군대 해산이후 김동신(金東臣) 의병진에 참가하다 고광순(高光洵) 의병진과 합류. 12월 21일 하동군 화개면에서 박인환(朴仁煥) 의병진과 합류하여, 박인환 등의 추대를 받아 의병장이 됨. 이후 지리산을 거점으로 하동 · 함양 · 구례 등지에서 항쟁. 1908년에는 하동군 일대에서 군자금 모금 활동을 하던 중 동년 6월 26일 하동 일본수비대에 체포됨.1909년 3월 이학로(李學魯) 의병장과 합세하여 진주 서면 동양곡(東陽谷)에서 군자금을 모집하며 활동.
권숙린 (權肅麟)	애족장	1994	3 · 1운동	산청	1919년 3월 21일 단성면 단계리 주민 50여명과 함께 우성내리(右城內里) 시장에 모여 독립만세시위.
권영규 (權永圭)	애국장	2008	3 · 1운동	합천	1919년 3월 23일 합천군 삼가면 독립만세운동 참여하다 피살되어 순국.
권영대 (權寧大 (權寧震))	애족장	1990	3 · 1운동	창원	1919년 3월 독립만세운동 계획, 3월 28일 고현장날.즉 진전면 오서리 장날에 거사계획수립. 태극기를 만들고 선전격문을 목판에 새겨 찍고 독립선언서 1000매 작성.
권영두 (權寧斗)	애족장	1990	3 · 1운동	합천	1919년 3월 20일 대병면 창리 장날 독립만세운동 주동.

권영수 (權英洙)	대통령 표창	1995	3 · 1운동	함안	1919년 3월 17일 함안군 대산면 평림리 독립만세시위 주도.
권영조 (權寧祚)	애족장	1990	3 · 1운동	창원	1910년부터 창원에서 사립경행학교(景行學校) 설립하여 후진양성에 기여. 1919년 3월 28일 고현 장날의거 주동.
권오규 (權五奎)	대통령 표창	1992	3 · 1운동	창원	1919년 3월 28일 창원군 진전면(鎭田面) 고현(古縣)장터 독립만세 시위운동 주도.
권오진 (權五璡)	애족장	1990	3 · 1운동	통영	1919년 3월~4월에 걸쳐 통영군 일대에서 독립운동 전개. 3월 25일 연초면 다공리 자가에서 독립만세운동 참여 촉구 격문작성. 또 일본 총리대신 원경(原敬)과 조선총독 장곡천호도(長谷川好道)에게「조선독립승낙서」를 구 대한정부(舊大韓政府)에 제출할 것을 요구하는 경고문 우송.
권일선 (權一宣)	건국포장	2009	일본방면	경남	1919년 3 · 1운동에 참가후 일본으로 건너가 1927년경부터 신내천현(神奈川縣) 요코하마시[橫浜市]에서 조선노동조합에 관여하면서 재일본조선노동총동맹에 참여하여 조선노동자의 권익 보호 및 신사회 건설을 목표로 항일투쟁 전개.
권잠술 (權岑術)	애족장	2011	국내항일	밀양	1920년 11월 밀양군 부호인 안홍원(安弘遠)으로부터 독립군자금을 모집하기로 협의함. 한달 뒤인 12월에 밀양으로 내려가 금 3,000원 모집. 이후 밀양군 일대에서 독립군자금 모집활동을 전개하다가 일본 경찰에 체포.
권재호 (權在好)	대통령 표창	1996	3 · 1운동	밀양	1919년 3월 13일 밀양 장날 독립만세운동 주도. 시위대의 선봉에 서서 "독립만세"라 쓴 큰 기를 들고 시위운동에 참여.
권점동 (權點同 (權在守))	대통령 표창	1992	3 · 1운동	창녕	1919년 3월 13일 창녕군 영산읍에 있는 남산(南山)에서 결사단 조직하여 독립만세 시위운동 계획함. 하였다. 700여 명의 시위군중을 규합하여 독립만세를 고창하면서 영산읍내로 시위행진을 하다가 일경에 체포됨.
권채근 (權采根)	애국장	1991	3 · 1운동	진주	1919년 3월 18일의 진주 장날 독립만세운동 주동함. 옥고를 치르던 중, 고문의 여독으로 옥중에서 순국함.
권태선 (權泰璿)	대통령 표창	2006	3 · 1운동	창원	1919년 3월 28일 창원군 진동면의 고현시장 만세운동 주도.
권태용 (權泰容)	애족장	1990	3 · 1운동	창원	1919년 4월 3일의 진전면 · 진북면 · 진동면의 연합 독립만세시위 주동함.
김갑록 (金甲錄 (金甲祿))	대통령 표창	1993	3 · 1운동	고성	1919년 3월 20일 고성군 회화면 배둔리 장날 독립만세 시위운동 주도.
김건재 (金鍵哉)	건국포장	1993	만주 · 노령방면	창녕	봉천성 통화현 홍전자 삼도구(三道溝)에서 한족회(韓族會) 구정(區正)으로 활동하다, 1920년 11월 12일 일본군에 체포되어 피살 순국함.

김경오 (金敬吾)	애족장	1990	일본방면	창원	1927년 일본으로 건너가 교토[京都] 등을 거쳐 1934년 4월경 나고야[名古屋]에서 노동에 종사. 1935년 2월 나고야합동노동조합(名古屋合同勞動組合)이 결성되자. 3월 가입, 서고도분회(西古渡分會) 조합준비회에서 활동하다 동년 6월 서고도분회를 결성. 동년 11월 각종의 성명서 및 기관지 등을 배포하는 등 반제국주의 활동 전개.
김관묵 (金寬默)	애족장	1990	3·1운동	거창	1919년 3월 22일 거창읍 장날 독립만세운동 주동함.
김관제 (金觀濟)	애족장	1990	애국계몽 운동	고성	1909년 안희제(安熙濟) 등 80여명의 동지들과 함께 국권회복을 목적으로 한 신민회(新民會) 계열의 비밀청년단체인 대동청년당(大東靑年黨)을 조직하여 독립운동 전개. 1911년 만주로 망명하여 봉천성 환인현(桓仁縣)에 동창학교(東昌學校)를 설립하고 그 교사가 되어 교포자제에 대한 독립사상의 고취와 교육구국운동 종사. 동창 학교가 폐쇄되자 1915년에 압록강 대안 봉천성 흥경현(興京縣)에 일신학교(日新學校)를 설립하여 그 교사로 활동.
김광수 (金光守)	대통령 표창	1995	국내항일	창원	1942년 7월 경 창원군 창원면 동정리 소재 창원신사(昌原神社) 뒤에서 창원보통학교(昌原普通學校) 출신의 급우 10여 명과 함께 조국 독립을 목적으로 청년독립회(靑年獨立會)를 조직하여 신사참배거부운동(神社參拜拒否運動) 전개.
김구현 (金九鉉)	애족장	1990	3·1운동	의령	1919년 3월 20일 상정면 덕교리(上井面德橋里)에 약 30여 명의 군중과 함께 만세시위 주동함.
김규현 (金奎鉉)	대통령 표창	2007	3·1운동	마산	1919년 4월 3일 창원군 삼진의거에 참여.
김근도 (金根道)	애족장	1995	일본방면	창원	1918년 일본 오사카에서 법랑직공 노동자로 일하다. 1936년 4월 '재대판가덕인친목회(在大阪加德人親睦會)'를 조직하여 일제의 민족차별정책과 한국 강점에 대해 비판함
김근수 (金根洙) (金石) (王碩))	애국장	1990	광복군	진양	한국광복군 제1지대에 입대하여 산서, 화북지구에서 지하공작을 함.
김금연 ((金錦蓮) (金錦燕))	건국포장	1995	학생운동	밀양	1928년 11월 초순, 독서회중앙본부의 산하조직으로 광주여고보에서 비밀결사 소녀회(少女會)가 조직되자, 회원으로 가입하여 민족의 독립과 자유 쟁취, 여성 해방을 목적으로 활동함.
김금영 (金今榮)	대통령 표창	2000	3·1운동	창녕	1919년 창녕군 영산읍에서 전개된 시위운동에 참여. 3월 13일 김금영을 비롯한 23명의 천도교인들은 영산 앞 남산봉에 집결하여 '비장한 결의로 결사단원 맹세서에 각기 서명함.

김기범 (金箕範)	애국장	1993	3·1운동	산청	1919년 3월 23일 합천군 삼가면에서 삼가, 가회, 쌍백, 생비량 4개 면이 연합하여 합동만세시위 계획에 참여. 생비량면의 대중을 동원할 것을 책임지고 수백 명의 군중을 규합하는 등 활동함. 일경의 무차별 총격으로 인해 현장에서 순국.
김기범 (金淇範)	애족장	1994	3·1운동	하동	1919년 4월 7일 하동군 청암면 평촌리 정신교 집에서 조선독립을 목적으로 독립만세시위운동을 벌일 것을 계획. 8일 오후 8시경 군중의 선두에서 독립만세를 고창함.
김기업 (金基業 (金亨贊))	건국포장	1995	3·1운동	진양	1919년 4월 3일 진양군 이반성면 창촌 장터 만세운동 주도.
김기호 (金琪鎬)	건국포장	2008	국내항일	마산	1923년 7월 마산무산소년단 창립에 참여하여 간사를 맡음. 1924년 7월 마산노동동우회 조사부 위원. 1926년 1월 조선공산당에 가입. 마산지역 사회주의운동을 하면서 1926년 혁명자후원회(morp)를 조직하여 사회운동에 종사하다가 투옥된 동지들과 그 가족들을 돌봄.
김낙현 (金洛顯)	건국포장	1993	국내항일	사천	삼천포적색농민조합에 가입하여 농민운동을 전개. 무산농민의 단결을 유도하고 사회혁명을 이끌어 나가기 위해 야학을 열고 독서지도를 결의.
김대지 (金大池)	대통령 표창 독립장	1963 /1980	임정·중 국방면	밀양	1910년 비밀결사 일합사(一合社) 조직. 이시영(李始榮) 등과 함께 상해로 건너가 대한민국 임시정부 수립에 참여. 1919년 4월 10일 초대 임시정부 의정원 위원, 11월 밀양군 조사원에 임명. 그후 임시정부 교통차장, 내무위원 역임. 1920년에는 김원봉의 의열단 조직 지원, 곽재기(郭在驥)의 밀양폭탄 및 일제 요인 사살 계획 참여.
김덕봉 (金德峰)	애족장	1990	국내항일	양산	1919년 9월부터 군자금 모금활동에 참여.
김덕연 (金德淵)	건국포장	1993	일본방면	의령	1937년 5월 와세다대학 조선인유학생동창회 위원으로 선출되고, 독서회 활동을 통해 조선독립을 위한 활동을 전개. 귀국하여 1939년 9월 사회주의 비밀결사인 '경성콤그룹'에 가입.
김덕조 (金德祚)	건국포장	1993	국내항일	양산	1932년 부산에서 노동운동을 전개함. 1932년 4월 하순경 부산에서 5월 1일 메이데이를 기하여 노동자들을 동원하여, 시위운동을 전개할 것을 결의하고 준비에 착수. 4월 27일 격문 300매를 인쇄하고 이를 부산 일대의 노동자들에게 배포함.
김돈희 (金敦熙)	애국장	2002	국내항일	의령	1920~1922년 경상남북도 일대에서 독립운동을 위한 군자금 모집활동을 전개한 조선독립후원의용단(朝鮮獨立後援義勇團)의 경남 재무국장으로 활동. 일경에 체포되어 취조 중 옥고(獄苦)를 견디지 못하고 1922년 8월 순국함.

김동렬 (金棟列)	대통령 표창	2005	국내항일	산청	1942년 5월 일경에 쫓기는 독립운동가를 지원하다가 발각됨.
김동수 (金東壽)	애국장	1995	3.1운동	합천	유림대표로 파리장서에 서명함.
김동우 (金東寓 (金一鮮))	애족장	1997	미주방면	남해	1919년 3월 1일 서울 탑골공원 만세시위 참가, 도미하여 흥사단 단원으로 활동. 1937년 12월 대한인국민회 상항지방회(桑港地方會) 서기 및 지방대표로 선임. 1941년 이후 대한인국민회의 중앙집행위원, 서기 등으로 활동함. 1941년 12월 재미한족연합위원회 집행부는 한인국방군 편성계획을 미육군사령부에 제출하고, 로스엔젤레스에 한인국방위대로서 맹호군(猛虎軍)을 창설하였는데, 맹호군의 상항지대원(桑港支隊員)으로 활동함.
김동호 (金東鎬)	애족장	1990	3·1운동	함양	1919년 3월 31일 안의면 안의읍 장날 독립만세운동 참여.
김두갑 (金斗甲)	애족장	2006	일본방면	김해	일제말기 일본 고베[神戶]에서 화물자동차 조수로 일함. 1942년 3월 말 경 신동하(辛東夏)와 함께 신호시(神戶市)에서 민족주의 단체를 조직함.
김두량 (金斗良)	대통령 표창	1992	3·1운동	함안	1919년 4월 3일 함안군 칠원면에서 손종일(孫鍾一)·엄주신(嚴柱信)등이 주도한 독립만세 시위운동 참가. 친일행동을 자행하는 칠원면장 김보한(金寶漢)의 집을 습격하는 등 시위를 벌임.
김두만 (金斗萬, 峯明立)	애족장	2003	독립운동	의령	1940년 일본 경도(京都)의 대화철공소(大和鐵工所)에 근무하던 중, 독립운동 그룹 가입. 조선독립혈맹(朝鮮獨立血盟)의 본거지를 조선 본토에 설치하려다가 다시 일본으로 건너가 1941년 5월 16일 대판(大阪)에서 혈맹(血盟)한 서서(誓書)를 소지하다 체포되됨.
김두석 (金斗石)	애족장	1990	국내항일	마산	1939년 7월 20일 마산 사립의산여학교 교사로 재직하던 중 일제의 신사참배 강요를 완강히 거부하다가 동 교사직에서 해임당함.
김두옥 (金斗玉)	애족장	1990	국내항일	통영	1919년 3월 26일 통영에서 만세시위 주도, 동년 11월에 중국 상해로 건너가 대한민국임시정부(大韓民國臨時政府)에서 활동. 1920년 11월에 귀국하여 자신의 재산 1,000원과 400원을 모금하여 합계 1,400원을 임시정부에 전달, 1921년 6월에 재차 입국하여 군자금 모집을 위해 활동하던 중 체포됨.
김말복 (金末福)	애족장	1990	국내항일	양산	1939년 양산 통도중학교 교사로 재직하면서 일본의 국체(國體) 및 식민지통치와 왜곡된 역사를 부정하고 한국의 민족사, 언어, 문학을 교육하여 항일 독립사상과 민족의식을 고취하였으며, 일제의 내선일체 강요의 부당성과 허구성 및 3·1운동때의 일제의 친일민족 단일정책을 비판하며 애구적 인재를 양성하는데 진력함.

김명규 (金明奎)	애국장	1990	국내항일	밀양	1919년 4월 17일 동래고보 독립만세운동 주동. 1927년 창녕 유림지서(柳林支署) 갑비(甲斐)부장 살해사건에 연루되어 10여년간 도피생활.
김명수 (金明守)	애족장	1995	국내항일	창원	1942년 7월경 창원군 창원면 동정리 소재 창원신사(昌原神社) 뒤에서 청년독립회를 조직하여 신사참배거부운동 전개.
김병길 (金秉吉)	애족장	1990	국내항일	창원	1943년 진해의 일본군 제51 해군항공창(海軍航空廠)에 군속(軍屬)으로 근무하면서 항일결사 일심회(一心會)조직 이 모임은 연합군이 진해에 상륙할 때 무장봉기하여 항공창을 점령한다는 계획을 세우고 준비함.
김병직 (金秉直)	애족장	1990	3·1운동	거창	1919년 3월 20일 가조면 장기리 장날의거 주도. 정
김병현 (金柄鉉)	애족장	1990	국내항일	창원	1940년 동래중학교 재학중 독서회조직하여 항일의식고취. 1941년 겨울에는 독서회를 강화하여 조선독립당(朝鮮獨立黨)으로 개편. 조선독립당은 항일결사 자일회(紫一會)·순국당(殉國黨)등과도 연계를 맺고 광범위한 항일투쟁을 모색함.
김병호 (金柄琥)	대통령 표창	1995	학생운동	산청	진주의 진주공립고등보통학교 2학년에 재학 중 1930년 1월 16일. 광주학생운동에 동조하는 동맹휴학단행과 선전전단 작성에 관해 협의하고, 다음 날 아침 학생 200여 명을 지휘하여 진주읍내와 진주읍 소재의 각 학교를 순회하며 '노예교육 폐지', '경찰의 학내침입 금지', '광주학생 석방' 등을 주장하는 격문 살포하고 시위를 주도함.
김병화 (金炳和 (炳化))	건국포장	1993	3·1운동	창원	1919년 4월 3일 창원군 웅천면 마천리 만세운동 주도
김병환 (김병환)	애국장	1991	의열투쟁	밀양	1919년 밀양에서 백미(白米) 소매상을 하던 중 밀양의 만세시위 주도. 1921년 동지 김재수 등 의열단원과 조선총독부 폭파를 준비하다가 사전에 발각됨.
김봉률 (金奉律)	애족장	1996	국내항일	합천	1919년 3월 합천 해인사를 비롯한 경남 지역의 만세운동 참가. 만주로 건너가 서간도 유하현(柳河縣)의 신흥무관학교 졸업. 귀국후 문경 일대를 무대로 독립군 양성을 위한 군자금모집 활동.
김봉일 (金奉日)	애족장	1990	학생운동	고성	수원고등농림학교재학 중 1926년 여름 신사회 건설을 목표로 한 항일학생결사 건아단(健兒團) 조직. 1928년 6월 건아단은 당시 일본 동경에 설치되었던 조선농우연맹(朝鮮農友聯盟) 가입. 동년에 단명을 계림농흥사(鷄林農興社)로 개칭 위장하고 조직 확대함. 1928년 여름에 계림농흥사는 다시 조선개척사(朝鮮開拓社)로 조직개편.
김사용 (金四用 (金文玉))	애족장	1990	3·1운동	의령	1919년 3월 16일 의령군 지정면 봉곡리 독립만세운동에 참여.

246

김삼도 (金三道)	애국장	1991	3·1운동	함안	1919년 3월 20일의 군북면 군북 장날 독립 만세운동 주동. 선두에 서서 격렬한 만세 시위를 전개하다 적의 흉탄을 맞고 현장 에서 순국.
김상기 (金相琦)	애족장	1990	3·1운동	양산	1919년 3월 18일 범어사 내 지방학림 학생 으로서 독립만세운동 계획.
김상득 (金尙得)	대통령 표창	2008	3·1운동	밀양	1919년 3월 13일 밀양군 밀양면 내일동에 서 독립만세시위 전개.
김상윤 (金相潤)	애족장	1990	의열투쟁	밀양	1919년 11월 9일 김원봉 등 동지들과 함께 만주 길림성에서 의열단(義烈團)을 조직. 1920년 2월 상해에서 폭탄을 구입하여 국 내로 반입한 후 밀양경찰서 투탄 운동 전 개. 1922년 3월 상해에서 이종암 등과 다 나까(田中) 대장 처단을 실행함. 대한민국 임시정부에서 활동하다 1927년 10월 19일 상해에서 사망.
김상이 (金尙伊)	건국포장	1993	3·1운동	밀양	1919년 3월 13일 밀양면 내일동 독립만세 운동 적극 참여.
김상익() 	대통령 표창	1996	3·1운동	창원	1919년 3월 23일 창원읍내 독립만세운동 참가.
김상진 (金尙珍)	애족장	1990	3·1운동	통영	통영군 통영면 면서기로 근무하던 중 1919 년 3월 22일 통영면사무소에서 숙직을 하 면서 '대한독립만세' 등 내용의 격문 15매 를 작성. 3월 25일에는 독립만세시위를 위 하여 부장대에 집합하라는 광고문을 만들 어 통영 중심가 요소에 첨부 게시. 1927년 3월 10일부터 1930년 5월 10일까지 신간회 통영군지회 간사로 활동.
김상진 (金相震 (震坤) (震伊))	건국포장	1993	3·1운동	합천	1919년 3월 파리장서(巴里長書)에 서명 날인함.
김상집 (金祥集)	건국포장	1992	3·1운동	함안	1917년 대동청년당에 가입하여 활동하면 서 독립운동 시작. 1919년 3월 19일 함안군 독립만세시위 참가. 1920년 아사동맹회(餓 死同盟會)를 조직. 1923년부터는 학교를 건립하는 등 육영사업에 종사.
김상헌 (金祥憲 (裵達翁) (金達))	애국장	1990	국내항일	양산	1918년 불교학교인 중앙학림(中央學林) 학 생으로 민족사상 고취 및 불교연구를 목 적으로 한 유심회(唯心會)를 조직. 11월 한 용운(韓龍雲)의 지도를 받아 민족운동 단 체로 발전. 1919년 8월 군자금 모집 사명 을 띠고 서울에 돌아와 철원애국단(鐵原 愛國團)을 조직하고 함경남도 등지에서 군자금 모집하여 임시정부 노동총판인 안 창호에게 송금함.
김상호 (金相浩)	대통령 표창	1995	3·1운동	산청	1919년 3월 20일 산청군 신등면 단계리 시 장 만세운동 전개.

김상훈 (金相勳)	건국포장	2007	학생운동	산청	1943년경 진주군 소재 진주공립중학교 재학 중 독서써클이면서 우리 역사를 공부, 토론하고 일제에 저항할 수 있는 투쟁을 전개하기로 결의한 단체광명회(光明會) 조직.
김서종 (金書鍾)	애국장	1991	만주 · 노령방면	함안	1916년 8월 15일 대종교 제1세 교주 나홍암(羅弘岩)이 구월산 삼성사에서 순교할 때 유서와 유명을 봉승함. 이후 만주로 망명하여 대종교의 재건 및 독립운동지원 활동함. 1942년 11월 19일 일제의 대종교 간부 일제검속에 따라 체포되었으며, 악랄한 고문끝에 1943년 8월 27일 감옥에서 옥사하여, 대종교 '순교 10현(殉敎十賢)'중 1인으로 추앙됨.
김석암 (金石岩)	대통령 표창	2008	3 · 1운동	김해	1919년 4월 2일 김해군 김해 읍내 시장 독립만세운동 주도.
김석용 (金碩用)	애족장	1990	일본방면	통영	1939년 3월에 도일(渡日)하여 민족차별 철폐, 징병제도 반대, 항공병 지원해서 일본군 기지 폭파, 일본 경찰에 들어가 대대적인 독립운동 전개 등의 계획을 세움.
김선갑 (金銑甲)	애국장	1993	학생운동	창원	1940년 11월 23일 부산 공설운동장에서는 제2회 경남학도전력증강 국방경기대회가 개최되었는데, 여기에 참가한 부산 제2상업학교 및 동래중학교 한국인 학생 1천여 명은 일본인 심판진의 편파적인 판정에 분노하여 「조선독립만세」,「너희들은 일본으로 돌아가라」등의 구호를 외치면서 시가행진을 벌임. 이 항일시위는 일제의 군국파시즘적 탄압에 짓눌려 있던 민족혼을 충격적으로 일깨웠다는 점에 큰 의의가 있음. 이 당시 부산 제2상업학교 4학년 재학중이던 김선갑도 체포됨.
김선명 (金善明)	애족장	2008	3 · 1운동	산청	1919년 3월 20일 산청군 신등면 단계리 시장에서 군중들을 이끌고 독립만세시위를 전개. 3월 21에는 단성면 성내리 시장에서 독립만세운동을 전개함.
김선오 (金善五)	애국장	1991	3 · 1운동	김해	1919년 4월 12일 장유면 무계리 독립만세운동 참여. 적의 흉탄에 맞아 현장에서 순국.
김선홍 (金善洪 (金善洙))	대통령 표창	1993	일본방면	통영	1941년 오사카시(大阪市) 소재 대판야간중학교(大阪夜間中學校)에 다니면서 독립운동의 중핵 모체가 될「충성회」결성.

김성권 (金聲權)	건국포장	1993	미주방면	진주	1904년 하와이 사탕농장 노동자로 이민. 1905년 5월 항일운동 · 일화배척(日貨排斥) · 동족상애(同族相愛)를 목적으로 에와친목회 결성. 1905년 8월 호놀룰루에서 한인상조회(韓人相助會) 조직. 1907년 3월부터 하와이 한인단체 통합운동을 주도하여 9월 호놀룰루에서 하와이 24개 한인단체 합동발기대회 개최하고 하와이 한인의 통일기관인 한인합성협회(韓人合成協會) 창립. 1908년 2월 샌프란시스코로 이주하여 안창호 등이 이끄는 공립협회(共立協會) 찬성원으로 가입. 1908년 7월 덴버에서 박용만(朴容萬) 등이 개최한 애국동지대표회(愛國同志代表會)에 참석. 1909년 2월 미주한인의 최고통일기관인 국민회(國民會)를 탄생시킴.1918년부터 1919년까지 재미한인의 최고통일기관인 대한인국민회(大韓人國民會)의 수전위원(收錢委員)으로 독립운동자금을 모집. 3 · 1운동 직후인 1919년 4월 흥사단 가입. 1930년대 중반까지 흥사단 의사부장(議事部長)과 이사장(理事長) 역임. 1941년 2월 중국에 있는 조선의용대를 후원할 목적으로 로스엔젤레스에서 결성된 조선의용대 미주후원회가 1942년 5월 조선의용대의 한국광복군) 편입 이후, 1943년 1월 회명을 조선민족혁명당 미주지부(美洲支部)로 개칭하고 김원봉의 민족운동 후원. 1943년 조선민족혁명당 미주지부 집행위원장으로 선임.
김성두 (金成斗 (金昞 斗))	애족장	1990	의병	밀양	1914년 독립의군부 육군정위 · 경상남도 소모관으로 임명됨. 1917년 4월 일제의 경찰망을 피하여 만주로 망명하였다가 국내로 잠입하여, 1919년 3 · 1운동 참여.
김성득 (金盛得)	애족장	1993	일본방면	김해	1942년 10월부터 일본에서 생활하는 한인들의 진정한 자유와 참된 행복을 위하여 독립국가 건설의 필요성 인식. 동지 3인과 함께 비밀결사인「와룡회」(臥龍會)를 결성. 조직적인 항일투쟁을 구상.
김성수 (金聖壽)	독립장	1977	의열투쟁	밀양	1919년 밀양에서 3 · 1독립운동을 주도. 중국으로 망명하여 의열단(義烈團) 및 남화한인청년연맹(南華韓人靑年聯盟) 등 혁명단체의 일원으로 항일독립운동에 참여. 1933년 3월 친일분자 숙청에 활약 중 일제에 체포됨.
김성숙 (金成淑)	애족장	1990	3 · 1운동	함안	1919년 3월 19일의 함안읍 장날 독립만세운동 주동.
김소지 (金小池)	대통령 표창	1992	3 · 1운동	밀양	1919년 3월 11일과 12일 양일간 밀양군 밀양면 내일동 독립만세 시위운동 참가. 다음 날인 3월 13일 밀양장터에서 200여 명의 시위군중에게 미리 준비한 독립선언서와 태극기 배포하고 독립만세 고창.

김수동 (金守東)	애국장	1991	3 · 1운동	창원	1919년 4월 3일 창원 삼진 연합 독립만세 운동 참여. 일제의 흉탄에 맞아 순국함.
김수룡 (金壽龍)	애족장	1990	3 · 1운동	양산	1919년 4월 5일 양산군 기장읍 장날 독립 만세운동 주동함.
김수산 (金守山 (金守 山))	애족장	1990	임정 · 중 국방면	진주	1926년 진주농고 맹휴 주동. 중국으로 망 명하여 상해에서 임정호위(臨政護衛), 주 구배 숙청(走狗輩肅淸) 등을 목적으로 조 직된 병인의용대(丙寅義勇隊) 대원으로 입대함. 1927년에는 임시정부의 소개로 중 국군 입대. 1929년에 상해사변시에는 포병 관측 통신반장으로 활약함. 1930년 한국 독립당 남경지부에 참가. 1933년 8월 상해 조선인 회장으로 일제 앞잡이 노릇을 하 던 유인발의 사살 계획을 세우고 저격하 였으나 실패.
김승태 (金升泰)	애족장	1990	3 · 1운동	김해	1919년 4월 12일 장유면 무계리 독립만세 운동 주동.
김시주 (金時州)	애족장	1990	국내항일	창원	1940년 12월 동삼성(東三省) 하얼빈과 심 양(瀋陽)에서 약1년간 독립운동에 참여. 귀국후 마산에서 청년들에게 신사참배를 반대하며, 항일선전물 등을 배포하여 읽게 하는 등 동지를 규합하다가 1942년 8월에 일경에게 체포됨.
김영규 (金永奎)	애족장	1990	일본방면	산청	1939년 일본 경도중학교(京都中學校)에서 유학하면서 일제 항거운동 전개. 1942년 9월 중순 인도(印度)의 독립운동 방법을 연구 · 검토하고 인도의 불복종운동 방식 대로 일본에 항거할 것과 일본군에 강제 징집된 한국인 청년들이 연합군에 투항하 여 그들과 합세, 일본군을 패망하게 한다 는 운동을 전개하려다가 체포됨.
김영기 (金永琪)	애국장	1991	3 · 1운동	합천	1919년 3월 20일의 합천읍 독립만세운동 주동. 일본 경찰의 무차별 발포로 현장에 서 순국함.
김영복 (金榮宓)	애족장	1990	학생운동	밀양	대구사범학교 재학중인 1941년 1월에 동교 생들과 함께 조국독립을 위한 실력배양과 민족의식 고취를 목적으로 한 항일학생결 사 연구회(硏究會) 조직. 1941년 7월, 대구 사범학교 윤독회의 간행물인 〈반딧불〉이 일경의 손에 들어가게 됨에 따라 대구사 범학교 비밀결사의 전모가 드러남.
김영수 (金英樹) (金甲 錫))	애족장	1991	국내항일	진주	일본 입교(立敎)대학 재학 중 징병 반대. 한국역사에 대한 서적 간행하여 교포들에 게 배부하는 등 항일활동을 하다. 체포됨.
김영숙 (金永淑)	대통령 표창	1993	3 · 1운동	산청	1919년 산청의 덕망높은 한학자로서 시위 운동 계획. 3월 20일 정태윤 등과 함께 산 청군 신등면 단계리 장터에서 6~7백여 명의 군중을 규합하여 태극기를 앞세우고 독립만세 시위행진.

김영재 (金榮在)	애족장	1990	3·1운동	진주	1919년 3월 22일부터 23일까지 진주군 진주면 문안동 이치선(李致善)의 집에서 독립만세시위에 참가할 것을 촉구하는 격문 작성하여 배포하고 또한 '조선독립의뢰'라는 문서를 진주읍을 비롯하여 정촌면(井村面) 등의 각 면장에게 보내어 독립운동을 전개할 것을 촉구하다 체포됨.
김영조 (金永祚)	대통령 표창	2008	국내항일	합천	1935년초 민족적 색채를 띤 삼신교를 믿게 되면서 포교활동함. 삼신교를 믿으면 민족독립을 달성할 수 있고 일제가 침략전쟁을 감행하였으나 동남아 각지에서 패하고 있다는 사실을 전파하다 유언비어날조죄로 검거됨.
김영조 (金永祚)	건국포장	1992	3·1운동	고성	1919년 3월 18일 진주에서 독립만세시위에 참가하여 독립선언서와 격문을 시민들에게 배부하고, 시민 3만여 명과 함께 독립만세를 고창하며 선두대열에서 활약하다 체포됨.
김영종 (金永鍾)	애족장	1999	3·1운동	창원	1919년 4월 3일 창원군 삼진 연합 독립만세운동 참가.
김영주 (金英柱)	대통령 표창	1995	일본방면	고성	1940년경 동경(東京)에서 전쟁·노동·여성문제 등에 관한 문헌을 탐독하면서부터 일제의 한민족차별정책에 대한 비판의식이 싹틈. 1940년 11월경부터 재일 한국인에 대한 일본인의 민족차별은 피압박민족에서 기인하는 것이므로 독립국가를 건설하기 위하여 투쟁할 것 등을 계획하다 체포됨.
김영중 (金永仲)	애족장	1990	3·1운동	통영	1919년 4월 2일의 통영 장날 독립만세운동 주동함. 출옥후 1927년 3월에는 경상남도 평의원 회의석상에서 조선인의 교육 불필요론과 조선어 사용 금지론을 주장한 김기정(金淇正)의 집과 경찰서를 습격하다 체포됨.
김영환 (金永煥)	애국장	1991	3·1운동	창원	1919년 4월 3일 삼진의거 참여. 흉탄에 맞아 순국.
김오장 (金吾長)	애족장	1990	국내항일	진주	1942년 6월 진주지방의 중학생과 청년들을 대상으로 중국에서 항일독립운동을 펴고 있는 독립군에 합세할 동지들을 규합하던 중 일경에 체포됨.
김외득 (金外得 (金外德))	애족장	1990	국내항일	양산	서울 보성중학교에 재학 중 1929년 광주학생독립운동이 일어나자 이에 호응하여 1930년 3월 만세시위운동을 펼침. 이일로 퇴학당한 후 귀향하여 1931년 4월에 조직된 양산농민조합 가입, 소년부원(少年部員)으로 활동. 1932년 2월 20일 조합간부들이 체포되자 조합간부 석방요구시위를 벌임.

김용실 (金容實)	대통령 표창	2010	학생운동	하동	1943년경 진주군 소재 진주공립중학교 재학 중 독서써클로 우리 역사를 공부, 토론하고 일제에 저항할 수 있는 투쟁을 전개하기로 결의한 단체인 광명회를 조직. 광명회 동지들은 학생들에게 우리말 사용을 생활화할 것과 독립군의 활약상을 전파하는 등 민족의식 고취를 위해 활동하다가 일본헌병대에 체포됨.
김용이 (金龍伊)	애국장	1991	3·1운동	김해	1919년 4월 12일 장유면 무계리 독립만세운동 참여. 일본 헌병이 발사한 흉탄에 맞아 현장에서 순국.
김용익 (金溶益)	애족장	2009	국내항일	진주	1921년 9월경 산청군 일대에서 군자금 모집활동을 하는 등 독립운동 전개.
김용호 (金用浩)	애족장	1990	3·1운동	창원	1919년 3월 31일 김해군 하계면 진영리 장날 독립만세시위 참가. 1919년 4월 5일 진영리 장날에 2천여 명의 군중과 함께 독립만세를 고창하며 시위를 벌임.
김용환 (金用煥)	대통령 표창	2005	국내항일	산청	1942년 5월 동향 출신의 김동렬 등과 함께 일경에 쫓기는 독립운동가를 지원하다가 발각되어 투옥됨. 독립운동가는 정태옥으로 중앙청년동맹 집행위원을 역임했으나. 1930년대 이래 조선공산당 재건운동 인천 조직준비위 책임자로 활동하던 사회주의 운동가임.
김용환 (金容煥)	애족장	1991	3·1운동	창원	1919년 3월 3일 서울의 독립선언서를 전달받아 무학산에서 군중에게 배포하다 체포됨.
김우곤 (金宇坤)	애국장	1991	3·1운동	함안	1919년 3월 20일 군북면 군북 장날 독립만세 운동 주동. 선두에 서서 격렬한 만세시위를 전개하다 적의 흉탄에 맞고 현장에서 순국.
김우권 (金宇權)	애국장	1991	국내항일	경남	1922년 10월 하순 서로군정서(西路軍政署) 의용대(義勇隊) 중대장으로 봉천성(奉天省) 통화현(通化縣)과 유하현(柳河縣) 일대에서 활약하던 중 유하현 야저구(野猪溝)로 이동하다가 일경과 중국산림대 400여 명의 포위 습격을 받아 분전하다 장렬히 순국함.
김우림 (金佑林 (金枴))	애족장	1995	국내항일	산청	1919년 파리장서운동의 중심인물로 활약. 1926년 초 김창숙이 국내에 들어와 군자금을 모집할 때ㅡ서로 연결되어. 산청 등지의 유림을 대상으로 연락과 군자금 모집 책임 맡음. 이후 후진 양성에 몰두하였고, 창씨개명거부함.
김우문 (金又文)	건국포장	2008	국내항일	마산	마산공립상업학교 졸업 후 1931년 9월 마산적색교원회를 조직하여 "농촌야학생을 주로하여 사회과학을 가르치고 지도하자"라는 강령을 정함. 마산적색교원회는 김형윤을 지도자로 하고, 책임자를 맡음. 마산지역의 노동운동과 청년운동에도 참여. 1932년 1월 마산운수노동조합 노동쟁의, 마산청년동맹에 적극 참여.

김위조 (金渭祚)	건국포장	1997	국내항일	통영	1927년 3월 통영에서 도평의원 김기정이 한국인 교육 불필요성과 한국어 통역철폐를 주장하자, 그를 응징함.
김윤권 (金潤權 (金致洪))	대통령 표창	1993	3·1운동	진양	진양군 미천면(美川面)에 사는 곽복금(郭福金)의 집에서 박봉제(朴奉濟) 등 11명의 동지들과 함께 독립운동을 위해 독립의우회(獨立義友會)를 조직하여 감찰부서를 책임맡음. 1919년 3월 20일 만세시위운동을 벌이기로 결의하고 시위행진 전개함.
김응수 (金應守 (金壽))	대통령 표창	1995	3·1운동	통영	부산 일신여학교 고등과에 재학 중 1919년 3월 11일 좌천동(佐川洞) 등지에서 만세운동을 주도.
김응현 (金應鉉)	건국포장	1992	3·1운동	의령	1919년 3월 20일 의령군 상정면 덕교리에서 독립만세운동을 주도.
김의홍 (金義洪)	건국포장	1993	의병	하동	1908년경 분연히 궐기하여 국권회복운동에 나섬. 군사들을 이끌고 하동일대에서 임봉구(任鳳九)의병장 등과 연계하여 활동.
김인규 (金麟圭)	애족장	1993	학생운동	양산	1940년 11월 23일 부산공설운동장에서 제2회 경남학도전력증강국방경기대회가 개최되었는데, 여기에 참가했던 부산 제2상업학교 및 동래중학교의 한국인 학생 1천여 명은 일본인 심판진의 편파적인 판정에 불복해 "조선독립만세" 등의 구호를 외치면서 시가행진을 벌이는 한편, 경남지구 위수사령관으로서 대회 심판장을 맡았던 일군 대좌(大佐) 노다이(乃台兼治)의 관사(官舍)를 습격 파괴하고 구타했는데 이 사건으로 동래중학교 5학년이던 그도 체포됨.
김인수()	애족장	1990	미주방면	창원	1920년 7월 미국에 건너가 대한인동지회(大韓人同志會)에 가입하여 1945년 8월 광복에 이르기까지 독립운동자금을 조달하여 제공.
김일규 (金一圭)	애족장	1990	국내항일	마산	동래중학교 재학중 1940년에 독서회를 조직하여 항일의식 고취. 1941년 겨울에는 독서회원들과 함께 조국의 독립을 위해 목숨을 바치기로 서약하고, 독서회를 강화하여 조선독립당으로 개편. 1944년 8월 1일에 당원들은 군사기밀 탐지·일군탄약고 폭파·군용열차 통과시 구포다리 폭파계획 등을 세움. 조선독립당은 항일결사 자일회(紫一會)·순국당(殉國黨)등과도 연락을 통하면서 항일투쟁을 광범위하게 전개함.
김일성 (金逸成)	애족장	1990	3·1운동	창원	1919년 4월 3일 웅천면 마천리 면사무소 만세시위를 주동함.
김잠진 (金蠶鎭 (性鎭))	건국포장	1993	국내항일	창원	웅천적색농민조합에 참여. 1931년 12월경부터 1932년 3월까지 지역청년을 규합하여 전후 18회의 사상강좌를 개최하는 등 항일독립운동을 전개.

김장호 (金章浩)	건국포장	1993	국내항일	양산	양산농민조합운동에 참여하여 투쟁함. 1932년 2월 24일 양산면 남부동(南部洞) 사회단체회관에서 양산농민조합 정기대회를 개최하고, 소작료 4할 감액 및 소작권 확립 등을 결의하고 농민운동을 위해 소년부·청년부 등을 설치함.
김재명 (金在明)	건국포장	1995	3·1운동	거창	1919년 3월 파리장서에 서명한 항일운동가.
김재영 (《金浩(金聖一)》)	애족장	1995	임정·중국방면	하동	1923년 중국 상해로 망명하여 의열단(義烈團) 입단. 1924년 4월 중국 상해에서 청년동맹회 결성하여 상해 제일의 청년단체로 성장시킴. 1928년 중국 상해에서 의열단의 김원봉과 회합하여 약화된 의열단 세력을 확대 강화하기 위해 노력함.
김재욱 (金在旭)	애족장	1990	3·1운동	통영	1919년 3월 28일 통영장터에서 1,000여명의 군중을 인솔하고 독립만세를 부르다가 일경에 체포됨. 1927년 5월에는 신간회 통영지회에 가입,1930년 2월 10일에는 광주학생운동의 여파로 9일간 구금됨..
김재홍 (金在泓)	대통령표창	2006	국내항일	진주	3·1독립만세운동에 참여하고, 진주노동공제회·조선노동연맹회·조선공산당의 임원으로 독립운동을 전개. 1923년 1월에는 진주자작회(自作會) 회장으로 활동하는 등 진주지역에서 노동자·농민들을 위해 활동함. 조선일보 진주지국장으로 언론운동에참여함.
김재화 (金在華)	건국포장	1993	3·1운동	진주	1919년 3월 18일의 진주장날 독립만세운동을 주동함.
김정태 (金廷泰)	애족장	1990	3·1운동	김해	1919년 3월 31일의 하계면 진영리(下界面 進永里) 장날 독립만세운동을 주동함.
김조이 (金祚伊)	건국포장	2008	국내항일	창원	1925년 1월 21일 서울에서 허정숙(許貞淑) 등과 함께 사회주의 여자청년단체인 경성여자청년동맹의 창립 발기인으로 참여, 집행위원에 선임되어 활동. 동년 2월 '전조선민중운동자대회'준비위원에 선임되어 활동. 4월, '적기(赤旗) 시위사건'에 연루되어 검거됨. 1925년 4월경 고려공산청년회 중앙위원 후보로 활동. 11월경 고려공산청년회 추천으로 모스크바 동방노력자공산대학에 입학. 1931년 9월 하순 코민테른(국제공산당) 동양부의 지시로 조선공산당을 재건하기 위해 김복만과 함께 귀국. 함흥을 중심으로 '조선노동좌익재결성'을 주도하다가 1932년 8월 일명 '제2태평양 노사사건'의 주동인물로 지목되어 함흥경찰서에 검거됨. 1950년 한국전쟁이 발발하고, 7월 중순경 강제 납북됨.
김종원 (金鍾烜)	애족장	1990	3·1운동	김해	1919년 4월 12일 장유면 무계리 독립만세운동을 주동함.
김준배 (金晙培)	건국포장	1993	3·1운동	합천	1919년 3월 21일 합천군 초계 장터 시위에 참여하여 일경의 흉탄에 맞아 순국.

김진곤 (金鎭坤)	대통령 표창	1995	3·1운동	사천	1919년 3월 13일 사천군 곤양면에서 만세운동 주도함.
김진만 (金鎭萬)	대통령 표창	2008	3·1운동	고성	1919년 4월 1일 고성군 고성읍 장터 시위 전개.
김진훈 (金鎭焄)	애국장	1991	국내항일	창원	동래중학교 재학중 1940년에 독서회를 조직하여 항일의식 고취. 1941년 겨울에는 독서회원들과 함께 조국의 독립을 위해 목숨을 바치기로 서약하고, 독서회를 강화하여 조선독립당으로 개편. 1944년 8월 1일에 당원들은 군사기밀 탐지·일군탄약고 폭파·군용열차 통과시 구포다리 폭파계획 등을 세움. 조선독립당은 항일결사 자일회(紫一會)·순국당(殉國黨)등과도 연락을 통하면서 항일투쟁을 광범위하게 전개함.
김차형 (金此炯)	애족장	1990	국내항일	창원	1943년 진해의 일본군 제51해군항공창에서 군속으로 근무함. 항일결사 일심회(一心會)를 주도·조직하고 그 대표가 됨. 연합군이 진해에 상륙할 때 무장봉기하여 항공창을 점령한다는 계획을 세움.
김찬선 (金贊善)	대통령 표창	1992	3·1운동	창원	1919년 3월 13일 창녕군 영산읍에서 22명의 동지들과 함께 독립만세운동을 펼 것을 계획하고 영산앞 남산봉에 모여 결사단에 가입함. 장터에 모인 700여 명의 군중에게 태극기를 배부하고 독립만세를 고창하며 거리 행진함.
김창실 (金昌實)	대통령 표창	2011	3.1운동	창원	1919년 3월 23일 창원읍 장날 만세운동 참여.
김창탁 (金昌鐸)	애족장	1998	국내항일	마산	1919년 파리장서사건과 1926년 '2차 유림단사건'에 참여하여 항일투쟁을 전개함.
김천석 (金千錫)	건국포장	1993	3·1운동	산청	1919년 3월 20일의 신등면 단계리 장날과 3월 21일의 단성면 성내리 장날 독립만세운동을 주동함. 일본 헌병의 야만적인 발포로 선두에서 만세운동을 전개하다 현장에서 순국함.
김철수 (金喆壽)	건국포장	1993	3·1운동	양산	양산출신으로 동경에서 재일 유학생들이 거행한 2·8 독립선언식의 11명 대표중의 한 사람. 1923년 10월 18일 조선청년 연합회 위원장으로 피선되어 1925년 10월까지 재일 유학생들의 독립운동과 물산장려 운동을 주도함.
김철호 (金哲鎬)	애족장	1995	국내항일	통영	중국 광동(廣東) 중산대학(中山大學)에 재학 중 김원봉(金元鳳)의 권유로 1926년 8월 의열단(義烈團)에 가입하여 선전출판부의 책임을 맡음. 귀국하여 1927년 신간회 통영지회에 가입하여 총무간사와 서무부의 일을 맡음. 한편 비밀리에 동지를 포섭하면서 의열투쟁의 계획을 추진함.

255

김추은 (金秋銀)	애족장	1990	3·1운동	창녕	1919년 3월 13일 창녕군 영산읍 만세운동 참여.
김태근 (金泰根)	대통령 표창	2007	국내항일	양산	1931년 4월 창립한 양산농민조합에 가입하여 양산지역 농민운동에 참여. 양산농민조합은 고율의 소작료 징수문제와 고리대금업 철폐, 최저 임금 제정, 문맹퇴치 등을 위해 활동함.
김판용 (金判用)	애국장	2007	의병	합천	1908년 합천 등지에서 의병으로 활동. 1908년 4월 8일 합천우편취급소를 습격하여 파괴한 의병 약 50명의 일원임. 일본경찰의 칼에 찔린 채 퇴각하다가 순국함.
김팔용 (金八龍)	건국포장	1993	의병	삼가	삼가군 일대에서 의병으로 활동. 의병장 박수길(朴水吉) 휘하에서 의병 300여 명과 함께 삼가군 중촌면(中村面) 덕지면(德旨面) 일대에서 군자금 모집 활동.
김필수 (金必壽)	애족장	2010	국내항일	김해	1926년 12월 5일 서울 낙원동에서 여성들의 대중적 교양과 조직적 훈련을 목적으로 중앙여자청년동맹을 조직함. 같은 해 조선공산주의청년회에 가입하여 독서회와 웅변모임 등을 조직함. 1928년 3월 고려공산청년회(高麗共産靑年會) 학생부 위원으로 활동하였고, 동년 7월 근우회 중앙집행위원으로 선출됨. 1933년 5월부터 함도 흥남,함흥,원산 등을 중심으로 태평양노동조합운동과 조선공산당재건운동을 전개.
김학곤 (金學坤)	애족장	1990	3·1운동	함안	1919년 3월 19일의 함안읍 장날 독립만세운동을 주동함.
김학득 (金鶴得)	건국포장	1993	학생운동	밀양	마산공립중학교에 재학 중 비밀결사인 마중독립단(馬中獨立團)을 조직하여 활동함.
김한익 (金漢益)	애족장	1990	3·1운동	함양	1919년 4월 2일 함양읍 장날 독립만세운동을 주동함.
김현규 (金顯奎)	건국포장	1993	의병	김해	1906년 9월경 국권회복을 목적으로 울진군에서 의병을 일으켜 울진불영사(佛影寺)에 진을 치고 머무르다 불의의 습격을 받아 순국.
김형권 (金亨權)	애족장	1990	3·1운동	사천	1919년 4월부터 6월 27일까지 사천군 뉴동면 길평리 일대에서 독립선언문 등 5종의 격문을 작성하여 각 230여 부씩 인쇄하여 인근 유생들에게 배포하고 독립정신을 고취하며 활동.
김형기 (金炯綺)	애족장	1990	3·1운동	통영	1919년 3월 13일 통영읍 독립만세운동 계획함.
김형기 (金炯璣)	애족장	1990	3·1운동	양산	경성의학전문학교 재학 중 재경유학생회 회장으로 학생대표가 되어 3·1독립운동에 참여. 3월 1일 독립선언서를 서울시내 전역에 배포할 수 있도록 준비를 완료하고 탑동공원에 모인 시위군중과 함께 독립만세를 외침.

김형순 (金衡珣)	애국장	2011	미주방면	통영	1914년 3월 대한인국민회 샌프란시스코지 방회에 가입했으며, 1922년 다뉴바지방회 실업부원(實業部員)으로 활동함. 1930년 3 월 국내의 독립운동을 지지하기 위해 결 성된 중가주대한인공동회(中加洲大韓人 共同會) 회장에 선임. 1914년부터 1945년 에 이르는 기간 동안 총 5,337원의 독립금 을 지원함.
김형정 (金炯正)	건국포장	1993	3·1운동	고성	1919년 3월 22일 고성군 고성읍 장터에서 전개된 독립만세운동에 참가함.
김호원 (金浩元)	대통령 표창	1992	3·1운동	창원	1919년 3월 23일 창원군 창원읍 장날을 이용하여 독립만세 시위운동을 주 도함.
김호현 (金浩鉉) (金洪錄)	건국포장	1993	3·1운동	창원	1919년 4월 3일 삼진의거 주동함. 시위현 장에서 흉탄에 맞아 순국함.
김홍권 (金弘權)	애족장	1990	임정·중 국방면	경남	1909년에 안희제 등과 함께 대동청년당이 라는 비밀결사 조직 단체를 만들어 국내 외에서 지하 공작 활동을 전개. 1919년 4 월 13일에는 상해 임시정부 재무위원으로 피임됨.
김홍규 (金弘圭)	애족장	2006	국내항일	밀양	대종교에 가입하여 활동하고, 신민부와 연 락하며 군자금을 모집, 제공함. 만주에서 활약하던 김좌진의 신민부(新民府)에 군자 금을 제공하기 위해 밀양군 단장면 사연리 의 부호 김태진(金泰鎭)에게서 2차례에 걸 쳐 3,000원을 모금함.
김희구 (金喜久)	건국포장	1993	국내항일	통영	마산중학교 재학중인 1942년에 일제의 식 민교육 정책을 비판하고 항일투쟁을 전개 하기로 결의함. 항일투쟁을 조직화하기 위 해 1943년 겨울에 항일결사 학생건국위원 회를 조직.1945년 3월 7일 옥중에서 순국.
김희봉 (金熙琫)	대통령 표창	1999	3·1운동	창녕	3·1운동 때, 파리장서사건에 가담하여 항 일투쟁을 전개.
김희조 (金凞祚) (金喜祚) (金喜兆)	애족장	1990	3·1운동	남해	1919년 4월 4일 남해읍 장날 독립만세운 동에 참여.
나기덕 (羅基德)	대통령 표창	2010	의병	통영	통영 출신으로 최익현의병에 참여하여 활 동.
나수범 (羅守凡)	건국포장	1993	3·1운동	함안	1919. 3. 20일의 군북면 군북 장날 독립만 세운동을 주동함. 선두에 서서 격렬한 만 세시위를 전개하다 적의 흉탄을 맞고 현 장에서 순국함.
남경명 (南景明) (南溶熙)	대통령 표창	1992	3·1운동	창녕	1919년 3월 13일 창녕군 영산읍에 있는 남산 에서 비밀리에 결사단을 조직하여 독립만 세 시위운동을 벌이기로 계획함. 700여 명 의 시위군중을 규합하여 독립만세를 고창 하며 영산읍내를 시위행진하다가 체포됨.

남기동 (南基東 (胡維伯))	건국포장	1993	임정·중 국방면	통영	일본 동경에서 유학 중 1933·1934년경 일본의 조선홍색공회(朝鮮紅色工會)에 가입하여 활동하다가 중국으로 망명. 이후 조선민족혁명당에 입당함. 1942년 조선의용군(朝鮮義勇軍)과 중국 팔로군 신편(新編) 제1여단(第一旅團)에 배속되어 대일공작을 전개하던 중 동년 5월 전사 순국함.
남기명 (南基明)	애족장	1990	국내항일	통영	1940년 11월 23일 부산공설운동장에서 제2회 경남학도전력증강국방경기대회가 개최되었는데, 여기에 참가했던 부산 제2상업학교 및 동래중학교의 한국인 학생 1천여 명은 일본인 심판진의 편파적인 판정에 불복해『조선독립만세』등의 구호를 외치면서 시가행진을 벌이는 한편, 경남지구위수사령관으로서 대회 심판장을 맡았던 일군 대좌(大佐) 노다이(乃台兼治)의 관사(官舍)를 습격 파괴하고 구타했는데이 사건으로 동래중학교 학생으로 참가하여 퇴학됨.
남병우 (南炳祐)	애족장	2000	국내항일	의령	일제의 토지조사사업에 항거하여 투쟁하다가 투옥됨.
남병희 (南秉熙)	대통령표창	2000	3·1운동	함안	1919년 3월 19일 함안읍 장날 독립만세운동에 참가.
남상덕 (南相惠)	대통령장	1962	의병	의령	1907년 정미7조약이 체결되고 이어서 군대해산을 명하자 참령(參領) 박승환(朴昇煥)이 순국함. 이에 남상덕은 결전하다 적탄에 맞아 순국함.
남상순 (南相舜)	애족장	2000	국내항일	의령	일제의 토지조사사업에 항거하여 투쟁하다가 투옥됨.
남종우 (南宗祐)	건국포장	1993	국내항일	의령	일제의 토지조사사업에 항거함.
노공일 (盧公一 (盧昇容))	건국포장	1993	의병	창녕	1905년 을사조약이 늑결되자 노응규와 함께 면암 최익현의 막하에서 의병운동을 전개함. 1906년 노응규의병부대에서 활동. 노응규의 명에 따라 제조한 화약을 이 유(李有)에게 전달하러 가던 도중에 체포됨.
노기용 (盧企容)	독립장	1963	국내항일	합천	1920년 정두희(鄭斗禧) 등이 주도·조직한 비밀결사에 가입·활동. 1921년 8~9월 권총을 소지하고 경주 최세림과 합천 조성걸의 집에서 군자금 수합활동을 함.
노도용 (盧燾容)	건국포장	1993	3·1운동	창녕	1919년 3월 파리장서에 서명 날인함.
노백용 (盧百容)	건국포장	2008	국내항일	김해	1922년 1월 김해청년회 의사부장이 됨. 1923년 사상단체 김해제4회(金海第四會) 결성에 참여했으며, 1920년대 중반 이후 북풍회(北風會)·북성회(北星會)에서도 활동함. 1926년 12월 조선공산당 제2차 대회에 경남대표로 참석. 1927년경 사상단체 정우회(正友會)에 가담. 1928년 2월 27일 제3차 조선공산당 경남 도간부로 활동하다가, 김해에서 체포되어 서대문형무소에 투옥.

노상직 (盧相稷)	건국포장	1993	3·1운동	밀양	1919년 3월 파리장서 유림대표의 한 사람으로 서명하는 등 항일운동을 전개함.
노석호 (盧奭鎬 (曺大永))	건국포장	1993	만주·노령방면	김해	1942년 국내 비밀결사 조직, 독립운동자금 모집 등을 위해 활동함.
노수정 (盧秀貞)	애족장	1990	3·1운동	함안	1919. 3. 20일의 군북면 군북(郡北面郡北) 장날 독립만세운동을 주동함.
노응규 (盧應奎)	독립장	1977	의병	함양	1905년 11월 을사조약이 강제로 늑결되자, 관직을 버림. 의병활동.
노응호 (盧應昊)	건국포장	1998	학생운동	합천	1929년 광주학생운동 때 경성제일고등보통학교 5학년 재학 중, 서울지역에서 전개된 학생전위동맹(學生前衛同盟)의 학생시위를 주도함.
노재석 (魯在石)	건국포장	1993	3·1운동	밀양	1919년 3월 13일 밀양 장날에 전개된 독립만세운동에 참가함.
노차갑 (盧且甲 (盧且用) (盧在原))	애족장	1995	국내항일	창녕	1928년 신간회 대구지회와 대구청년동맹의 회원으로 활약하던 중 보다 혁명적 독립운동을 전개하기 위해 비밀결사 ㄱ당을 조직함.
명도석 (明道奭)	건국포장	1993	국내항일	마산	1919년 3월 21일 마산 장날 독립만세 고창하며 행진 시위함. 1921년 7월 20일 마산 노동야학의 교사가 되어 청소년들에게 한글을 가르쳐 주며 항일교육에 힘씀. 1927년 7월 20일 신간회 마산지회창립대회에서 간사로 선출되고 1929년 1월 28일 신간회 마산지회 정기총회에서 지회장으로 선임되었으며 1930년 3월 31일 제3회 정기총회에서 집행위원이 되어 신간회 해소시까지 활동함.
모치전 (牟治田)	대통령표창	1996	3·1운동	통영	1919년 3월 초 통영군 통영읍내 독립만세운동 주도함.
문갑이 (文甲伊)	건국포장	1993	국내항일	사천	사천에서 노동운동을 통해 항일투쟁을 전개함. 1929년 9월경 사천군 삼천포읍에서 비밀 사회주의단체인 용산독서회를 조직하여 활동. 1934년 12월 장배윤(張佰允)이 운영하던 이물리(耳勿里) 농민야학을 인수하여 1935년 5월까지 농촌 청소년들을 대상으로 노동독본·조선어독본·산술 등을 가르치면서 사회주의사상과 반일의식의 함양을 위한 활동을 벌임.
문공학 (文孔學)	대통령표창	1992	3·1운동	하동	1919년 3월 21일 하동군 횡천면 여의리 독립만세 시위운동을 주도함.
문기식 (文琪植)	대통령표창	2008	3·1운동	고성	1919년 3월 30일 고성군 구마면과 회화면에서 전개된 독립만세운동에 참여.

문덕길 (文德吉)	건국포장	1993	학생운동	창녕	대구사범학교 재학중인 1941년 2월 15일에 비밀결사 문예부(文藝部)·연구회(研究會)의 항일정신을 계승하여 조직을 확대·개편한 항일결사 다혁당(茶革黨)을 조직함. 이들은 민족차별교육에 반대하여 동교내 연습과 학생(주로 일본인)과 심상과 학생(대부분 조선인)에 대한 차별대우를 철폐시키는 방안도 토의함.
문맹근 (文孟根)	건국포장	1993	국내항일	창원	1931년 합천군 적중면에서 이동리 사립야학교에서 이동독서회(泥洞讀書會) 동맹구락부(同盟俱樂部)라는 비밀결사를 조직하여 항일의식 고취함.
문상범 (文祥範)	대통령 표창	2008	3·1운동	고성	1919년 4월 1일 성군 고성읍 장터에서 20~30명의 군중과 함께 태극기를 흔들고, 독립만세를 외치며 시위를 전개.
문석주 (文錫柱 (文碩柱)	건국포장	1995	3·1운동	창원	1919년 4월 3일 창원군 웅천면 마천리에서 만세운동을 일으키기로 계획하고 준비하던 중 사전 발각되어 체포됨. 출옥 후 일본으로 유학하여 조도전대학(早稻田大學)을 졸업 후 일본지역의 노동운동에 종사. 1928년 귀국후 청년운동을 지도하면서 항일투쟁을 전개.
문수열 (文洙烈 (雄 明))	애족장	1991	광복군	사천	광복군 제3지대에 입대하여 작전참모반에 소속되었으며, 기관지 "빛'의 편집을 받아 홍보활동.
문용 (文鏞)	건국포장	1996	3·1운동	합천	1919년 3월 파리장서에 유림의 한 사람으로 서명하는 등 항일운동을 전개.
문위동 (文渭東)	애족장	1990	국내항일	김해	진주농업학교 재학중인 1920년 8월에 일제의 천장절(天長節)인 8월 30일에 독립만세운동을 전개하기로 결의함.
문태수 (文泰洙)	대통령장	1963	의병	안의	1905년 상경하여 최익현을 예방하고, 격문을 내어 의병모집방책을 상의하고, 지리산으로 들어가 거의함. 1911년 덕유산 아래 매부의 집에서 체포됨. 1913년 옥중에서 자결하여 순국함.
문홍의 (文洪義)	건국포장	1993	학생운동	합천	1939년 대구사범학교 3학년으로서 항일민족의식을 담은 '반딧불'이라는 책자를 1940년 1월 간행하여 배부함. 1941년 항일학생결사인 다혁당(茶革黨) 조직하여 연구부책임을 맡음.
민용호 (閔龍鎬)	독립장	1977	의병	산청	의병으로서 강릉을 중심으로한 관동9군 도창의소 의병진의 핵심적 역할 담당.
민치방 (閔致方)	대통령 표창	1998	3·1운동	산청	1919년 3월 22일 산청군 산청읍 장날 독립만세운동에 참가함. 시위군중을 맨 앞에서 주도하다 일경의 총검에 의해 겨드랑이를 찔려 평생동안 팔을 못쓰는 불구자가 됨.
박경용 (朴敬用)	애족장	1996	3·1운동	함안	1919년 3월 19일 함안읍 장날 독립만세운동에 참가.
박광연 (朴光淵)	대통령 표창	2008	3·1운동	마산	1919년 3월 30일 마산감옥 앞에서 시민들이 구금자의 석방을 요구하며 독립만세시위를 전개하자, 마산감옥의 간수로서 이에 동참하여 활동.

박권하 (朴權夏)	대통령 표창	1992	3 · 1운동	밀양	1919년 4월 4일 밀양군 단장면에 있는 표충사(表忠寺) 승려들이 주도한 독립만세 시위운동에 참가.
박규호 (朴圭浩)	건국포장	1995	3 · 1운동	산청	1919년 3월 파리장서에 유림대표로 서명함.
박남권 (朴湳權)	애족장	1997	3 · 1운동	합천	1919년 3월 28일 합천군 야로읍내 시장 독립만세운동을 주도함.
박남성 (朴南誠)	대통령 표창	2006	국내항일	창원	창원군 웅동면에서 1932년 3월 사회과학 강좌를 개최하고 농민조합 조직함. 1933 년 3월경부터 독립운동을 효율적으로 추 진하기 위해 동지 54명과 함께 비밀결사 웅동적색농민조합을 조직하여 활동하다가 1935년 12월 22일 체포됨.
박내홍 (朴來洪 (朴重來))	애족장	1995	국내항일	하동	3 · 1운동 직후 독립운동에 투신하기로 결심하고 군자금 모집활동을 전개함.
박노근 (朴魯瑾)	대통령 표창	2010	학생운동	산청	1943년경 진주군 소재 진주공립중학교 재 학 중 광명회(光明會)를 조직함. 광명회 는 독서써클로 우리 역사를 공부, 토론하 고 일제에 저항할 수 있는 투쟁을 전개하 기로 결의한 단체였음. 광명회 동지들과 함께 학생들에게 우리말 사용을 생활화할 것과 독립군의 활약상을 전파하는 등 민 족의식의 고취함.
박노일 (朴魯一)	애족장	1990	3 · 1운동	함안	1919년 3월 19일 함안읍 장날 독립만세운 동을 주동함.
박달준 (朴達俊)	애족장	1990	국내항일	거창	1919년 3월 31일, 4월 16일 합천 해인사의 승려로서 대대적인 독립만세 시위운동을 전개한 후 간도(間島)로 망명함. 1919년 11 월부터 1920년 8월까지 서간도 유하현에 서 신흥무관학교 수료하고 제1군정서지구 (軍政署地區) 경비대에서 활동. 1920년 9 월경 해인사에서 동지들과 모임을 갖고 각지의 사찰에서 독립운동 자금을 모집.
박대근 (朴大根)	대통령 표창	1995	국내항일	창원	1942년 7월경 창원군 창원면 동정리 소재 창원신사(昌原神社) 뒤에서 조국독립을 목적으로 청년독립회(靑年獨立會)를 조직 하여 신사참배거부운동 전개.
박도문 (朴道文)	대통령 표창	1992	3 · 1운동	창녕	1919년 3월 13일 창녕군 영산읍에서 22명 의 동지들과 함께 독립만세 시위운동 계 획하고 결사단 조직하여 독립만세시위하다.
박도백 (朴道伯)	애족장	1996	3 · 1운동	김해	1919년 3월 29일 동래 구포시장 독립만세 운동 주도
박도병 (朴道秉)	애족장	1990	국내항일	진주	수원고등농림학교 재학중 1939년 4월 항일 학생결사「한글연구회」조직함. 한글을 연구 하는 한편 민족독립의 방략으로 농민계몽 에 힘을 쏟아 야학 개설. 수원고농의 한글 연구회사건으로 체포됨.

박동의 (朴東義)	애국장	2011	의병	산청	1908년 80여 명의 의병을 모아 활동하였던 의병장. 1908년 6월 입석수비대(立石守備隊)를 습격하는 등 동년 10월까지 산청 등 지리산 일대에서 의병활동전개.
박만수 (朴萬守)	건국포장	1993	3 · 1운동	밀양	1919년 3월 13일 밀양 장날 독립만세운동 계획과 주도.
박명찬 (朴明贊)	애족장	1990	광복군	창녕	광복군 제3지대 지하공작원으로 입대하여 서주(徐州)지역에서 활동.
박문영 (朴文瑛)	대통령 표창	1992	3 · 1운동	양산	1919년 3월 8일 대구 독립만세 시위운동에 참가
박문화 (朴汶和)	대통령 표창	1998	3 · 1운동	하동	1919년 4월 7일 하동군 하동읍 하동공립보통학교에서 전개된 독립만세운동 주도.
박민기 (朴岷箕 (鮮箕))	건국포장	1993	의병	안의	의병으로 오일선(吳馹善)의병대에서 활약함. 1906년 이후에는 문태서의병대와 제휴해 전투를 치르고, 1907년 거창전투, 1908년 구천동 전투, 1908년 9월 삿갓골 전투 등을 치르면서 일본군과의 교전을 계속함. 1912년 4월 26일 안의군 북상면 양지리에서 밀정 최고미를 처단(處斷)함.
박민성 (朴敏成)	대통령 표창	2008	3 · 1운동	양산	1919년 3월 18일 충남 아산군 신창면 읍내 시장에서 조명원(趙溟元) 등에게 조선독립만세운동을 전개하자고 권유하였다 체포됨.
박병수 (朴秉壽)	건국포장	1993	국내항일	마산	1921년 대한독립군이 만주 청산리에서 일본군을 궤멸시켰다는 사실을 등사한 전단을 창원군 구산면사무소에 배포하다 체포됨.
박봉삼 (朴奉杉)	애족장	1990	국내항일	통영	1919년 3월 15일 통영시장 독립만세시위운동을 펴다가 일경에 체포됨.피
박상건 (朴相健)	애족장	1990	3 · 1운동	통영	1919년 3월 18일과 4월 2일 통영 일대에서 독립만세운동을 주동함. 1921년 군자금 2백원을 상해임시정부에 전달함. 1927년에는 신간회 통영지회의 간사로 선임됨.
박상규 (朴商圭 (朴相圭))	대통령 표창	1995	국내항일	창원	1942년 7월경 창원군 창원면 동정리 소재 창원신사(昌原神社) 뒤에서 창원보통학교 출신 10여 명과 함께 조국독립을 목적으로 청년독립회를 조직하여 신사참배거부운동 전개함.
박상엽 (朴尚燁)	건국포장	1993	3 · 1운동	함안	1919년 3월 20일 군북면 군북장날 독립만세운동을 주동함. 격렬한 만세시위를 전개하다 적의 흉탄을 맞고 현장에서 순국함.
박상윤 (朴尚允)	건국포장	1993	3 · 1운동	밀양	1919년 3월 파리장서(巴里長書)에 서명 날인함.
박선칠 (朴仙七 (朴善七) (朴茂浩))	건국포장	1993	3 · 1운동	합천	1919년 3월 23일 삼가면에서 만세운동하다 일군경의 총탄에 맞아 현장에서 순국함.

박성일 (朴星日)	애족장	1990	3·1운동	통영	1919년 3월 28일 통영면 장터 독립만세운 동을 주동함.
박소종 (朴小宗)	건국포장	1993	3·1운동	밀양	1919년 3월 13일 밀양 장날 독립만세운동 을 계획하고 주도함.
박수기 (朴洙箕 (順一))	건국포장	1993	의병	안의	오일선(吳馹善) 의병대에 참여하여 의병 으로 활약함.
박수명 (朴洙命)	애족장	2006	국내항일	진주	진주군에서 일본 제국주의에 반대하여 조 선공산주의자 협의회 진주그룹을 조직하 고, 조선공산당 재건운동을 하다가 두 차 례 옥고를 치름.
박순익 (朴順益 (朴景治))	대통령 표창	1992	3·1운동	함안	1919년 3월 24일 함안군 칠원읍 장날 독립 만세운동에 참여하여 칠원주재소를 습격 함.
박영근 (朴英根)	건국포장	1993	국내항일	통영	1926·1927년 경남도평의원으로 있던 김 기정(金淇正)이 '한국인은 교육이 불필요 하며 한국어 통역을 철폐해야 한다.'등의 매국적 언사를 하므로, 친일파 김기정에 대한 시민징토(市民懲討)대회를 주최함.
박영모 (朴永模)	대통령 표창	2006	국내항일	합천	조선국권회복단과 조선청년연합회에서 독 립운동참여함.
박영묵 (朴永默)	애족장	1990	3·1운동	하동	1919년 4월 6일의 하동 고전면 주교리 장 날 독립만세운동 주동함.
박영수 (朴永守)	건국포장	1993	국내항일	진해	진해에서 비밀결사 조직하고 야학활동을 주도함. 1930년 9월부터 진해읍 이동리 사 립야학교에서 비밀결사 이동독서회동맹구 락부(泥洞讀書會同盟俱樂部) 조직
박영준 (朴永俊 (朴英俊) (朴南俊))	건국포장	1993	만주·노 령방면	거제	1917년 중국 봉천성(奉天省) 심양(瀋陽) 흥 경시(興京市) 소재의 독립군에 가입하여 양식과 군자금 조달 활동 참여.
박용규 (朴容圭)	대통령 표창	1996	국내항일	창원	1932년 진주고등보통학교 재학 중 비밀결 사 교내위원회를 조직하여 동맹 휴학을 주도하고 반일격문을 진주읍내 각처에 살 포함.
박용근 (朴龍根)	애족장	1990	3·1운동	진주	1919년 3월 18일의 진주 장날 독립만세운 동 주동함.
박원효 (朴源孝)	건국포장	1993	국내항일	진주	1931년 진주에서 비밀결사 조직하고, 대중 운동을 주도함. 1931년 12월 하순경에 반 제동맹(反帝同盟) 및 적색후원회(赤色後 援會) 조직부를 담당함.
박응양 (朴應陽)	애족장	1997	3·1운동	산청	1919년 3월 22일 산청군 산청읍 장날 독립 만세운동에 참가함. 선두에 서서 만세시위 를 주도하다. 일경의 군도(軍刀)에 오른쪽 귀와 팔이 절단됨.
박이열 (朴利烈)	건국포장	2006	의병	고성	1908년 음력 3월 13일 노내화의병대에 참 가하여 의병 30명과 함께 활동함. 1908년 전북 장수(長水) 등지에서 20여 명의 의병 과 함께 친일파를 처단하는 등의 활동 전 개함

박익희 (朴翼熙)	건국포장	1993	3 · 1운동	합천	1919년 3월 파리장서(巴里長書)에 서명 날인함.
박인환 (朴仁煥 (每之) (馬也之))	건국포장	1993	의병	하동	고광순(高光洵)과 김승지(金承旨) 의병대에 참여하여 하동 일대에서 활동함. 1909년 5월 진주군 일대를 중심으로 군자금을 모집하다 1909년 7월 22일 일경에게 피살, 순국함.
박임갑 (朴壬甲)	대통령 표창	1992	3 · 1운동	양산	1919년 3월 13일 동래고등보통학교에 재학 중 동래군 동래읍 장날 독립만세 시위운동에 참가함
박재룡 (朴在龍)	애족장	1993	3 · 1운동	진주	1919년 경남 유림대회를 조직하여 상해 임시정부를 지원하기로 결정하고, 독립운동 자금모집을 계획하는 등 활동을 하다 일경에 체포됨.피
박재수 (朴在秀)	대통령 표창	1993	3 · 1운동	진주	1919년 4월 진주군 내동면 삼계리 독립만세 시위운동에 참여.
박재수 (朴在秀, 占碩, 承 煥)	애족장	2001	군자금 모집활동	창녕	1928년 5월 중국 봉천(奉天) 청원(淸源)에서 조선독립 목적으로 조직된 정의부(正義府)에 가입, 정의부의 지방기관인 해원(海原) 제5구창으로 선임.
박재홍 (朴在洪)	애족장	1990	국내항일	김해	1943년경 김해군의 시국좌담회 회의장에서 한국인에 대한 강제징용안이 거론되자, 이에 격분하여 한국인의 강제 징용에 앞서 일본인의 징용실행을 주장하다 체포됨.
박정선 (朴正善 (快善))	건국포장	1993	3 · 1운동	산청	1919년 3월 파리장서(巴里長書)에 서명 날인함.
박정수 (朴貞守)	대통령 표창	1963	광복군	김해	
박종권 (朴鍾權)	건국포장	1993	3 · 1운동	거창	1919년 3월 파리장서에 유림대표의 한 사람으로 서명함.
박종식 (朴琮植)	애국장	2008	국내항일	함안	1919년 3월 19일 함안읍내 독립만세시위에 참여함.1923년 독립운동자금 모집책으로 활동.
박종한 (朴鍾漢)	대통령 표창	1995	국내항일	통영	1927년 3월 통영에서 친일파의 매국적 발언을 응징하기 위하여 시민 대회를 주도하면서 민족의식을 고취함.
박주범 (朴注範)	건국포장	1993	3 · 1운동	함안	1919년 3월 20일 군북면 군북 장날 독립만세운동을 주동함.
박준기 (朴準基)	애족장	1990	국내항일	진주	1943년 진해의 일본군 제51해군항공창에서 근무하다 독립운동을 결심하고 친목회를 가장한 항일결사 일심회(一心會)를 조직함. 일심회는 독립운동의 방안으로 연합군이 진해에 상륙할 때 무장봉기하여 항공창을 점령한다는 계획을 세움.
박중한 (朴仲漢)	건국포장	2007	국내항일	통영	1927년 2월 경상남도 도평의원 김기정(金淇正)이 "조선인(鮮人)에게 교육을 실시하는 것은 국가를 멸망시키는 것이다"라는 등의 폭언을 일삼자, 이에 대한 진상조사와 시민대회의 개최를 추진함.

박중훈 (朴重勳)	대통령 표창	1992	3 · 1운동	창녕	1919년 3월 13일 창녕군 영산읍에서 결사 단(決死團)을 조직하여 '독립운동에서 후 퇴하는 자는 생명을 빼앗긴다'는 맹세서에 서명하고 독립만세 시위운동 결의
박증몽 (朴曾夢)	건국포장	1993	국내항일	고성	1931년 진주농업학교 내에 독서회(讀書會) 를 조직해 사회과학서적을 윤독하며 동지 규합 등의 활동을 하다 체포됨.
박지목 (朴枝穆)	애족장	1993	3 · 1운동	의령	1919년 3월 14일 의령군 의령읍 장날 만세 시위운동을 주동함.
박지원 (朴志源)	건국포장	1993	국내항일	밀양	1919년 3 · 1독립운동을 겪으면서 독립운 동에 헌신할 것을 결심하고 후 임시정부와 연계하여 전국 각지에서 군자금 모집활동 에 나섬.
박진환 (朴進煥)	건국포장	1993	3 · 1운동	진주	진주에서 독립만세운동을 전개하고 신간 회(新幹會) 본부 청년부 간사로서 활약함.
박춘성 (朴春星)	애족장	1990	국내항일	진주	독립자금으로 쓰기 위해 그가 일하고 있 던 진주금융조합에서 1924년 몰래 돈을 인출하여 만주로 탈출하려다 체포됨.
박치화 (朴致和)	애족장	2007	3 · 1운동	하동	1919년 3월 18일 하동군 하동읍 독립만세 운동을 주도함.
박태규 (朴泰圭)	건국포장	2000	국내항일	통영	1928년 경상남도 평의원인 김기정(金淇 正)이 도평의회 석상에서 매국적 발언을 하자 이를 징토(懲討)하는 시민대회를 개 최함.
박태근 (朴泰根)	건국포장	2000	국내항일	통영	1928년 경상남도 평의원인 김기정(金淇 正)이 도평의회 석상에서 매국적 발언을 하자 이를 징토(懲討)하는 시민대회를 개 최함.
박태홍 (朴台弘 (台洪) (泰洪))	건국포장	1993	국내항일	진주	1920년대 진주지역 농민 · 노동운동 등 사 회운동의 지도자로서 항일투쟁을 전개함. 1921년 진주청년회 가입, 1922년 조선노동공 제회 진주지회 대표로 활약. 1923년 진주자 작회(晋州自作會) 선전부장, 조선노동연맹 회 중앙집행위원으로 활동함. 1930년 신간 회 진주지회 대표와 신간회 본부의 중앙집 행위원 등으로 활동
박해근 (朴海根)	건국포장	1993	광복군	남해	광복군 제3지대장인 김학규(金學奎)에 의 해 광복군에 입대함. 반일전선, 유격대 첩 보준비활동과 회양성(淮陽城) 탈환공작대 에 대한 정보를 제공함.
박호종 (朴鎬鍾)	대통령 표창	1996	3 · 1운동	진양	1930년경, 고향에서 야학회를 설립하고 농민계몽운동을 전개함. 1932년 조선공산 주의자 진주지방협의회 농민위원회에 가 입하여 금산면 책임자로 활동.
박홍목 (朴弘穆)	건국포장	1993	국내항일	진해	1931년 합천군 적중면 이동리(泥洞里)사립 야학교에서 이동독서회(泥洞讀書會) 동맹 구락부(同盟俱樂部)라는 비밀결사 조직하 여 식민지체제 비판, 민족의식을 고취 함.

박홍지 (朴弘之)	건국포장	1993	의병	하동	고광순(高光洵)의병대. 임봉구의병대에 참여. 1908년 4월 하동군 적양동면 동점촌에서 군사들과 군수품을 모집하던 중 일본군 및 순사의 합동수색대와 접전하다 전사 순국함.
박화기 (朴華箕)	건국포장	1993	의병	안의	오일선(吳馹善) 의병대에 참여. 1909년 10월 밀정 최고미의 밀고로 동생 박수기(朴洙箕)와 함께 무주수비대(茂朱守備隊)에 의해 체포되어 순국함.
박화열 (朴和烈)	대통령 표창	2010	3.1운동	창원	창원군 창원읍 장터 만세운동에 참여.
반영기 (潘英璂)	건국포장	2008	국내항일	통영	1927년 통영에서 신간회 통영지회 간사로 활동. 동년 3월 고려공산청년회 거제도야체이카 회원이 됨. 진주에 고려공산청년회 프락치를 설치하고 점차 회원을 늘려 진주야체이카를 조직하고자 노력함. 1931년 5월경 조선공산당 재건설을 위한 국내공작위원회 활동으로 체포됨.
방한상 (方漢相)	건국포장	1993	국내항일	함양	1925년 9월 대구에서 무정부주의 비밀결사 진우연맹(眞友聯盟)을 조직.
배덕수 (裵德秀 (大秀))	건국포장	1993	국내항일	김해	1919년 4월 2일 김해읍 김해장터 만세시위운동을 주도함. 1920년에는 김해청년회 결성에 참가. 1925년 4월 조선공산당에 입당하여 당중앙 개편운동을 벌이다가 출당조치 당함. 1926년 4월 정우회 결성된 후 집행위원으로 선출되어 활동.
배동석 (裵東奭)	애족장	1990	3·1운동	김해	1919년 3월 1일에는 서울 종로(鐘路)만세시위에 참가함. 3월 5일서 남대문역 만세시위하다 체포됨.
배봉지 (裵奉誌)	대통령 표창	1999	국내항일	통영	1927년 3월 통역지역의 도평의원로 친일행각을 벌인 김기정(金淇正)을 응징하는 등 항일운동을 전개
배상권 (裵祥權)	건국포장	1993	일본방면	창원	1938년 10월 초순경 일본 신호(神戸)에서 독립운동을 실제 목적으로 하는 유학생회(留學生會)를 조직함.
배상기 (裵祥祺)	애족장	1990	3·1운동	합천	1919년 3월 20일 합천읍 독립만세운동에 참여.
배상호 (裵相鎬 (順大))	건국포장	1993	국내항일	고성	1936년 고성군 마암공립심상소학교를 졸업하고 잡화상을 경영하다. 당시 일제가 실시하던 육군특별지원병제도가 소학교 이상의 학력을 소지한 자만이 지원해당자임을 파악하고 지원병을 면하는 방법을 전파함.
배영환 (裵永煥)	건국포장	1993	3·1운동	거창	1919년 3월 22일 거창읍 장날 독립만세운동을 주도함.
배익조 (裵益祚)	대통령 표창	1992	3·1운동	창원	1919년 4월 11일 통영군 통영읍에서 독립만세 시위운동을 일으키기로 계획하고 '동포에게 고하노라'는 제목의 격문 2매를 필사하던 과정에서 체포됨.

배장실 (裵長實)	건국포장	1993	국내항일	창원	1942년 7월경 창원군 창원면 동정리 소재 신사 뒤 숲속에서 한국 독립을 목적으로 하는 비밀결사 청년독립회를 조직하고, 신사참배 거부운동을 전개함.
배종인 (裵鍾仁)	건국포장	1993	3·1운동	창원	1919년 4월 3일 창원군 웅천면 마천리 면사무소 앞 만세운동에 참가함.
배종철 (裵鍾哲)	건국포장	1993	국내항일	김해	1922년 4월 조선청년연합회 집행위원으로 활약. 1929년 8월 신간회 김해지회 집행위원장으로 선출. 1932년 김해농민조합 집행위원장으로 박간(迫間)농장 소작쟁의 문제에 관여하여 활동함.
배중세 (裵重世)	건국포장	1993	의열투쟁	창원	1919년 11월 9일 만주에서 의열단(義烈團)이 조직될 때 창단시부터 참여하여 단장인 동지 김원봉(金元鳳) 등과 함께 무력에 의한 항일독립운동투쟁을 결의함.
배천갑 (裵天甲)	대통령 표창	2008	국내항일	창원	태평양전쟁 시에 사실 및 시국에 관해 소위 유언비어를 유포한 혐의로 경찰에 체포됨.
백낙삼 (白樂三 (白性壽))	애족장	1990	3·1운동	함안	1919년 3월 19일의 함안읍 장날 독립만세운동을 주동함.
백승인 (白承仁 (白承鶴))	애족장	1990	3·1운동	창원	1919년 3월 28일 진동면 고현리 장날 독립만세운동을 주동함.
백운룡 (白雲龍)	애족장	1990	광복군	하동	1943년 산동성 청도(靑島)지구에서 광복군 초모공작활동을 전개함.
백초월 (白初月 (白義洙))	건국포장	1993	국내항일	고성	1914년 4월 승려의 신분으로 한국민단본부(韓國民團本部)라는 비밀단체를 경성중앙학교(京城中央學校) 내에 조직하고 단장이 되어 대한민국임시정부 및 독립군을 지원하기 위한 군자금을 모집함. 1920년 4월 6일 의용승군(義勇僧軍)을 조직하고 군자금을 모집하는 활동을 벌임.
백태식 ((金泰成)	건국포장	2006	국내항일	창원	1931년 12월경 창원군 웅동면에서 지역청년들을 대상으로 사상을 선전하는 사회과학 강좌와 강연 개최. 1933년 3월경부터 독립운동을 효율적으로 추진하기 위해 동지 54명과 함께 비밀결사 웅동적색농민조합을 조직하여 활동
변갑섭 (卞甲燮)	건국포장	1993	3·1운동	창원	1919년 4월 3일 삼진의거 참여하다 흉탄에 맞아 순국함.
변상복 (卞相福)	건국포장	1993	3·1운동	창원	1919년 4월 3일 삼진의거에 참여하다 흉탄에 맞아 순국함.
변상섭 (卞相攝)	애족장	1990	3·1운동	창원	1919년 4월 3일 삼진 독립만세운동을 주동함.
변상술 (卞相述)	애족장	1990	3·1운동	창원	1919년 4월 3일 진전면·진북면·진동면의 연합 독립만세운동을 주동함.

변상태 (卞相泰 (卞敬宰))	애족장	1990	의열투쟁	창원	1916년 대한독립청년단 가입, 1919년 3월 1일 서울 만세시위 참여함. 1919년 는 4월 3일 창원 진전면 양촌리 천변(川邊) 독립만세운동에 참여함.
변상헌 (卞相憲)	애족장	1990	3 · 1운동	창원	1919년 4월 3일 진전면 · 진북면 · 진동면의 연합 독립만세운동을 주동함.
변양석 (卞穰錫)	건국포장	1995	3 · 1운동	거창	1919년 3월 파리장서에 서명함.
변우범 (卞又範)	애족장	1990	3 · 1운동	창원	1919년 4월 3일 진전면 · 진북면 · 진동면의 연합 독립만세운동을 주동함.
변종열 (卞鍾悅)	애족장	1990	3 · 1운동	창원	1919년 4월 3일 진전면 · 진북면 · 진동면의 연합 독립만세운동 참여.
변찬규 (卞燦圭 (粲圭))	건국포장	1993	국내항일	합천	1932년 3월 합천군 낙동농민조합(洛東農民組合) 초계지부를 설치하고 위원장으로 선임됨. 5월 조합원들과 함께 국사봉에 올라 메이데이 기념식을 거행하는 등의 활동을 하다 체포됨.
빈태문 (賓泰紋)	애족장	2008	국내항일	진주	1929년 신간회 진주지회에서 상무집행위원으로 활동. 1930년 9월 조선공산당재건설준비위원회에 가담하여 진주야체이카의 회원이 됨. 1931년 5월경 '조공재건설준비위 사건'으로 검거됨.
사치홍 (史致弘 (史致洪))	대통령 표창	1993	3 · 1운동	창원	1919년 3월 23일 창원군 창원읍 만세시위를 주도함.
서두성 (徐斗成)	건국포장	1993	의병	양산	1908년 6월 13일 일본군 수비대에 의해 양산군 만세봉(萬歲峰) 부근에서 피살 순국함.
서병희 (徐炳熙)	독립장	1990	의병	양산	1907년 음력 11월 임진 · 한탄강 유역에서 활동하던 의병장 허위(許蔿)의 휘하에 들어감. 1907년 12월 28일 해산군인 51명을 거느리고 영남으로 내려와 윤정의(尹政儀)와 제휴, 의병항전을 벌임. 1909년 10월 11일 창원군 내서면에서 밀고를 받고 출동한 마산주재소 경찰에게 체포되어 순국함.
서상환()	애족장	1990	국내항일	통영	1915년 음력 1월 15일 경북 달성군 안일암에서 시회(詩會)를 가장하여 비밀결사 조선국권회복단중앙총부를 조직함. 1927년 3월 친일파 경남도평의원(道評議員)인 김기정(金淇正) 김기정 징토시민대회를 주도함.
서은구 (徐殷九)	애족장	1995	의병	거창	노응규(盧應奎) 의병대의 중군장으로 충북 황간 일대에서 활약함.
서응엽 (徐應燁)	대통령 표창	2008	3 · 1운동	고성	1919년 3월 30일 고성군 구만면과 회화면 독립만세운동에 참여함. 서
서장주 (徐璋珠)	애족장	1990	일본방면	양산	동경고등공업학교 재학중인 1942년 1월에 일제식민지통치의 부당성에 항거하여 독립투쟁을 전개하기로 결심한 뒤, 동지 4명을 규합하고 횡빈(橫濱)을 중심으로 활동함.

서재기 (徐再起)	건국포장	1993	의병	함양	1896년 2월 19일 진주에서 노응규(盧應奎)와 더불어 거병하여 선봉장이 된 후 진주를 점령함. 1896년 2월 28일 오종근(吳鍾根)과 함께 500여 명의 의병을 인솔하고 의령(宜寧) 읍에 대진하고 있는 적군을 공격하여 대승을 거둠. 4월 안의(安義)로 진을 옮겨 활약하던 중 적의 간계에 속아 피살 순국함.
서점수 (徐點守)	대통령 표창	1992	3·1운동	창녕	1919년 3월 13일 창녕군 영산읍에서 결사단을 조직하고 독립만세 주도함.
서정규 (徐正奎)	대통령 표창	2000	3·1운동	창원	1919년 3월 28일 창원군 진전면 고현리 만세시위운동에 참여함.
서진령 (徐鎭水令))	건국포장	1993	3·1운동	김해	1919년 3월 13일 동래고등보통학교 3년생으로 동래읍 장날 독립만세 시위운동을 주도함.
서환수 (徐桓洙 煥洙 (丁洙))	건국포장	1993	국내항일	통영	국치 20주년이 되는 1930년 8월 29일, 경술국치(庚戌國恥)를 잊지 말자는 격문을 대구시내에 부착하다가 체포됨.
석상룡 (石祥龍 石相龍))	애족장	1990	의병	함양	1907년 함양 일대에서 50여명의 동지를 규합하여 의병장이 됨.
설관수 (薛灌洙 薛灌銖))	대통령 표창	1992	3·1운동	창원	1919년 3월 28일 창원군 창원읍 장터에서 장날을 이용하여 독립만세 시위운동을 주도
설만진 (薛萬鎭)	대통령 표창	2008	3·1운동	밀양	1919년 3월 13일 밀양군 밀양면 내일동에서 독립만세시위에 참여
설창수 (薛昌洙)	애족장	1990	일본방면	창원	1940년에 도일하여 일본 경도(京都)의 입명관(立命館) 대학 예과에 재학중 동교의 고학생들을 상대로 항일민족의식을 고양함.
설철수 (薛哲秀)	애족장	1998	애국계몽 운동	창원	1934년 창원군 소학교 학생들을 대상으로 항일독립사상을 고취함.
성경호 (成慶昊)	건국포장	1993	의병	진양	1896년 1월 노응규(盧應奎) 의병대에 합류하여 참모(參謀)로 선임됨. 진주로 들어가 관찰부를 공략하여 적을 처단함. 일군의 반격으로 진주성이 함락될 때 전사 순국함.
성낙준 (成樂準)	애족장	1990	국내항일	진주	1943년 진주 10여명의 동지들을 규합하여 항일 비밀결사를 주도·조직하고 중국에서 활동 중인 독립군과 합류하여 항일무장투쟁을 펼 것을 계획함. 중국으로 출발하기 직전인 1943년 7월 경찰에 체포됨.
성도일 (成道一)	대통령 표창	2006	3·1운동	밀양	1919년 4월 4일 밀양군 단장면 독립만세운동을 주도함.
성만영 (成萬永)	애족장	1993	3·1운동	합천	1919년 3월 21일 합천 삼가면 초계리 장터에서 독립만세를 선창하여 시위를 주도함.

성태영 (成泰永 (成兌永) (成台永))	애족장	1990	만주 · 노령방면	창녕	1914년에서 1927년에 걸쳐 만주에서 교민들의 계몽과 교육의 필요성을 일깨우고, 교민 자치사업에 진력하였으며 항일구국 자치단체인 경학사(耕學社)와 부민단(扶民團) · 한족회(韓族會) 등에서 활약함.
손경헌 (孫庚憲 (孫奇玉))	애족장	1990	국내항일	밀양	1919년 4월 만주 환인현에서 한국교민회장에 선출되었으며, 흥업단과 밀접한 유대관계를 갖으면서 독립운동을 전개하던 중, 국내로 파견하여 군자금 6만여원을 모금함. 당시 그의 부하 독립군은 약 3,4백명에 달하였다고 함.
손군호 (孫君浩 (東浩))	건국포장	1993	3 · 1운동	양산	1919년 3월 18일 동래군 동래면 만세시위에 참여
손기석 (孫基錫)	대통령표창	2011	3.1운동	밀양	1919년 3월 13일 윤세주 등이 주도한 밀양 만세시위에 참여함.
손기혁 (孫琪赫)	독립장	1992	의병	하동	1908년 6월 하동일대에서 의병을 일으킴.
손득룡 (孫得龍 (孫龍伊))	애족장	1990	3 · 1운동	합천	1919년 3월 20일 오후 7시경 합천군 대양면에서 결사대를 조직하고 대양면민을 규합하여 독립만세시위를 주도함.
손명조 (孫明祚)	건국포장	1993	3 · 1운동	김해	1919년 4월 12일 장유면 무계리 독립만세운동에 참여하다 일본 헌병이 발사한 흉탄에 맞아 현장에서 순국함.
손봉현 (孫鳳鉉)	애족장	2010	만주방면	밀양	해원교(解怨敎)라는 종교단체를 조직하고 1927년 11월 밀양군 단장면 사연리에서 김태진(金泰鎭)에게 2차례에 걸쳐 3000원을 모금하여 만주의 독립운동 단체인 신민부(新民府)에 제공함.
손연준 (孫燕俊 (孫良源))	애족장	1995	국내항일	함안	기독교 목회자로서 신사참배(神社參拜)를 반대하여 항일투쟁을 전개함.
손일민 (孫逸民 (孫一民))	건국포장	1993	임정 · 중국방면	밀양	1912년 만주로 망명함. 1919년 대한독립단 단장 조맹선과 협조하여 독립운동에 앞장섬. 1920년 1월 길림의 대한군정사(大韓軍政司)에서 무장독립투쟁 적극 지원함. 1934년에는 한국독립당 북경지부에서 활동하다 이듬해 여름에는 남경으로 옮겨가 민족혁명당 결성에 참여. 1937년에는 대한민국 임시정부 임시의정원의 상임위원으로 선출. 조국독립에 기여함.
손종일 (孫鍾一)	애족장	2006	3 · 1운동	함안	1919년 3월 24일 함안군 칠원읍 장날 독립만세운동, 4월 3일 만세 운동 주도함.
손태준 (孫太俊)	건국포장	2008	학생운동	진주	1931년 진주에서 진주농업학교 동맹휴교와 동교 내 항일 비밀결사 '동무회'에서 활동. 1932년 5월 일본으로 건너가 1933년 1월 조용구의 권유로 일본공산당에 입당. 동경서남지구위원회 제5군 실업자세포에 소속됨

270

손호(孫 澔(孫 許))	건국포장	1993	만주·노 령방면	밀양	1927년 4월 신민부(新民府) 중앙집행위원 장 김좌진(金左鎭)으로부터 일제고관과 친일분자의 주살, 주요시설의 폭파, 군자 금 모집 등의 밀명을 받고 대구지방에서 군자금 모집 활동을 하다가 1928년 5월 일 경에 체포됨.
손후익 (孫厚翼)	애족장	1990	국내항일	울주	1919. 3. 20 함안군 군북면 군북장날 독립 만세운동을 주동함. 선두에 서서 격렬한 만세시위를 전개하다 흉탄을 맞고 현장에 서 순국함.
송문호 (宋文鎬)	건국포장	1993	3·1운동	함안	1919. 3. 20 군북면 군북장날 독립만세운 동을 주동함. 선두에 서서 격렬한 만세시 위를 전개하다 적의 흉탄을 맞고 현장에 서 순국함.
송상진 (宋相振 (世禧)	건국포장	1993	3·1운동	김해	1919년 4월 2일 김해군 김해읍 시장 독립 만세운동을 주도함.
송세탁 (宋世卓)	대통령 표창	2007	3·1운동	김해	1919년 4월 2일 김해군 독립만세운동에 참 여하였다가 체포됨.
송재락 (宋在洛)	건국포장	2006	3·1운동	합천	1919년 3월 파리장서에 유림대표로 서명 함.
송재홍 (宋在洪)	애족장	2006	일본방면	하동	1927년 일본 동경(東京)으로 건너가 1928 년 3월 재일본조선청년동맹 동경지부 상 임위원, 정치문화부장에 선임. 1928년 5월 고려공산청년회 일본부 동경구 목흑(目黑) 야체이카에 소속, 그해 6월 조선공산당 일 본총국 서남야체이카 책임자가 됨.
송지환 (宋芝煥)	애족장	1992	3·1운동	사천	1919년 3월 사천군 서포면에 거주할 당시 해인사(海印寺)내 해인보통학교 및 지방 학림 학생들과 독립만세운동을 계획하고 참여함.1921년 사천군 서포면 소재 서포청 년회의 총회 개최시 독립운동을 표방하는 연설을 하다 체포됨.
송채원 (宋彩源)	대통령 표창	1996	국내항일	밀양	1925년 4월 경, 상해임시정부 군무총장 노 백린(盧伯麟) 명의로 된 지령을 받고, 임시 정부 운동원으로 밀양지역에서 군자금 모 집활동을 전개하다 일경에 체포됨.
송철수 (宋哲秀 (喆秀) (箕用))	건국포장	1993	3·1운동	합천	1919년 3월 파리장서(巴里長書)에 서명 날 인함.
송호곤 (宋鎬坤)	건국포장	1993	3·1운동	합천	1919년 3월 파리장서(巴里長書)에 서명 날 인함.
송호기 (宋鎬基)	건국포장	1993	3·1운동	합천	1919년 3월 파리장서(巴里長書)에 서명 날인함.
송호완 (宋鎬完)	건국포장	2006	3·1운동	합천	1919년 3월 파리장서(巴里長書)에 서명 날인함.
신갑선 (申甲善 (甲先))	건국포장	1993	3·1운동	창원	1919년 3월 23일 창원군 창원읍 장터 독립 만세운동에 참가함.

신국빈 (申國彬)	애족장	1990	광복군	마산	광복군 제2지대에 입대하여 활동하였으며, 한미합작훈련인 OSS특별훈련반을 수료하고 국내정진군에 편입되어 대기하다 광복 맞이함.
신기균 (申機均)	대통령 표창	2008	국내항일	밀양	1919년 3월 파리장서사건에 연루되어 체포됨. 1924년 음력 8월 말경 대한민국임시정부 군정서(軍政署) 국내 운동원이 되고, 30원의 군자금을 제공함.
신도출 (愼道出 (愼重鍊))	애족장	1992	국내항일	거창	1919년 8월 거창군 거창면에서 국권회복운동에 필요한 군자금과 의용병(義勇兵)을 모집하자 군자금 모집액 813원을 제공하고 신한별보(新韓別報)를 배부하다 체포됨.
신만중 (愼萬重 (姜基鉉))	애족장	1990	국내항일	하동	1931년 11월 2일 부산 목도에서 조선독립과 항일을 내용으로 한 전단을 제작·등사하여 부산 시내에 살포하다 체포됨.
신몽상 (申夢相)	대통령표 창	1993	3·1운동	산청	1919년 3월 산청군 산청면 3월 22일 장날을 이용하여 만세시위운동을 벌이기로 준비하다 사전 발각되어 체포됨.
신문구 (愼文九)	건국포장	1993	3·1운동	거창	1919년 3월 22일의 거창읍 장날 독립만세운동을 주동함. 일본 헌병의 야만적인 발포로 현장에서 순국함.
신병항 (愼秉恒 (秉桓) (秉垣))	애국장	1995	임정·중 국방면	거창	1927년경부터 거창 조선청년동맹 조직부장 및 신간회 간부로 선임되어 민족통일전선 및 민족운동을 위해 활동하다. 1932년 중국 상해로 망명함. 1932년 조선혁명군사정치간부학교 제1기생으로 입교함. 의열단 지도부의 방침에 따라 이육사(李陸史) 등과 함께 차기 군관학교 입교생 모집 등의 목적으로 1934년 12월경 귀국하려다가 경찰에 체포됨. 고문 후유증으로 1936년 10월경 젊은 나이에 순국함.
신석원 (申錫遠)	애족장	2010	임시정부	밀양	1924년 음력 3월 밀양군 하남면에서 대한민국 임시정부 지원을 위한 독립군자금 모집활동을 전개함.
신성모 (申性模)	애족장	1990	애국계몽 운동	의령	1909년 안희제 등과 함께 국권회복을 목적으로 한 신민회(新民會) 계열의 비밀 청년단체인 대동청년당(大東靑年黨)을 창립하여 독립운동을 전개함. 3·1운동 후 1921년 북경에서 신채호(申采浩) 등이 군사통일주비회(軍事統一籌備會)를 조직할 때 참가함.
신수명 (申守命)	대통령 표창	1993	일본방면	김해	1936년 일본으로 건너감. 1943년 9월 21일 독립운동의 구체적인 실천으로서 민족의식 고양과 동지확보에 주력하다가 소위 치안유지법 위반으로 경찰에 체포됨.
신숙범 (愼淑範)	애족장	1990	국내항일	거창	1940년 10월 조국의 독립과 사회주의 사회의 건설을 위해 비밀결사 조선인해방투쟁동맹(朝鮮人解放鬪爭同盟)을 조직함.

신암우 (辛岩宇 (辛岩于) (辛泳洛))	대통령 표창	1992	3·1운동	창녕	1919년 3월 13일 창녕군 영산읍 만세운동을 주도함.
신영경 (辛泳慶)	대통령 표창	2000	3·1운동	함안	1919년 3월 24일, 4월 3일 함안군 칠원면에서 전개된 독립만세시위운동에 참여함.
신영안 (申英安)	애족장	1995	3·1운동	사천	진주농업학교 재학중 1920년 8월 31일 일본왕의 생일인 소위 천장절을 기해 만세운동을 일으키려다 사전 발각되어 체포됨.
신용기 (辛容祺)	건국포장	2008	국내항일	통영	1922년 4월 소련 이르쿠츠크에서 조국 독립과 신사회 건설을 위하여 고려공산당에 입당하고, 이르쿠츠크 군정학교를 졸업함. 1925년 4월 조선공산당 입당. 1926년 1월 블라디보스토크로 가서 북풍회 공산주의 자그룹의 연락책임자로 일함. 8월 마산의 사각동맹(四角同盟) 회원 김상주(金尙珠) 등 4명에게 공산주의 사상을 전파하고, 동지의 일치단결을 강조함.
신원순 (申元淳)	애족장	1990	3·1운동	합천	1919년 3월 22일 합천군 묘산면 독립만세운동을 주도함.
신전희 (申全熙)	대통령 표창	2007	국내항일	통영	1927년 3월 친일파 '김기정 징토시민대회(懲討市民大會)'를 개최함.
신종섭 (辛鍾燮 (辛仲華) (金先弼))	건국포장	1993	미주방면	거창	1919년 4월 만주 유하현(柳河縣)에서 이탁 등이 조직한 한족회(韓族會)에 가입하여 그 사법기관인 상법과장(常法課長)에 임명되어 항일투쟁을 함.
신주성 (愼注星)	대통령 표창	1996	3·1운동	마산	1919년 3월 13일 동래읍 장날 독립만세운동에 참가함.
신형두 (申炯斗)	대통령 표창	1993	국내항일	충무	1919년 3월 28일 통영군 통영면 통영 장날 독립만세 참여. 1921년 4월 조선독립 운동에 동참할 것을 호소하는 격문 1천 매를 작성 등사하여 배포하는 일에 참여함.
심두섭 (沈斗燮)	애족장	1990	3·1운동	진주	1919년 3월 18일 진주 장날 독립만세운동을 주도함.
심맹권 (沈孟權 (沈載現))	애족장	1990	3·1운동	합천	1919년 3월 20일 합천읍 독립만세운동을 주동함.
심문태 (沈文泰)	건국포장	1993	3·1운동	거창	1919년 3월 8일 독립만세 참가.
심재인 (沈載仁)	건국포장	1993	학생운동	고성	1940년 4월 일본 장기현 간곤지 선월정(船越町)에서 비밀결사 재일학생단을 조직하고 일제의 식민지 교육정책과 농업정책 등에 반대하여 민족의식을 고취함. 1941년 귀국한 동지들을 통해 국내에 조직거점을 확보하는 등의 활동함.
심호섭 (沈護燮 (沈喆燮))	애족장	1990	3·1운동	진주	1919년 3월 22일 진주 수곡면 독립만세운동을 주도함. 1926년경에는 일본의 동경(東京)·명고옥(名古屋) 등지를 무대로 친일 한국인단체인 상애회(相愛會)와 근로조합(勤勞組合)을 상대로 투쟁함.

안덕원 (安德元 (案秉基))	대통령 표창	1992	3·1운동	양산	1919년 3월 27일 양산군 양산읍장날 만세 운동 참여
안승락 (安承樂)	애족장	2008	국내항일	창원	1932년 '적위대 사건'으로 경찰에 체포되 었다 석방 후 서울 동대문지역 적색노동 조합에서 활동. 1933년 10월경부터 이재유 의 지휘 아래 동대문·용산 지역을 중심 으로 적색노동조합을 조직하기 위한 활동 을 전개함.
안시중 (安時中)	애족장	1990	3·1운동	함안	1919년 3월 19일 함안읍 장날 독립만세운 동을 주동함.
안용봉 (安龍鳳)	건국포장	2006	국내항일	창원	1930년대 서울과 부산 등지에서 적색노 동조합과 청년회를 조직하는 등 신사상에 입각한 민족통일전선운동을 전개함.
안재원 (安在遠)	애족장	1990	3·1운동	함안	1919년 3월 19일 함안읍 장날 독립만세운 동을 주동함.
안재형 (安在瑩)	애족장	1990	3·1운동	함안	1919년 3월 19일 함안읍 장날 독립만세운 동을 주동함.
안재휘 (安在輝)	애족장	1990	3·1운동	함안	1919년 3월 19일 함안군 함안읍 장터에서 다수군중과 같이 독립만세시위를 주동함.
안정삼 (安正三)	애족장	1990	국내항일	고성	고향에서 민중들에게 태평양전쟁의 상황 을 설명하고 일제의 패망으로 조국의 독 립이 다가왔음을 알리며 항일투쟁을 벌이 다가 일경에 체포됨.
안종호 (安宗鎬 (安鍾鎬))	애족장	1990	3·1운동	함안	1919년 3월 19일 함안읍 장날 독립만세운 동을 주동함.
안지호 (安知鎬)	독립장	1963	3·1운동	고성	1919년 3월 19일 함안읍 장날 독립만세운 동을 주동함. 부산감옥 마산분원에서 옥고 를 치르던 중, 옥중에서 순국함.
안창대 (安昌大 (哲夫) (金能善))	건국포장	1993	국내항일	창원	1933·1934년 서울에서 협동조합(協同組 合)을 결성하고 노동자를 대상으로 항일의 식 및 계급의식을 고취하다 체포됨.
안창제 (安昌濟)	건국포장	1993	만주·노 령방면	의령	1910년 만주로 망명하여 대한독립단을 조 직하고 단장 박장호(朴長浩)와 협력하여 결사대를 파견하여 일경과 밀정을 다수 사살함.
안치구 (安致九)	건국포장	1993	학생운동	함안	1933년 2월 6일 서울에서 반전(反戰)을 촉 구하는 학생격문사건을 주도함.
안혁중 (安赫中 (安昇鶴))	건국포장	1993	3·1운동	함안	1919년 3월 19일 함안읍 장날 독립만세운 동을 주동함. 대구형무소에서 옥고를 치르 던 중, 옥중에서 순국함.
안효제 (安孝濟)	애족장	1990	국내항일	의령	1910년 일제에 의하여 강점되자 세상에 다 시 나오지 않을 것을 맹세하고 입산(入山) 하였으나, 일제가 은사금을 주어 회유하였 으나 이를 거절함. 1912년 만주로 망명하 여 항일운동을 하다가 병사함.

안효중 (安孝中)	대통령 표창	1992	3 · 1운동	함안	1919년 3월 17일 함안군 대산면 평림리에서 독립만세 시위운동을 주도함.
안효진 (安孝珍)	건국포장	1996	3 · 1운동	김해	1919년 3월 파리장서에 서명함.
안희제 (安熙濟)	독립장	1962	애국계몽 운동	의령	1914년에는 백산상회(白山商會) 설립, 3 · 1운동 직후 「백산무역주식회사」로 확장함. 백산상회는 단순한 상업기관이 아니라 독립운동의 연락기관이 되어 활동함.
양만우 (梁萬佑)	대통령 표창	2010	국내항일	양산	1920년 불교청년회에 가입하여, 친일 승려들을 교단에서 축출하는 활동함.
양명(梁 明)	애족장	2007	임정 · 중 국방면	통영	1924년 북경에서 결성된 혁명사(革命社)에 가입하고 잡지「혁명」발행에 참여하였으며, 1925년 8월 귀국하여 같은 달 조선공산당(朝鮮共産黨)에 입당하고 12월 조선공산당 상해부(上海部) 상해야체이카 위원이 됨. 1931년경 소련으로 망명함.
양명복 (梁命福)	애족장	1990	학생운동	거제	대구사범학교 재학중 1941년 3월 초에 교내항일학생결사인「연구회(研究會)」에 가입하고 음악부책임을 맡아 활동함. 1941년 7월, 대구사범 윤독회의 간행물인 〈반딧불〉이 일경의 손으로 들어가 대구사범의 항일결사의 전모가 드러남.
양명수 (梁明守)	건국포장	1993	3 · 1운동	창원	창원에서 청년운동 및 농촌계몽운동을 전개함. 1919년 3 · 1운동 창원군 상남면에서 만세시위운동을 주도함. 이후 야학운영과 농촌계몽운동 및 독립운동 전개함.
양재원 (梁在元)	대통령 표창	1992	3 · 1운동	통영	1919년 4월 11일 통영군 통영읍(統營邑) 독립만세 시위운동을 결의 추진함.
어강주 (漁康柱)	건국포장	1995	일본방면	창원	일본에서 1933년도 입영병에 대한 반군반전(反軍反戰)의 선전 · 선동 활동함.
어명준 (魚命俊)	애족장	1990	3 · 1운동	거창	1919년 3월 20일 거창군 가조면 장기리 장날 독립만세운동을 주동함.
어명철 (魚命喆)	애족장	1990	3 · 1운동	거창	1919년 3월 22일 거창읍 장날 의거를 주도함.
어상선 (魚上善)	건국포장	1993	국내항일	고성	1920년 음력 8월 중국 안동현(安東縣)에서 상해 임시정부에서 파견된 특파원의 권유로 독립운동자금 5백원을 제공함. 1921년 평남 영원(寧遠)에서 항일비밀결사 대한계흥단(大韓繼興團)에 가입하여 군자금 모집 및 동지 포섭 활동 전개함.
엄주신 (嚴柱信)	대통령 표창	1992	3 · 1운동	함안	1919년 3월 24일 함안군 칠원면(漆原面) 의거 주도함. 4월 3일에도 장터에서 만세 시위함.
엄주태 (嚴柱泰)	애족장	1990	3 · 1운동	양산	1919년 3월 27일 양산읍내 장날에 운집한 3,000여 군중에게 이를 배포하면서 독립만세시위를 주동함.

여병섭 (呂炳燮 (呂 海))	애족장	1995	국내항일	고성	3·1운동 후 기독교 계통 학교의 교사로 근무하면서 1919년 10월 진주에서 상해 대한민국임시정부에 대한 지원을 목적으로 비밀결사 혈성단(血誠團)을 조직하여 회원 모집과 군자금 모집활동을 전개함. 1924년 4월 조선노농총동맹 중앙위원에 선출되어 노농운동 관여함. 1930년 3월 21일 신간회 마산지회의 서기장 겸 서무부장의 일을 맡아 신간회 마산지회의 실질적 책임자로 활약.
여세병 (余世炳)	애족장	1990	3·1운동	의령	1919년 3월 14일 의령읍 장날 독립만세운동에 참여
여찬엽 (余燦燁)	애족장	1990	3·1운동	의령	1919년 3월 14일의 의령읍 장날 독립만세운동에 참여
염원모 (廉元模)	건국포장	1993	국내항일	통영	1927년 3월 친일파인 경상남도 평의회(評議會) 평의원인 김기정(金淇正)을 규탄하는 시민대회를 개최함.
오영근 (吳永根)	애족장	1990	3·1운동	합천	1919년 3월 23일 상백면과 삼가 장터의 독립만세운동을 주동함.
오택언 (吳澤彦)	애족장	1990	3·1운동	양산	1919년 2월 29일 서울에서 민족대표의 한 사람인 한용운(韓龍雲)으로부터 독립선언문 3,000매를 받아 3월 1일 탑동(塔洞)공원에서 시민에게 배포하고 만세시위운동을 전개함.
오학성 (吳學成)	애족장	1995	3·1운동	밀양	불교 승려로 1919년 4월 4일 밀양군 단장면 대용동 시장에서 전개된 만세운동을 주도함.
오형선 (吳亨善 (吳瀅善))	애족장	1990	국내항일	거창	1909년 10월부터 경남지방에서 교회 설립과 기독교 전도를 통한 항일운동을 전개함. 하였다. 1919년 4월에 민족의식과 독립사상을 고취하고 선전할 목적으로 「신한별보(新韓別報)」라는 지하신문을 만듦.
옥영준 (玉英俊 (玉永俊))	애족장	1990	국내항일	거제	1906년 만주 환인현(桓仁縣)으로 건너가, 1919년 전덕원(全德元)이 대한독립단원 수십명을 거느리고 국내에 들어와 동지들을 규합하고 군자금을 모집할 때 함께 활동함.
우재룡 (禹在龍)	독립장	1963	광복단	창녕	1907년 정용기의 산남의병대에 투신하여 연습장(練習將)으로 있으면서 청하·영일 방면의 일본군을 격파함. 1915년 대구에서 혁명단체 대한광복회(大韓光復會)를 결성함. 1920년 음력 6월 주비단(籌備團)을 조직하고 임시정부 발행 공채증서의 매각, 독립운동자금수합 등의 활동 전개.
우태선 (禹泰先)	대통령 표창	2008	3·1운동	고성	1919년 3월 30일 고성군 구만면과 회화면에서 독립만세운동을 전개함.
원복생 (元福生 (元福常) (元卜相))	애족장	1990	3·1운동	남해	1919년 4월 4일 남해읍 장날 독립만세운동에 참여함.

유명국 (柳明國 (柳震煥))	애족장	1995	의병	진주	을미의병 당시 노응규(盧應奎) 의병대에서 활약하다, 1908년 4월 다시 의병을 일으켜 의병장이 됨. 지리산 부근에서 부하 400여 명을 인솔하고 의병활동을 전개함.
유몽룡 (劉夢龍)	건국포장	1992	학생운동	거창	1938년 광주서공립중학교에 재학중 독서회를 조직하고 일제의 민족차별정책을 비판하는 등 항일민족의식을 함양함. 1941년 3월 2일 독서회를 무등회(無等會)로 개편하고 창씨개명, 일어상용, 징병제 등을 반대하는 활동 전개.
유봉승 (柳琫承 (柳承運))	애족장	1990	3·1운동	남해	1919년 4월 3일 ·4일 남해읍 일대의 독립만세운동을 주동함.
유승갑 (柳承甲)	대통령 표창	1998	3·1운동	사천	1919년 4월 14일 사천면 두량리 중성포의 도로공사 인부 100여 명이 일으킨 독립만세운동을 주도함.
유인수 (柳仁秀)	애족장	1992	3·1운동	합천	1919년 3월 20일 합천군 대병면 창리 만세시위운동을 주도함.
유종환 (俞宗煥 (鍾煥) (宗煥))	건국포장	1993	의병	진주	의병장으로 전북·경남북 일원에서 활약함. 1909년 5월 거창에서 일본군 수비대와 교전 끝에 머리에 관통상을 입고 체포후 순국함.
유진옥 (柳震玉)	건국포장	1999	국내항일	김해	1919년 3월 파리장서에 서명함.
유찬숙 (柳贊淑)	애족장	1990	3·1운동	남해	1919년 4월 3일 ·4일 남해읍 일대의 독립만세운동을 주동함.
유희탁 (劉熺倬 (劉漢齊))	애족장	1992	3·1운동	거창	1919년 4월 8일 거창군 위천면 남천리 독립만세 시위운동 주도함.
윤규현 (尹圭鉉)	애족장	1998	3·1운동	합천	1919년 3월 23일 삼가면)에서 전개된 독립만세운동을 주도함.
윤덕섭 (尹德燮)	건국포장	1993	학생운동	남해	대구사범학교 재학중 1941년 1월에 항일학생결사「연구회(研究會)」를 조직함. 조국독립을 위한 실력배양과 민족의식 고취를 목적한 단체임.
윤방우 (尹芳友)	건국포장	1993	3·1운동	밀양	1919년 3월 13일 밀양 장날에 전개된 독립만세운동에 참가함.
윤병교 (尹炳喬)	건국포장	1993	3·1운동	합천	1919년 3월 22일 합천군 묘산면 팔심리에서 윤병석(尹炳奭)의 주도로 전개된 독립만세 시위운동에 참가하다 총탄에 맞아 현장에서 순국함.
윤병대 (尹炳大)	대통령 표창	1993	3·1운동	합천	1919년 3월 23일 합천군 묘산면 팔심리 독립만세운동 주도함.
윤병석 (尹炳奭)	대통령 표창	1992	3·1운동	합천	1919년 3월 23일 합천군 묘산면 팔심리 독립만세운동 주도함.
윤병은 (尹炳殷)	대통령 표창	1995	3·1운동	합천	1919년 3월 23일 합천군 묘산면 팔심리 독립만세운동 주도함.

윤병재 (尹炳載)	대통령 표창	1997	3 · 1운동	합천	1919년 3월 23일 합천군 묘산면 팔심리 독립만세운동 주도함.
윤병주 (尹炳周)	건국포장	1993	3 · 1운동	의령	1919년 3월 17일 의령군 칠곡면 칠곡시장 만세시위 주도함.
윤병호 (尹炳浩)	애족장	1990	애국계몽 운동	남해	1909년 안희제(安熙濟) 등과 함께 국권회복을 목적으로 한 신민회 계열의 비밀 청년단체인 대동청년당(大東靑年黨)을 창립하여 독립운동을 전개함. 백산상회의 지배인겸 취체역(取締役)이 되어 회사관리함. 1942년 10월 조선어학회사건으로 구속됨.
윤보은 (尹輔殷)	건국포장	1993	3 · 1운동	밀양	1919년 3월 13일 밀양 장날 독립만세운동을 계획하고 주도함.
윤복이 (尹福伊)	건국포장	1993	국내항일	양산	1932년 3월 15일 양산농민조합에서 소작료 인하를 요구하다 조합간부 16명이 구속되자 3월 16일 양산읍 조합 연락책임자로서 사태 수습을 위해 300여명의 농민들을 규합하여 양산경찰서를 포위하고, 구속자 석방을 요구하다 일경의 무차별한 발포로 인하여 복부 관통상을 입고 이튿날인 3월 17일 순국함.
윤봉의 (尹鳳儀)	애국장	2009	의열투쟁	거창	1919년 3월 8일 고종이 서거하자 인산(因山) 이후 자결(自決) 순국함.
윤성현 (尹聖鉉) (尹聖))	건국포장	1993	3 · 1운동	합천	1919년 3월 23일 상백면과 삼가 장터의 독립만세운동을 주동함.
윤세복 (尹世復)	독립장	1962	만주 · 노 령방면	밀양	1909년 안희제(安熙濟) 등과 함께 · 대동청년당을 조직하여 독립운동을 전개함. 1911년 2월 만주 환인현으로 망명하여, 항일을 위한 첫단계로서 동창학교(東昌學校)를 설립하고 혁명동지를 모아 민족교육을 담당하는 교사로서 2세 교육에 주력함. 1918년에는 무오독립선언서를 발표하여 한국의 독립을 선언함. 1923년에 대종교 제2세 교주인 김교헌(金敎獻)이 사망하자 1924년 초에 제3세 교주의 책임을 맡았고, 대종교를 통하여 항일민족의식의 고취에 진력함.
윤세용 (尹世茸)	독립장	1962	만주 · 노 령방면	밀양	1912년 1월에 만주 봉천성 환인현으로 이주하여 동창학교(東昌學校) 설립. 1919년에는 대한독립단 가입, 1920년 6월에는 총탄운반 작업을 함. 1922년에는 대한통의부에 가담, 1926년 대한민국 임시정부의 국무원 임명됨.

윤세주 (尹世胄)	독립장	1982	의열투쟁	밀양	1919년 3·1독립운동때에 밀양에서 대규모 시위를 주동함. 『독립신문』 밀양지국을 운영하다 투옥됨. 1919년 11월 9일에 김원봉(金元鳳)과 함께 조선독립 의열단(義烈團)을 조직하고 무장항일투쟁을 결의함. 1934년 3월 한국대일전선통일동맹이 결성되어 집행위원에 선출됨. 1936년 8월 민족혁명당이 창립되자 중앙집행위원과 중앙상무위원 등으로 선출됨. 1938년 10월 중국 한구(漢口)에서 조선의용대(朝鮮義勇隊)가 조직되자, 기관지『전고(戰鼓)』를 편찬, 발행함. 1942년 5월 태행산(太行山)에서 마전반격전(痲田反擊戰)에 참전하였다가 동년 6월에 전사함.
윤영백 (尹永百)	애족장	1994	만주·노령방면	고성	1919년경 대한독립단에 가입해 항일운동에 진력함. 그뒤 비밀리에 입국하여 고향에서 군자금 모금활동을 전개함.
윤영하 (尹榮夏 (相準) (在夏))	건국포장	1993	3·1운동	함양	1919년 4월 2일 함양군 함양시장 만세시위에 참가하다 일본 헌병의 발포로 부상당함.
윤인하 (尹寅夏)	건국포장	1995	3·1운동	거창	1919년 3월 파리장서에 서명함.
윤주순 (尹柱舜)	애족장	1990	3·1운동	남해	1919년 4월 3일·4일에 걸친 남해읍 일대의 독립만세운동을 주동함.
윤중수 (尹中洙)	애족장	1990	3·1운동	합천	1919년 3월, 파리장서 서명운동에 함경남·북도 책임자로 활동함. 그후 1921년 11월 11일에는 미국 워싱톤에서 개최되는 태평양회의(太平洋會議)에 제출한 한국독립진정서(韓國獨立陳情書)의 합천군 대표로 서명함.
윤창선 (尹昌善)	애국장	2010	만주방면	밀양	1927년 음력 9월 해원교(解怨敎)라는 종교단체를 조직하고 만주(滿洲)의 신민부(新民府)에 군자금(軍資金)을 제공하기 위해 활동함.
윤철수 (尹哲洙)	건국포장	1996	국내항일	거창	1919년 3월 파리장서에 서명함.
윤충하 (尹忠夏)	건국포장	1993	의열투쟁	거창	1919년 파리강화회의에 제출할 독립청원서인 파리장서를 작성하는 데 주도적인 역할을 함. 그 후 1921년 9월 태극단(太極團)의 대표로 태평양회의에 일본의 한국 강점을 부인함과 동시에 대한민국임시정부를 한국정부로 승인해 줄 것을 요청함.
윤치형 (尹致衡 (金時化))	건국포장	1993	의열투쟁	밀양	1919년 부산지역의 3·1독립운동 참여하다 투옥되었고, 출옥후 만주로 망명하여 11월 9일 의열단에 가입함. 1920년 의열단에 의한 밀양경찰서 폭탄투척사건이 일어나자 사용된 폭약의 구입과 국내반입에 관련되어 체포됨.

279

윤현진 (尹顯振)	독립장	1962	임정·중 국방면	양산	1909년 안희제 등과 비밀결사 대동청년단을 조직함. 1919년 3·1운동때는 고향에서 만세시위에 적극 가담 활동하고, 상해로 망명하여 대한민국 임시정부 조직에 참여함. 1919년 4월 임시의정원 의원에 선출되고, 초대 재무차장에 선임됨. 1921년 5월 국민대표회의기성회를 조직, 같은 해 중한국민보조사를 결성, 중국과 같이 공동의 적인 일본을 섬멸할 계획을 수립하고 실천할 것을 결의함. 상해에서 30세로 요절함. 임정요인들의 애도속에 국장(國葬)으로 상해의 정안사(靜安寺) 외인묘지에 안장됨.
이강래 (李康來)	건국포장	2009	만주·노 령방면	밀양	중국 서북간도지역에 독립운동기지를 건설하기 위해 국내에서 자금모금 활동을 전개함. 1915년 6월경에는 중국 총통 원세개(袁世凱)가 한국공사로 있으면서 광무황제에게 은 26만냥을 빌렸다는 사실을 알아내고 이를 받아내 독립운동기지 건설에 사용하는 방법을 강구하기도 함. 같은 해 8, 9월부터 서울·경상도·황해도지역을 돌아다니며 독립운동기지 건설을 위한 동지 규합에 나섬.
이강률 (李康律)	대통령 표창	1996	3·1운동	하동	1919년 4월 11일 하동군 화개면(花開面) 시장 독립만세운동을 주도함.
이강석 (李康奭)	애족장	1990	3·1운동	김해	1919년 4월 12일 장유면 무계리 독립만세운동을 주동함.
이강우 (李康雨)	애족장	1990	3·1운동	진주	1919년 3월 18일 진주 장날 독립만세시위를 주도함.
이강조 (李康祚)	건국포장	1993	3·1운동	밀양	1919년 4월 4일 밀양군 단장면 표충사 승려들의 독립만세시위에 참가함.
이건국 (李建國 (李鍾國))	애족장	1990	광복군	경남	광복군 제3지대에 입대하여 화중(華中)지구에서 활동하다가 지대본부로 복귀.
이경민 (李卿敏)	건국포장	1993	3·1운동	함안	1919년 3월 20일 군북면 군북(郡北面郡北) 장날 독립만세운동을 주동함. 격렬한 만세시위를 전개하다 적의 흉탄을 맞고 현장에서 순국함.
이경호 (李璟鎬 (李敬鎬) (李景 鎬))	애족장	1990	3·1운동	하동	1919년 3월 23일 하동읍 장날 만세시위를 주도함.
이경흠 (李卿欽)	건국포장	1993	3·1운동	함안	1919년 3월 20일 군북면 군북 장날 독립만세운동을 주동함. 선두에 서서 격렬한 만세시위를 전개하다 적의 흉탄을 맞고 현장에서 순국.
이계엽 (李啓燁)	애족장	1990	3·1운동	합천	1919년 3월 23일 합천 상백면과 삼가 장터의 독립만세운동을 주동함.

이고경 (李古鏡)	애족장	2011	국내항일	합천	출가한 승려로 1922년 4월 불교유신회를 중심으로 전개된 사찰령 폐지운동의 제1차건백서 제출 당시 15명의 주역 중 한 명으로 참여. 1933년 7월부터 1936년 9월까지 해인사 8대 주지(住持)로 재직, 이후 해인사의 강원인 법보학원의 강백(講伯)으로 지내면서 학승들에게 민족혼을 일깨우기 위해 조선의 역사를 강의함.
이관 (李 瓘)	애족장	1990	3·1운동	산청	1919년 천도교 전도사 및 편집원으로 손병희와 함께 3·1독립운동을 일으키는데 뜻을 같이 함. 1921년 11월 11일 미국 워싱턴에서 대한독립의 승인을 요청하는 독립청원서에 국민대회 대표의 자격으로 서명하고 활동함.
이교륜 (李敎倫)	건국포장	1993	3·1운동	진주	1919년 3월 22~23일 이틀간 진주군 진주면에서 독립만세 시위운동을 전개하기로 계획함.
이교영 (李敎瑛)	대통령 표창	2006	3·1운동	마산	1919년 3월 28일 창원군 진전면의 고현시장 만세운동에 참여
이교재 (李敎載)	독립장	1963	임정·중 국방면	창원	1919년 3·1독립운동이 일어나자 경남북 일대에 독립선언문을 배포하다가 체포되어 옥고를 치르고, 상해로 망명. 임시정부에 가담하여 군자금 모집 사명을 띠고 다시 입국하여 활동함.
이규석 (李圭錫 (李伯三))	애족장	1990	3·1운동	함안	1919년 3월 19일 함안읍 장날 독립만세운동을 주동함.
이규현 (李圭玄)	건국포장	1993	3·1운동	사천	1919년 4월 5일 사천군 곤명면 금성리에서 전개된 독립만세운동에 참가
이금복 (李今福)	대통령 표창	2008	국내항일	고성	1934년 8월경, 부산 목도조선법랑철기주식회사에 여공으로 취직함. 적색노동조합을 재조직하기 위해 부산지방의 동지를 규합하는 등 실천 운동에 적극 참여. 1938년 삼천포를 중심으로 적색농민조합에 가담하여 활동하다 체포됨.
이기봉 (李基鳳)	건국포장	1993	3·1운동	창원	1919년 4월 3일의 진전면·진북면·진동면의 연합 독립만세운동에 참여. 현상에서 흉탄에 맞아 순국.
이기석 (李淇錫 (李琪植))	대통령 표창	1993	3·1운동	창녕	1919년 3월 13일 창녕군 영산면에서 천도교도들과 결사단을 조직하여 독립만세 시위운동을 벌이기로 결의함.
이달희 (李達熙)	애족장	1993	학생운동	창원	1940년 11월 23일 부산공설운동장에서 개최된 제2회 경남학도전력증강국방경기대회에서 여기에 참가했던 부산 제2상업학교 및 동래중학교의 한국인 학생 1천여 명은 일인 심판진의 편파 판정에 분노하여 시가행진을 벌이고, 경남지구 위수사령관으로서 대회 심판장을 맡았던 일본군 대좌(大佐) 노다이(乃台兼治)의 관사를 습격 파괴하고 그를 구타함.

이도윤 (李道胤)	애족장	1993	학생운동	양산	1940년 11월 23일 부산공설운동장에서 개최된 제2회 경남학도전력증강국방경기대회에서 여기에 참가했던 부산 제2상업학교 및 동래중학교의 한국인 학생 1천여 명은 일인 심판진의 편파 판정에 분노하여 시가행진을 벌이고, 경남지구 위수사령관으로서 대회 심판장을 맡았던 일본군 대좌(大佐) 노다이(乃台兼治)의 관사를 습격 파괴하고 그를 구타함.
이동개 (李東介)	건국포장	1997	3 · 1운동	창원	1919년 4월 3일 웅천면 마천리의 만세시위에 참여.
이명상 (李明祥)	애족장	1996	국내항일	창원	1933년 3월 부산에서 비밀결사인 경남교육노동자협의회를 결성하고, 학생들에게 민족교육을 실시하는 등 항일운동을 전개.
이명시 (李明施)	대통령 표창	2010	3.1운동	합천	1919년 3월 11일 오후 9시 이명시를 비롯한 고등과 학생 11명은 교사 주경애,박시연과 더불어 태극기를 손에 들고 독립만세를 부르며 만세시위를 전개함.
이무종 (李武鐘)	애족장	1990	3 · 1운동	울주	1919년 4월 2일 언양 장날 독립만세운동을 주동함.
이백용 (李白容)	대통령 표창	1993	일본방면	고성	1943년 11월 초부터 일본 산구현(山口縣)에서 민족의식 앙양에 노력함.
이범호 (李範鎬)	대통령 표창	1992	3 · 1운동	하동	1919년 3월 20일 남해군 남해읍 장날 독립만세 시위운동을 계획,주도함.
이병도 (李丙燾)	애족장	1993	학생운동	하동	1940년 11월 23일 부산공설운동장에서 개최된 제2회 경남학도전력증강국방경기대회에서 여기에 참가했던 부산 제2상업학교 및 동래중학교의 한국인 학생 1천여 명은 일인 심판진의 편파 판정에 분노하여 시가행진을 벌이고, 경남지구 위수사령관으로서 대회 심판장을 맡았던 일본군 대좌(大佐) 노다이(乃台兼治)의 관사를 습격 파괴하고 그를 구타함. 부산 제2상업학교 5학년생이던 그도 체포됨.
이병수 (李炳秀)	대통령 표창	1993	3 · 1운동	창원	1919년 3월 1일 서울 탑동공원에서 대대적인 독립만세운동이 일어나자 창원군 진전면 오서리의 이교재(李敎載) 등과 더불어 독립선언서를 비롯한 선전문. 격문 등을 인쇄하여 도내 일원에 배부함.
이병철 (李丙喆)	건국포장	1993	만주 · 노령방면	밀양	1919년 11월 10일 중국 길림성(吉林省) 의 열단(義烈團)을 조직함.
이봉두 (李鳳斗)	건국포장	1993	의병	함양	1907년 12월부터 그의 부친 이창학(李昌鶴)과 함께 항일 의병투쟁을 전개. 1908년 8월 함양 일대에서 군자금 모집활동을 벌임
이봉철 (李奉哲)	건국포장	1992	3 · 1운동	충무	1919년 3월 18일 오후 3시경 통영군 통영읍(統營邑) 장날 독립만세를 고창함.
이부근 (李富根)	애족장	1990	3 · 1운동	창원	1919년 4월 3일 웅동면 마천리(熊東面馬川里) 독립만세운동을 주동함

이상관 (李相寬)	애국장	2008	만주·노령방면	밀양	1925년 중국 남만주(南滿洲) 환인현(桓仁縣) 일대에서 정의부(正義府) 지방행정부 환인남구총관(桓仁南區總管)으로 활동. 1935년부터 국민부(國民府) 산하의 조선혁명당 중앙집행위원 및 재정부장으로 활동. 1937년 1월 일본군에 체포,순국함
이상만 (李相晩)	건국포장	1993	국내항일	고성	1938년 일본 구주(九州) 장기현(長崎縣) 농업학교에 재학 중 비밀결사 삼인단(三人團)을 조직하여 항일활동함.
이상만 (李相滿)	건국포장	1997	국내항일	거창	1920년 9월 군사주비단(軍事籌備團)의 단원으로 대한민국 임시정부 군자금 모집활동. 1927년부터 1930년까지 신간회 마산지회에서 활동함.
이상만 (李相萬)	대통령표창	2008	일본방면	고성	1940년 2월 14일 '동맹회'라는 독립운동 단체를 결성. 동맹회는 일본은 한글을 말살하려고 한다는 것 등을 논의하며 민족의식을 함양함.
이상모 (李相模)	대통령표창	2008	국내항일	고성	1931년 고성군에서 고성농민조합 간부로 활동함.
이상문 (李尙文)	대통령표창	2007	일본방면	통영	일본 명고옥(名古屋)에서 1939년 5월 비밀결사 민족부흥회라는 독립운동 단체에 참여함. 민족부흥회는 일제의 지배에서 벗어나 독립국가를 건설하는 것을 목적으로 함.
이상발 (李尙發)	대통령표창	2008	3·1운동	밀양	1919년 4월 4일 밀양군 단장면에서 독립만세운동을 주도함.
이상소 (李相召)	건국포장	1993	3·1운동	마산	1919년 3월 21일 마산군 마산읍에서 전개된 독립만세운동을 주도함
이상수 (李尙銖 (萬用) (萬龍))	건국포장	1993	의병	사천	1908년 4월 유명국의병대에 참여하여 지리산 일대서 항일 무장투쟁을 전개함. 수감 중 옥중에서 순국함.
이상일 (李尙逸)	애족장	1990	만주·노령방면	통영	1927년 북경(北京)에서 침략원흉의 암살을 목적으로 조선혁명당총연맹을 조직하고 그 위원장에 취임.
이상조 (李尙祚)	건국포장	1993	일본방면	통영	1938년 일본 동경의 입교(立敎) 대학 재학중 원용오(元容五) 등과 10수회에 걸쳐 만나 항일사상 고취 방안을 논의함. 1943년 4월 귀국하여 지하활동을 계속하다가 1944년 1월 체포되어 일본으로 압송됨. 모진 고문과 옥고의 여독으로 1945년 9월 20일 순국.
이상태 (李相兌 (李相太))	애족장	1990	국내항일	남해	1920년 2월 16일 서울에서 조선노동대회를 조직. 동회는 노동자의 상부상조와 인격적 및 지적향상을 도모할 것을 목적으로 한 계몽적 노동단체
이상현 (李相賢)	애국장	2007	3·1운동	합천	1919년 3월 23일 합천군 삼가면 시위에 참여하여 활동하다가 일본 군경이 쏜 총알에 맞아 피살순국(被殺殉國)함

이상호 (李相浩)	애족장	1990	일본방면	고성	일본 도근현(島根縣) 익전농림학교(益田農林學校) 재학중인 1939년 2월에 항일결사인 재일학생동지회를 조직하고 항일활동. 1940년 그후 경상도 책임자로 국내에 들어와 고성군 농회 기수(農會 技手)로 재직하면서 활동.
이상환 (李相煥 (李貴守))	애족장	1990	3·1운동	양산	1919년 3월 27일 양산읍 장날 독립만세운동을 주동함
이석용 (李石用)	대통령 표창	2008	국내항일	통영	통영에서 나전직공(螺鈿職工)으로 있으면서. 1921년 음력 4월 10일경 통영면 심상고등소학교 뒤 송산(松山)에서 조국독립을 위한 만세시위를 고창할 것을 계획함.
이석윤 (李錫允 (李錫九))	건국포장	1993	국내항일	양산	함남 안변(安邊)의 석왕사(釋王寺) 승려인 그는 1919년 5월부터 독립선언문·독립취지문 등을 등사하여 배부하는 등 독립운동 전개함. 동년 6월에는 상해 임시정부를 지원하기 위해 군자금을 모집하다 체포됨.
이석종 (李錫宗)	건국포장	1993	3·1운동	거창	1919년 3월 22일 거창읍 장날 독립만세운동 참여함. 일본 헌병의 야만적인 발포로 말미암아 현장에서 순국.
이성숙 (李成淑)	애족장	1990	국내항일	함안	1940년 함안읍내의 함안국민학교 운동회 때 운집한 군중앞으로 나아가 일제의 패망과 조국의 독립이 다가왔음을 외치며 독립만세를 고창함.
이세기 (李世基)	애족장	1993	학생운동	하동	1907년 부하 60여 명을 거느리고 장기주재소를 습격하여 일경을 처단하고 물품을 노획한 뒤 일경분파소·세무소·우편소·순사사택 등을 방화함.
이소선 (李小先)	대통령 표창	2008	3·1운동	통영	기생으로 독립만세운동을 전개하기 위하여 1919년 4월 2일 오전 10시 경 통영군 통영면 길야정(吉野町) 기생조합소에서 5명의 기생과 함께 기생단을 조직함. 자신의 금반지를 팔아서 마련한 장례용 옷으로 갈아입고, 동일 오후 3시 반 경 통영면 부도정(敷島町)에 나가서 독립만세운동을 전개함
이수강 (李壽康)	애족장	1990	일본방면	창원	1936년 3월 중순에 재대판(在大阪) "가덕인친목회(加德人親睦會)"에 입회함. 중·일전쟁의 장기화로 일본에서 내란이 일어나면 일제히 봉기하여 조선독립을 달성해야 한다고 동포들에게 민족의식을 고취하다가 체포됨.
이수룡 (李守龍)	애족장	1990	일본방면	창원	1927년 3월 일본으로 건너갔으며 일본인의 모멸적 언동과 차별대우를 체험하면서 민족의식을 쌓아가던 중 재대판가덕인친목회(在大阪加德人親睦會)에 가입하면서 독립운동에 헌신할 것을 결심중·일전쟁의 장기화로 일본에서 내란이 일어나면 일제히 봉기하여 조선독립을 달성해야 한다고 동포들에게 민족의식을 고취함.

이수안 (李壽安)	건국포장	1995	3 · 1운동	진주	1919년 3월 파리장서에 서명함.
이수영 (李秀濚)	애족장	1990	일본방면	창원	1940년 6월 명고옥(名古屋) 회근타이루 (주) 직공으로 있으면서 비밀결사 민족부 흥회를 조직함.
이수정 (李洙禎 (李洙楨))	애족장	1990	3 · 1운동	함안	1919년 3월 19일 함안읍 장날 독립만세운 동을 주동함.
이수철 (李秀哲 (李守哲))	대통령 표창	1992	3 · 1운동	창녕	1919년 3월 13일 창녕군 영산읍에서 결사 단을 조직하여 700여 명의 시위군중과 함 께 읍내를 시위행진하다 일경에 체포됨.
이수호 (李壽浩)	애족장	2008	3 · 1운동	산청	1919년 3월 20일과 21일 산청군 단계리 장 날과 단성면 성내리 장날 만세독립운동에 참가함.
이승래 (李承來)	건국포장	1995	3 · 1운동	거창	1919년 3월 파리장서에 서명함
이승종 (李承綜)	건국포장	2006	국내항일	창원	1930년대 초반 창원군 웅동면에서 지역 청년들을 대상으로 사회과학 강좌와 강연 을 총 18여 회를 열어 민족의식을 고취함. 1933년 3월 12일 동지 14명과 비밀결사 웅 동적색농민조합을 조직함.
이안호 (李安鎬)	건국포장	1993	국내항일	창원	1926년 일본 오사카[大板]로 건너가 제면 소(製綿所) 노동자로 일하면서 일본인 사 회주의자 오리메[折目茂]의 영향을 받아 노동운동에 투신함. 1933년 귀국한 뒤 창 원군 상남면에서 상남적색농민조합을 조 직하고 농민운동 전개.
이억근 (李億根)	애족장	1992	3 · 1운동	의령	1919년 3월 14일 의령군 의령읍 독립만세 시위운동을 계획하고 참여함.함
이언권 (李彦權)	애족장	1990	광복군	밀양	1944년 5월 일본군을 탈출한 후 중국군 유격대에 가담하여 활동. 1945년 4월 중국 중경에 도착하여 광복군총사령부 경위대 (警衛隊)에 배속되어 복무함.
이영근 (李永根)	건국포장	1995	3 · 1운동	사천	1919년 4월 5일 사천군 곤명면 금성리 만 세운동을 전개함.
이예모 (李禮模)	애족장	1990	3 · 1운동	남해	1919년 4월 3 · 4일 남해읍 일대 독립만세 운동을 주동함.
이외준 (李外俊)	애족장	2009	3 · 1운동	합천	1919년 3월 20일 합천군 대병면 창리 임상 종 등과 함께 독립만세시위를 주도함.
이용락 (李龍洛)	애족장	1990	3 · 1운동	울주	1919년 4월 8일 온양면 남창리의 독립만 세운동을 주동함.
이용선 (李龍善)	애족장	1990	3 · 1운동	합천	1919년 3월 20일 합천읍 독립만세운동을 주동함.
이우식 (李祐植)	독립장	1977	문화운동	의령	1920년 부산에서 안희제(安熙濟)와 함께 백 산무역주식회사를 설립하여 임시정부의 독 립운동자금을 지원함. 1927년에는 중외일보 (中外日報)를 창립하여 민족의식의 고취에 노력함. 1929년 10월에는 조선어연구회의 조선어사전편찬회에 가입하여 지원함. 1942 년 10월 조선어학회사건으로 구속됨.

이원렬 (李元烈)	애족장	2011	중국방면	하동	1919년 9월 상해에서 대한민국 임시정부의 기관지인 독립신문의 기자로 활동함. 귀국후 1920년대는 노농운동에 투신하여 하동노농연합회(河東勞農聯合會)에서 활동, 1925년 11월 11일에는 조선노농총동맹 중앙집행위원으로 선출됨.
이원화 (李源華)	애족장	1990	3 · 1운동	합천	1919년 3월 21일 초계 장날 독립만세운동 참여.
이윤재 (李允宰)	독립장	1962	문화운동	마산	1910년 8월 일제가 한국을 병탄하여 나라가 망하자 교육을 통해 민족의식을 고취하기 위해 마산의 창신학교와 의신여학교에서 국사와 국어를 교육함. 1925년 안창호가 조직한 민족운동단체인 흥사단에 가입하여 활동. 1927년 8월에 조선어연구회의 동지들과 함께 국어사전 편찬의 준비활동을 시작. 1929년 10월 31일에 한글 기념식을 거행하게 되는 날을 택하여 조선어사전편찬회를 조직하고 국어사전 편찬을 위한 편찬위원회 집행위원의 실무를 담당함.1937년 6월에 「수양동우회 사건」으로 일경에 체포됨. 1942년 10월 1일 조선어학회 운동으로 최현배 등과 함께 일경에 체포되어 1943년 12월 8일 고문의 여독으로 감방에서 옥사하여 순국함.
이은상 (李殷相)	건국포장	1993	문화운동	마산	1942년 10월 일제가 한국민족 말살정책의 일환으로 한국어 말살정책을 대폭 강화하고 한글 연구자들을 탄압하기 위하여 만들어 낸 조선어학회운동으로 구속됨.
이익상 (李翊相 (春道))	건국포장	1993	3 · 1운동	산청	1919년 3월 20일 산청군 신등면 단계리 시장 독립만세운동에 참가함.
이인구 (李寅九)	애족장	1990	3 · 1운동	함안	1919년 3월 19일의 함안읍 장날 독립만세운동을 주동함.
이인수 (李麟洙)	대통령 표창	1992	3 · 1운동	통영	1919년 4월 3일 통영군 이운면 아양리 장날 독립만세운동에 참여함.
이일윤 (李一允)	대통령 표창	2007	3 · 1운동	창원	1919년 3월 21일 마산 읍내 의거와, 26일 장날에 구(舊) 마산 석정통(石町通)에서 3,000여 명의 시위대가 투옥된 주모자의 석방을 요구하며 마산감옥 주변에서 제2차 시위에 참여함.
이장수 (李章守 (李長守))	대통령 표창	1995	3 · 1운동	밀양	1919년 3월 13일 밀양군 밀양 장날 만세운동을 주도함.
이재관 (李在官)	애족장	1990	일본방면	고성	동경농업공예학교 재학중인 1940년 4월에 장기(長岐)에서 등 5명의 동지와 함께 항일투쟁을 전개하기로 맹세하고 항일투쟁을 전개함.
이재기 (李載基)	대통령 표창	1993	3 · 1운동	하동	1919년 3월 21일 하동군 횡천면 여의리)에서 독립만세 시위운동을 전개함. 4월 3일 북천면 직전리에서도 군중을 이끌고 독립만세를 절규하면서 일경주재소를 습격함.

이재성 (李在性)	건국포장	1993	국내항일	창원	1933년 3월 마산에서 비밀결사 적색교육 노동자협의회를 결성함.
이재형 (李甲伊)	건국포장	1993	3·1운동	함안	1919년 3월 20일 군북면 군북 장날을 이용 하여 독립만세운동을 주동함.
이정돌 (李正乭)	건국포장	2007	학생운동	함양	1923년경 진주공립농업학교 내에 조직된 사회과학연구 목적의 '동무사'라는 비밀결 사에 가입하여 활동함. 1928년 7월 6일, 동 교 재학 중 동맹휴학 활동에 가담.
이정문 (李廷文)	대통령 표창	2011	국내항일	마산	1921년 12월경 마산에서 비밀결사 용진단 (勇進團)을 조직하여 총무로서 대한독립 군이 청산리전투에서 대승한 사실을 알리 는 격문 등을 등사하여 배포함.
이정수 (李汀秀)	건국포장	1993	3·1운동	하동	1919년 4월 11일 하동군 화개면 정금리의 독립만세운동을 계획하고 주도함.
이정수 (李正洙)	대통령 표창	2008	3·1운동	고성	1919년 3월 30일 고성군 구만면과 회화면 에서 독립만세운동을 전개함.
이정찬 (李廷讚)	애족장	2008	3·1운동	마산	1919년 3월 21 마산에서 전개된 독립만세 운동에 참여하여 독립만세를 고창하다 체 포됨. 1923년 3월 13일 마산지역 농민과 노 동자의 권익을 향상하기 위한 마산노농동 우회의 간부로 활동함. 1930년에는 신간회 마산지회의 위원으로 활동
이정후 (李定厚 (根厚))	건국포장	1993	3·1운동	창녕	1919년 3월 파리장서(巴里長書)에 서명 날인함.
이종건 (李鍾乾)	독립장	1990	만주·노 령방면	통영	1910년이후 중국 동삼성(東三省)으로 망 명. 1922년 8월 통의부(統義府) 결성에 참 여하여 산업위원과 실업위원장(實業委員 長)에 선임됨. 1924년 7월 12일 재만독립 운동단체의 재통일을 위하여 개최된 전만 통일회의주비회(全滿統一會議籌備會)에 대한통의부 대표로 참여하여 정의부(正義 府)를 조직함.
이종인 (李宗仁)	애족장	1990	3·1운동	하동	1919년 4월 6일의 고전면 주교리 장날 독 립만세운동을 주동함.
이종찬 (李鍾瓚)	애족장	1990	3·1운동	함안	1919년 3월 19일 함안읍 장날 독립만세운 동을 주동함.
이주근 (李柱勤)	대통령 표창	1992	3·1운동	통영	1919년 4월 3일 통영군 이운면 아양리 장 날 장터에 모인 500여 명의 시위군중과 함 께 태극기를 들고 독립만세를 고창하며 활동하다가 일경에 체포됨.
이주현 (李周賢)	애족장	1990	의열투쟁	진주	1920년 11월 밀양경찰서 폭탄투척사건에 관련되어 체포됨.
이주환 (李柱煥)	건국포장	1993	의병	거창	1919년 1월 21일 광무황제가 서거한 소식 을 듣고 흰 갓을 쓰고 선영에 참배한 다음 면사무소에 가서 호적 열람을 요구하여 찢어 버리고 거창읍 침류정(枕流亭)에서 사세시(辭世時) 1편을 남기로「자귀」로 목 을 찔러서 자결함.

이준도 (李俊都 (李俊道))	대통령 표창	1995	국내항일	창원	1930년 11월 창원에서 식민지통치의 부당성과 민족정신을 고취하는 내용의 격문을 직접 작성하고 인쇄·배포함.
이증삼 (李曾參 (李其潤))	건국포장	1993	국내항일	고성	1930년 1월 17일 진주고등보통학교 2학년 재학 시 광주학생운동으로 일경에 체포됨. 1933년 11월 27일 비밀결사 독서회를 조직하고 5학년을 담당함.
이진석 (李鎭奭 (李圭環))	애족장	1990	3·1운동	김해	1919년 4월 10일과 11일에 걸쳐 명지면 일대의 독립만세운동을 주동함.
이진우 (李震雨)	건국포장	1993	국내항일	의령	토지조사사업에 항거하여 투쟁하다가 투옥됨.옥
이진하 (李鎭河)	애족장	1995	학생운동	고성	진주공립고등보통학교 2학년에 재학 중이던 1930년 1월 17일 동료 학생들과 광주학생운동에 동조하는 동맹휴학 단행하여 진주읍내와 진주읍 소재의 각 학교를 순회하여 '노예교육 폐지'등을 주장하는 격문을 살포하며 시위를 주도함.
이찬영 (李讚榮)	건국포장	1993	3·1운동	함안	1919년 3월 19일 함안읍 장날을 이용하여 독립만세운동을 주동함.
이찰수 (李刹修 (刹守) (泳漢) (且金))	건국포장	1993	3·1운동	밀양	1919년 4월 밀양군 단장면 태룡동 시장에서 만세시위를 주도함.
이창순 (李昌淳 (李龍伊))	대통령 표창	1992	3·1운동	창녕	1919년 3월8일 대구 계성학교 학생으로 독립만세 시위운동에 참가.
이창학 (李昌鶴)	건국포장	1993	의병	함양	의병으로 함양 일대에서 활동. 1907년 12월부터 그의 아들 이봉두(李鳳斗)와 함께 항일 무장투쟁을 전개함. 1908년 8월 함양 일대에서 군자금을 모집.
이철주 (李鐵柱)	애족장	1990	3·1운동	산청	1919년 3월 20일 산청군 단성면 단계리 장터에 모인 수천 명의 군중과 함께 독립만세를 고창하며 성내 장터로 행진하여 밤 늦게까지 시위참가함.
이청노 (李淸魯)	건국포장	1993	의병	의령	1896년 2월 15일 의령지역에서 100여 명의 군사를 모집하여 창의(倡義).의병장에 추대되어 일대에서 항일투쟁을 전개.
이태길 (李泰吉)	건국포장	1993	학생운동	함안	1940년 11월 23일, 동지들과 함께 비밀결사 조직에 관하여 협의하고 표면상 문예활동을 표방하는 항일학생결사「대구사범학교문예부」를 조직함. 1941년 7월 대구사범학교 윤독회의 간행물인「반딧불」이 일경의 손에 들어가게 되어 체포됨.
이태룡 (李泰龍)	건국포장	1993	3·1운동	마산	1919년 3월 3일 무학산 독립만세시위, 3월 21일 마산장터시위, 3월 31일 장날시위 등에 참여함.

이태식 (李泰植 (壽山) (泰坤))	건국포장	1993	국내항일	의령	1919년 3월 파리장서에 서명함. 그뒤 만주 일대에 독립운동기지를 개척하려던 제2차 유림단사건에도 가담함.
이태원 (李泰源)	애족장	1990	국내항일	통영	1927년 3월 친일파인 경상남도 도평의원(道評議員)인 김기정(金淇正) 징토시민대회를 개최함.
이학이 (李學伊)	애족장	1995	3 · 1운동	통영	1919년 3월 14일 오전 1시 30분경 면사무소직원으로 있으면서 독립만세운동을 위한 격문을 등사하는 과정에서 체포됨. 고문의 여독으로 가출옥 했으나, 1919년 9월에 순국함.
이함득 (李咸得)	건국포장	2010	일본방면	함안	1935년 3월 야마모토[山本實]의 권유로 일본공산당에 가입하여 기시와다[岸和田]실업구제동맹, 센슈[泉州]일반노동조합 등에서 한인 노동자들의 권익 옹호와 민족의식 고취 활동 전개함.
이호용 (李好用 (李好勇) (李好男))	애족장	1995	3 · 1운동	고성	1919년 3월 20일 산청군 신등면 단계리에서 일어난 만세운동을 주도함.
이홍식 (李弘植)	건국포장	1993	3 · 1운동	하동	1919년 3월 29일 하동군 진교면 진교시장에서 전개된 만세운동을 계획 · 주도함.
이희석 (李喜錫)	건국포장	1993	3 · 1운동	함안	1919년 3월 19일 함안읍 장날을 이용하여 독립만세운동을 주동함하
임굉 (林宏 (炳讚))	건국포장	1993	학생운동	밀양	1941년 대구사범학교에 재학 중 비밀결사 연구회를 조직하여은 교육부를 맡아 활동함. 연구회는 조국독립을 위한 실력배양과 민족의식 고취를 목적으로 조직됨.
임만규 (林萬圭 (林奉圭))	대통령 표창	1993	3 · 1운동	하동	1919년 4월 10일 하동군 화개면 정금리 이정수(李汀秀)의 집에서 장날을 이용하여 독립만세 시위운동을 일으킬 것을 논의하고 준비하는 활동을 하다 체포됨.
임봉구 (任鳳九)	건국포장	1993	의병	하동	1908년경 하동에서 분연히 궐기하여 의병진을 결성함. 의병장으로 군사들을 이끌고 하동군 청암면을 근거로 인근 각면을 넘나들며 활발한 활동을 전개.
임봉상 (林鳳祥)	대통령 표창	2010	국내항일	합천	1943년 일제의 총동원체제를 거부하는 활동을 전개함.
임상종 (林尙鍾)	애족장	1990	3 · 1운동	합천	1919년 3월 20일 합천군 대병면창리 장날 독립만세운동을 주동함.
임원갑 (林元甲)	애족장	1990	일본방면	의령	1943년에 동경의 청산학원 예과에 고학으로 재학하면서 민족차별에 분개해 오던 중, 독립운동 대열에 참여함. 1943년 말경에 동지로 포섭하여 항일결사 조국위안회(祖國慰安會)를 결성함.

임유동 (林有棟 (林毅城))	건국포장	1993	학생운동	거창	1924년 여름 북경국립사범대학 재학중 서울에서 준비중인 조선학생총연합회의 결성을 위한 발기회에 발기인으로 참여. 1928년 2월 5일 제3차 조선공산당 조직에 연루되어 체포됨. 1929년 9월 1일 출옥한 후 중외일보(中外日報)의 상무로서 경영 담당함.
임창수 (林昌秀)	애족장	1992	3 · 1운동	창녕	1919년 3월 13일 창녕군 영산읍 남산에서 결사단을 조직하여 독립만세 시위운동을 벌이기로 계획하고,시위에 참여함.함.
임학찬 (任學讚)	건국포장	1997	3 · 1운동	김해	1919년 4월 2일 김해지역의 독립만세운동을 주도함. 1920년 12월에 창립된 조선청년회연합회에서 활동함.
장경 (張駉)	건국포장	1993	일본방면	사천	1933년 부산중학교 재학 중 부산중학 조선인회에 가입하여 민족사상 배양. 1938년 3월 졸업과 동시에 일본 유학하여, 1939년 7월 하순 경 무명의 비밀결사를 결성함.
장근숙 (張根淑)	건국포장	1993	국내항일	통영	1921년 4월 항일문서를 만들어 통영면내에 살포함으로써 독립만세시위를 촉발하기로 결의함. 독립만세를 고창하자는 문서를 작성해서 약 30매를 복제하여 면내의 사람들 눈에 잘 띄는 곳에 살포함.
장덕익 (張德翼)	애족장	1993	3 · 1운동	진주	1919년 3월 18일 진주군 진주읍 장날 만세시위운동 전개함.
장두관 (張斗南)	애족장	1990	만주 · 노령방면	진주	1919년 6월에는 만주로 망명하여 신흥무관학교를 졸업함. 1920년에는 청산리독립전쟁에 참가하여 일본군을 격퇴하는데 일익을 담당함. 1930년 3월에는 신간회 중앙위원 겸 진주지회 위원장으로 활동.
장만식 (蔣萬植)	대통령표창	2009	3 · 1운동	밀양	1919년 4월 4일 밀양 동면 대룡리 장날 독립만세운동에 참가함.
장봉기 (張琒起)	대통령표창	1992	3 · 1운동	양산	1919년 4월 5일 동래군 기장면 장날독립만세 시위운동에 참가함.
장영수 (蔣英洙)	애족장	1995	국내항일	산청	1932년 9월 13일 의령군 대의보통학교 교사로 재직 중 동료교사들과 일제의 식민교육에 대항하기 위해 항일투쟁전개함. 1933년 5월 22일 대의보통학교 학생 60명과 동민을 인솔하여 산위에 올라 독립만세를 고창함.
장용환 (張瑢煥)	건국포장	1993	3 · 1운동	의령	1919년 3월 15일 의령군 부림면 신반리에서 전개된 독립만세운동을 계획,주도함.
장위식 (張渭式)	건국포장	1993	3 · 1운동	창원	1919년 4월 5일 김해군 하계면 진영리 진영시장에서 전개된 만세운동에 참가.
장인식 (張璘植)	대통령표창	2010	3.1운동	밀양	1919년 4월 4일 밀양 표충사(表忠寺) 승려 2명이 주도한 태룡리 장날 독립만세운동에 참가함.

290

장인환 (張仁煥)	애족장	1990	임정·중 국방면	합천	1921년 1월 재일(在日) 조선청년연합회의 집행위원으로 청년들에게 독립운동사상을 고취시킴. 1922년 9월에는 대구 계성학교 의 교원으로 재직하면서 배일사상을 고취. 1926년에는 조선일보 대구지국을 맡아 신 간회를 지원함.
장재상 (張在尙)	대통령 표창	1995	국내항일	창원	1942년 7월경 창원군 창원면 동정리 소재 창원신사(昌原神社) 뒤에서 조국독립을 목적으로 청년독립회를 조직하여 신사참 배거부운동을 전개함.
장정수 (張正秀)	대통령 표창	1992	3·1운동	창녕	1919년 3월 13일 창녕군 영산읍에서 독립 만세 시위행진하다 체포됨.
장종식 (張鍾植)	애족장	1990	3·1운동	함안	1919년 3월 19일 함안 장날 3천여 명의 시 위군중을 규합하여 독립선언서를 낭독한 후 경찰주재소로 쇄도하는 등 만세시위를 전개하다 체포됨.
장진수 (張振秀)	애족장	1990	3·1운동	창녕	1919년 3월 13일 창녕군 영산읍 만세시위 운동을 주도함.
장패관 (張貝寬)	건국포장	1993	의병	고성	의병으로 전북 일대에서 활동. 1907년 5□ 월 경 의병에 참여하여 전북 일대에서 항 일 무장투쟁을 전개.
장학순 (張學順)	건국포장	1993	3·1운동	남해	1919년 4월 3일에서 4일에 걸쳐 남해읍 장 터에서 전개된 독립만세운동에 참가함.
전기수 (田器秀)	건국포장	1993	만주·노 령방면	창녕	1919년 이후 중국 봉천성(奉天省) 환인현 (桓仁縣) 상류하(上留河)에서 대한독립단 통신원으로 활동하다. 1920년 11월 15일 일 본군에 피체되어 11월 23일 부대원아(不大 遠兒)에서 피살 순국함.
전문식 (全文植)	애족장	2010	의병	거창	1908년 10월 유종환의병대에 참여하여 전 북 무주 지역에서 군자금 모집 등의 의병 활동을 전개하다가 체포됨.
전병건 (全秉健)	애족장	1990	3·1운동	양산	1919년 3월 27일 양산 장날 독립만세시위 에 참가함.
전병철 (全秉哲)	건국포장	1993	학생운동	밀양	일제 말기 부산제2상업학교 재학시에 징 병 기피투쟁과 울산비행장 근로작업시에 태업을 주동하는 등 반일투쟁을 전개함.
전석구 (全錫九 (五成))	건국포장	1993	3·1운동	합천	1919년 3월 파리장서(巴里長書)에 서명 날 인함.
전석윤 (全錫允 (錫鐸))	건국포장	1993	3·1운동	합천	1919년 3월 파리장서(巴里長書)에 서명 날 인함.
전성범 (全聖範 (全珠大))	애족장	1990	의병	함양	의병활동함. 1909년 2월 안의에서 그리고 4월 거창에서 적과 격전을 전개하여 많은 전과를 거두었으나, 1911년 1월 양악(전북 장수군 계북면)에서 적과 교전중 체포됨.
전영수 (田永秀)	건국포장	1993	일본방면	의령	일본 대판중학교의 야간부에 고학으로 재 학중인 1941년 9월 독립운동에 투신하기 로 결심함.

전용선 (田溶璿)	대통령 표창	1983	3·1운동	의령	1919년 3월 14일 의령읍 장날 독립만세운동을 주동함.
전용헌 (田溶憲)	건국포장	2006	국내항일	김해	김해에서 독립운동을 위하여 동지를 규합하고 자금을 모으는 등의 활동을 전개함..
전재완 (全在完)	애족장	2011	국내항일	마산	1919년 3월 10일 마산 추산사정(騶山射亭)에서 독립만세시위를 거행키로 결정하고, 당일에 배부할 전단을 인쇄하고 시위에 참가함. 출옥 후 1920년 12월 마산에서 조국독립을 목적으로 한 비밀결사 용진단(勇進團)을 조직하고 단장이 됨. 1921년 2월경 창원군에서 청산리전투 소식을 기재한 격문 수백 매를 작성하여 시내에 배포함.
전중진 (全中鎭)	애족장	1999	국내항일	의령	1914년 8월 의령군 정곡면에서 소위 토지조사사업을 반대하며 항일활동을 전개함.
전태만 (田泰萬)	대통령 표창	1993	3·1운동	의령	1919년 3월 15일 의령향교(宜寧鄕校) 앞 만세시위에 참여함.
정각규 (鄭恪圭)	대통령 표창	1992	3·1운동	합천	1919년 3월 19일 합천군 삼가읍 장날 독립만세시위에 참여함.
정갑권 (丁甲權)	대통령 표창	2008	3·1운동	고성	1919년 3월 고성군 고성읍에서 독립만세운동을 전개하다 체포됨.
정규섭 (鄭奎燮)	대통령 표창	2010	학생운동	진주	1943년경 진주군 소재 진주공립중학교 재학 중 광명회(光明會) 조직. 광명회는 독서써클로 우리 역사를 공부, 토론하고 일제에 저항할 수 있는 투쟁을 전개하기로 결의한 단체임.
정규환 (鄭圭桓)	건국포장	1999	국내항일	함양	1919년 11월 함양군을 무대로 독립운동자금 모집 활동을 전개
정낙영 (鄭洛榮)	대통령 표창	1992	3·1운동	하동	1919년 3월 20일 남해군 남해읍 장날 독립만세시위에 참여하다 체포됨.
정남시 (鄭南時)	애족장	1990	3·1운동	하동	1919년 3월 29일 하동군 옥종면 월횡리에서 독립만세시위를 주동함.
정대필 (鄭大弼)	애족장	1990	3·1운동	거창	1919년 3월 22일 거창읍 장날 독립만세운동을 주동함.
정덕수 (丁德秀)	애족장	1990	일본방면	고성	일본유학중인 1941년 2월에 조국독립을 위해 목숨을 바치기로 맹세함. 8월에는 강연중과 함께 활동조직으로서 항일결사 조선독립청년당을 결성함.
정두규 (鄭斗奎)	애족장	1990	국내항일	합천	1921년 2월경 의열단에 가입하여 군자금 모집활동전개.
정두명 (鄭斗明)	애족장	1990	국내항일	고성	1928년 진주사범학교의 독서회 조직활동에 참여함. 1933년 10월 4일 교육노동조합에 가담.
정두은 (鄭斗殷)	대통령 표창	1993	국내항일	합천	1920년 12월 서울 종로 중앙기독교청년회관에서 조선청년회연합회가 개최되었는데, 이때 합천군 초계 청년회 대표로 참석함.
정두희 (鄭斗禧)	애족장	1990	국내항일	합천	1919년 의열단에 가입하여 군자금 모집 활동전개.

정래붕 (鄭來鵬 (箕和))	건국포장	1993	만주 · 노 령방면	합천	만주로 건너가 1919년 길림(吉林)에서 군 정서(軍政署) 조직에 참여하고, 군자금 조 달 및 무기공급 등의 활동 전개.
정막래 (丁莫來)	대통령 표창	2008	3 · 1운동	통영	1919년 4월 2일 오전 10시 경 통영군 통영 면 길야정 기생조합소(妓生組合所)에서 기생들과 함께 기생단을 조직. 동일 오후 3시 반 경 통영면 부도정(敷島町)에 나가 서 수천명의 군중과 함께 독립만세운동을 전개함.
정맹일 (鄭孟逸)	대통령 표창	2006	국내항일	통영	안정사 승려로 수원 용주사 친일 주지 강 대련를 불교계에서 몰아내는데 앞장섬.섰 다.
정몽석 (鄭夢錫)	애족장	1993	3 · 1운동	하동	1919년 3월 18일 진주군 진주면 장날 독립 만세시위에 참가하다 체포됨.
정몽호 (鄭夢虎)	애족장	1990	3 · 1운동	남해	1919년 4월 3 · 4일에 걸쳐 남해읍 일대 독 립만세운동을 주동함.
정문용 (鄭文鎔 (鄭乂 秀))	건국포장	1993	3 · 1운동	산청	1919년 3월 20일 신등면 단계리 장날과 21 일의 단성면 성내리 장날 독립만세운동을 주동함.
정방직 (鄭邦直 (鄭演彪))	애족장	1990	3 · 1운동	합천	1919년 3월 18일 삼가읍 장날 독립만세운 동을 주동함.
정상정 (鄭相正)	건국포장	1993	3 · 1운동	하동	1919년 4월 6일 고전면 주교리 장날 독립 만세운동을 주동함.
정섬기 (鄭暹基)	대통령 표창	1992	3 · 1운동	하동	1919년 4월 23일 하동군 양포면 장암리 장 날 독립만세시위를 주도함.
정성기 (鄭聖基)	건국포장	1993	국내항일	사천	삼천포적색노동조합사건에 연루되어 체포 됨.
정성기 (鄭成基)	건국포장	1993	3 · 1운동	하동	1919년 3월 23일 하동읍 장날 독립만세운 동을 계획하고 주도함.
정성수 (丁性洙)	대통령 표창	2011	1935. 9. 12	남해	1932년 9월 진주공립고등보통학교 재학 중 동료들과 일제 타도와 신사회 건설을 위해 토론, 협의함. 동년 10월초 교내위원 회라는 독립운동 비밀결사 조직.
정세권 (鄭世權)	애족장	1990	국내항일	고성	1923년 1월 조선물산장려회가 발기되자 적극 참가하여 서울 지회를 설립함. 1927 년 신간회가 창립되자 서울지회에서 활약. 1935년 서울 화동에 있는 2층 건물과 부속 대지를 조선어학회 사무소용으로 기증.
정세기 (鄭世基)	대통령 표창	1992	3 · 1운동	하동	1919년 3월 13일 하동읍 장날 독립만세 시 위운동에 참가하다 체포됨.
정소수 (鄭小秀)	애족장	2000	국내항일	합천	1927년 2월 사회과학을 연구하는 강좌회 에 참여하며 사회주의 이론을 접하면서 점차 민족주의 사상을 근거로 하는 사회 주의 혁명운동을 통한 독립운동을 모색함. 1927년 11월 학우들과 함께 구화회(丘火會) 라는 비밀결사를 조직함.

정순길 (鄭淳吉)	대통령 표창	1992	3·1운동	함양	1919년 3월 28일 함양군 함양읍 대한독립 만세 시위하다가 일경에 체포됨.
정순조 (鄭陃順祚)	애족장	1990	3·1운동	남해	1919년 4월 3·4일에 걸쳐 남해읍 일대의 독립만세운동을 주동함.
정영필 (鄭永弼)	건국포장	1993	의병	거창	1908년 함양을 거점으로 의거하여 항일운 동을 전개한 문태서 의병대에 입대하여 함 양·거창·김천(金泉) 등지에서 적과 접전 하여 많은 전과를 올림. 거창읍 가지리 전 투에서 왜적과 교전하던 중 전사 순국함.
정용교 (鄭鎔交)	애족장	1990	3·1운동	남해	1919년 4월 3·4일에 걸쳐 남해읍 일대의 독립만세운동을 주동함.
정용길 (鄭鎔吉)	애족장	1990	3·1운동	진주	1919년 3월 18일 진주 장날 독립만세운동 을 주동함.
정운조 (鄭云朝)	대통령 표창	2006	3·1운동	창원	1919년 4월 창원군 웅동면 독립만세시위 참여함.
정원익 (鄭轅益)	건국포장	1993	3·1운동	의령	1919년 3월 14일 의령군 의령읍에서 일어 난 독립만세운동에 참가함.
정익주 (鄭益周)	애족장	1990	3·1운동	남해	1919년 4월 3·4일에 걸쳐 남해읍 일대의 독립만세운동을 주동함.
정임춘 (鄭任春)	애족장	1990	3·1운동	남해	1919년 4월 3·4일에 걸쳐 남해읍 일대의 독립만세운동을 주동함.
정재기 (鄭在基)	대통령 표창	2008	3·1운동	하동	1919년 3월 27일 하동군 고전면 주교리 시 장에서 독립만세를 고창하도록 권유하고, 3월 28일 하동읍내의 장날 행인들에게 독 립만세를 고창하도록 역설함.
정재모 (鄭裁模 (鄭陿裁模))	애족장	1990	3·1운동	남해	1919년 4월 4일 남해 장날 1천여 명의 군 중과 함께 시위에 참여함.
정재옥 (鄭在玉)	대통령 표창	1992	3·1운동	하동	1919년 4월 7일 하동군 청암면 평촌리에서 김기범과 같이 독립만세 시위운동을 계획 하고 시위에 참여하다 체포됨.
정재운 (鄭在雲)	대통령 표창	1992	3·1운동	하동	1919년 3월 29일 하동군 진교면 진교리 장 날 독립만세를 고창하며 진교주재소 앞까 지 진출하여 시위행진을 벌임.
정재원 (鄭在元)	건국포장	1999	국내항일	함양	1919년 11월 함양군을 무대로 독립운동자 금 모집활동을 전개함.
정점시 (鄭點時 (鄭點是))	애족장	1990	3·1운동	합천	1919년 3월 21일의 초계면 초계리 장날 독 립만세운동에 참여함.
정종주 (鄭종柱)	애족장	2006	국내항일	사천	1929년 9월 삼천포에서 동지들과 함께 사 회제도를 개혁할 목적으로 용산독서회를 조직하고, 사회과학을 연구하며 야학회 활 동을 함. 1934년 삼천포에서 '농민운동그 룹'을 조직.
정종호 (鄭鍾浩)	건국포장	2002	농촌계몽 운동	사천	1937년부터 야학을 통해서 1938년 1월경 까지 야학학생들에게 현 사회제도하에서 농민빈궁의 실상 및 그 원인을 사회주의 이론에 기초하여 설명하는 등의 활동전개.

294

정주봉 (鄭周奉)	건국포장	1993	3·1운동	양산	1919년 3월 27일 양산읍 장터 만세시위주도함
정주식 (鄭周植)	애족장	1990	일본방면	합천	1942년 일본 대판(大阪)에서 산양상업학교(山陽商業學校)에 재학하고 있던 중 민족의식의 고양과 동지규합에 힘쓰다가 1943년 12월 25일 일경에게 체포됨.
정주영 (鄭鑄永)	애족장	2000	국내항일	합천	1933년 3월 28일 마산만의 배위에서 교내 일본어 상용 반대 등 35개항의 행동강령을 채택한 후 교육노동자협의회를 조직.
정준교 (鄭準敎)	애족장	1990	3·1운동	진양	1919년 3월 18일의 진주 장날 독립만세운동을 주동함
정진영 (鄭鎭永)	건국포장	1993	국내항일	양산	1932년 3월 16일 양산군 양산농민조합원의 구금에 항의하여 조합원들과 함께 경찰서를 습격하는 등의 활동을 하다 체포됨.
정찬진 (丁贊鎭)	건국포장	1993	일본방면	통영	1923년 일본 동경(東京)에서 원심창(元心昌) 등과 함께 무정부주의 항일결사 흑우회(黑友會)를 조직하고 동흥노동조합(東興勞動組合)을 통하여 무정부사회의 실현과 항일독립운동을 위해 활동.
정태륜 (鄭泰侖 (鄭泰倫))	애족장	1993	3·1운동	산청	1919년 3월 20일 산청군 신등면 단계리 장터에서 만세시위행진 전개함.
정태섭 (鄭泰燮)	대통령 표창	2009	3·1운동	합천	1919년 3월 서울의 3·1운동을 목격하고 합천군으로 독립선언서 500매를 가져와 비밀리에 합천군내 각 면에 배부함. 3월 20일 합천군 창리 장날 만세시위 전개함.
정태술 (鄭泰述)	애족장	2006	일본방면	사천	일본에서 민족 차별에 반대하여 노동운동을 전개하다 체포됨. 1932년 9월 부산에 있는 친일단체 내선보국회 간부 처단 계획에도 참가함. 1933년 석천현, 복정시(福井市)로 들어가서 석천·복정지구 조직 재건운동 전개함.
정판백 (鄭判伯)	애족장	1990	3·1운동	합천	1919년 3월 21일의 초계면 초계리(草溪面草溪里) 장날 독립만세운동에 참여함.
정학순 (鄭學淳)	애족장	1990	3·1운동	남해	1919년 4월 3일·4일에 걸쳐 남해읍 일대의 독립만세운동을 주동함.
정한영 (鄭漢永)	애족장	1992	학생운동	사천	1930년 1월 16일, 진주군 진주읍 소재 진주고등보통학교 2학년에 재학중 학우들과 광주학생시위운동에 호응하여 독립만세운동을 펴기로 뜻을 모음. 1월 17일 진주읍내 각 학교를 순회하면서 독립만세를 벌임
정현규 (鄭鉉奎)	애족장	1990	일본방면	함안	1943년 2월 하순 일본 명고옥(名古屋)에 소재하는 소화정기공업소(昭和精機工業所)의 철공으로 있었는데, 일제에 봉기하여 조국독립을 쟁취하여야만 된다는 것을 역설함.
정호시 (鄭灝時)	애족장	2008	국내항일	합천	1942년 합천에서 항일 관련 언설을 퍼뜨렸다고 소위 치안유지법 위반으로 체포됨.

정홍권 (鄭弘權)	대통령 표창	1995	국내항일	합천	1919년 9월 상해 대한민국임시정부에 대한 군자금 모집활동 등 지원활동을 펼침. 군자금 모집 활동을 폈다.
정흥조 (鄭興祚)	애족장	1990	3·1운동	남해	1919년 4월 3·4일에 걸쳐 남해읍 일대의 독립만세운동을 주동함
제갑석 (諸甲錫)	대통령 표창	1977	3·1운동	진양	1919년 3월 25일의 문산면 소문리 장날 독립만세운동을 주동함.
조강제 (趙崗濟)	건국포장	1993	학생운동	함안	대구사범학교 재학중인 1940년 11월 30일에 항일결사 문예부에 가입하여 활동.
조경규 (趙璟奎)	건국포장	1993	3·1운동	함안	1919년 3월 20일 군북면 군북 장날 독립만세운동을 주동함.
조경식 (趙璟植)	애족장	1990	3·1운동	함안	1919년 3월 20일 군북면 군북 장날을 이용하여 독립만세운동을 주동함.
조계승 (曺啓承)	애족장	1990	3·1운동	함안	1919년 3월 19일 함안읍 장날 독립만세운동을 주동함
조균구 (曺均九 (曺均永))	건국포장	1992	3·1운동	의령	1919년 3월 20일 의령군 상정면(上井面) 덕교리(德橋里) 독립만세운동을 전개함.
조균수 (曺均壽)	건국포장	1992	3·1운동	의령	1919년 3월 20일 의령군 상정면(上井面) 덕교리(德橋里) 독립만세운동을 주도함.
조기섭 (趙奇攝)	건국포장	1993	의병	하동	1908년경 이성로(李成魯)의병대에 참여하여 대일항전을 전개
조동규 (趙銅奎)	애족장	1990	3·1운동	함안	1919년 3월 20일 군북면 군북 장날을 이용하여 독립만세운동을 주동함
조두환 (曺斗煥 (曺均斗))	건국포장	1993	3·1운동	의령	1919년 3월 20일 밤 창령군 상정면 덕교리 독립만세운동 전개함.
조무준 (趙武駿)	애족장	1990	일본방면	하동	1941년 1월 일본 구주의학전문학교(九州醫學專門學校) 3학년에 재학중하 일본으로 유학온 한국인 학생들에게 민족독립의식을 고취하는 한편 동지규합을 위하여 활동활.
조문대 (趙汶大)	대통령 표창	1995	국내항일	창원	1942년 7월경 창원군 창원면 동정리 소재 창원신사(昌原神社) 뒤 숲속에서 비밀결사 청년독립회 조직하여 신사참배 거부운동을 전개
조병구 (曺秉球)	애족장	1990	국내항일	양산	1939년 4월 1일 양산 통도중학교 교사로 재직 중 학생들에게 일본의 역사와 국체를 부인하고 창씨개명 반대 및 일본어 사용금지 등 배일사상과 민족의식을 고취함.
조삼준 (趙三俊 (趙三準))	대통령 표창	1992	3·1운동	창녕	1919년 3월 13일 창녕군 영산읍에서 결사단(決死團)을 조직하여 독립만세 시위운동을 계획하고 전개함.
조상규 (趙相奎)	애족장	1990	3·1운동	함안	1919년 3월 20일 군북면 군북 장날 독립만세운동을 주동함.
조석규 (趙碩奎)	애족장	1990	3·1운동	함안	1919년 3월 20일 군북면 군북 장날 독립만세운동을 주동함.
조성규 (趙聖奎)	애족장	1990	3·1운동	함안	1919년 3월 20일 군북면 군북 장날 독립만세운동을 주동함.

조성기 (趙性基 (巳守))	건국포장	1993	3·1운동	함안	1919년 3월 20일 군북면 군북천변에서 전개된 독립만세운동에 참가함
조영우 (趙鏞宇)	애족장	2007	3·1운동	김해	1919년 4월 12일 김해군 장유면 무계리 독립만세운동을 주도함.
조구구 (趙鏞九)	애족장	1990	3·1운동	함안	1919년 3월 20일 군북면 군북 장날 독립만세운동을 주동함.
조용규 (趙龍奎)	애족장	1990	3·1운동	함안	1919년 3월 19일 함안읍 장날 독립만세운동을 주동함.
조용대 (趙鏞大)	건국포장	1993	3·1운동	함안	1919년 3월 20일 군북면 군북 장날 독립만세운동을 주동함.
조용석 (趙鏞錫)	대통령 표창	2002	독립만세 운동	함안	1919년 3월 5일 서울 경신학교 3학년에 재학 중 서울역 독립만세운동 참가함.
조용섭 (趙鏞燮)	건국포장	1993	3·1운동	함안	1919년 3월 20일의 군북면 군북 장날 독립만세운동을 주동함.
조용성 (趙鏞聲 (趙渭大))	애족장	1993	3·1운동	함안	1919년 3월 19일 함안군 함안읍 장날 독립만세운동을 벌이기로 계획하고, 시위에 참가함.
조용원 (趙鏞元)	대통령 표창	1996	3·1운동	함안	1919년 3월 19일 함안읍 장날 독립만세운동에 참가함.
조용태 (趙鏞台)	건국포장	1993	3·1운동	함안	1919년 3월 29일 군북면 군북 장날 독립만세운동을 주동함.
조용호 (趙鏞浩)	건국포장	1993	3·1운동	함안	1919년 3월 20일 군북면 군북 장날 독립만세운동을 주동함.
조우식 (曺友植)	애족장	1990	국내항일	밀양	1942년 일제의 식민교육정책을 비판하고 항일투쟁을 전개하기로 결의함. 1943년 겨울에 항일결사 학생건국위원회를 조직하여 일본 해군 요새지인 마산, 진해방면의 군사시설을 탐지하여 연합군에 정보제공함.
조우제 (趙佑濟)	애족장	1997	3·1운동	사천	1921년 진주청년회 의사(晋州靑年會議事), 1922년 조선노동공제회 진주지회 임시의장, 1927년 신간회 진주지회 간사 등을 맡으며 항일활동을 전개함.
조원갑 (曺元甲)	애족장	2010	국내항일	창원	1930년 8월 28일 저녁 창원군 웅천지역의 청년들은 격문을 살포하였는데, 창원청년동맹웅동지부 집행위원으로서 제2차 격문 살포운동에 참여했다. 1934년에는 경남도 내의 각 농촌과 공장지대를 대상으로 항일운동을 전개하다 체포됨.
조윤호 (曺潤鎬)	대통령 표창	2007	3·1운동	창원	1919년 3월 23일과 4월 2일 창원군 창원읍 독립만세운동에 참여함.
조이록 (曺二錄)	건국포장	1993	3·1운동	거창	1919년 3월 22일 거창읍 장날 독립만세운동을 주동함.
조재우 (趙在祐)	애족장	1990	3·1운동	함안	1919년 3월 19일 함안읍 장날 독립만세운동을 주동함.
조재학 (曺在學)	건국포장	1993	의병	의령	1906년 태인·진안등지에서 의병운동을 전개함. 1913년 임병찬과 함께 독립의군부(獨立義軍府)를 조직하여 활약함. 1919년 3월 파리장서에 유림대표로 서명함.

조정래 (趙正來)	애국장	2008	국내항일	하동	1932년초 조선공산주의자협의회에서 활동. 8월 이후 서울에서 조국의 독립과 신사회 실현을 목적으로 조선반제동맹 · 적색노동 조합을 조직할 것을 협의하고 '오르그연구 회'를 조직함. 1932년중순 태평양연안국 반 제국주의민족대표자대회에 참가함.
조정환 (曺正煥 (曺珍))	애족장	1990	국내항일	김해	1910년 이후 개혁자강과 실력양성으로 독 립운동을 전개해야 한다고 강조함. 3 · 1운 동 이후 만주로 건너가 대한독립단에 가 입함.
조주규 (趙周奎)	건국포장	1993	3 · 1운동	함안	1919년 3월 20일 군북면 군북 장날을 이용 하여 독립만세운동을 주동함.
조진찬 (曺振瓚)	건국포장	2010	미주방면	김해	1908년 이후 미국 네브라스카주에 설립된 소년병학교에서 군사교육을 받고, 이후 학 도를 양성함.
조창규 (趙昌奎 (趙點守))	애족장	1990	3 · 1운동	함안	1919년 3월 20일 군북면 군북 장날 독립만 세운동을 주동함.
조철규 (趙喆奎)	건국포장	1993	의병	의령	동생 조연규와 함께 1909년 초 자신의 집 에 총 2정과 도(刀) 1진(振) 등 의병의 무기 를 은닉하여 의병에 대한 지원활동을 전 개함.
조학제 (趙鶴濟)	애족장	1990	문화운동	하동	일본 동경의 조도전(早稻田) 대학에 재학 중 1925년 6월 조선청년총동맹 동경지부 의 집행위원장을 맡아 항일독립운동에 참 여하였는데, 재일(在日) 한국인 학생조직 을 규합하여 일본내 학생운동의 기간체 (基幹體)를 확보하고자 했음.
조한국 (趙漢國)	애족장	1990	3 · 1운동	함안	1919년 3월 19일 함안읍 장날 독립만세운 동을 주동함.
조한휘 (趙漢輝)	애족장	1990	3 · 1운동	함안	1919년 3월 19일 함안읍 장날 독립만세운 동을 주동함.
조항래 (趙恒來)	애족장	1990	3 · 1운동	김해	1919년 4월 12일 장유면 무계리 독립만세 운동을 주동함.
조현규 (趙顯珪 (趙鄖陞))	건국포장	1995	3 · 1운동	산청	1919년 3월 파리장서에 서명함.
조형규 (趙炯奎)	애족장	1990	3 · 1운동	함안	1919년 3월 파리장서에 서명함.
조호진 (趙虎振 (趙鎬振))	건국포장	1993	3 · 1운동	함안	1919년 3월 20일, 군북면의 만세운동을 주 도하다 총탄에 맞아 현장에서 순국함.
조희순 (曺喜舜)	대통령 표창	1993	3 · 1운동	창원	1919년 3월 23일 창원군 창원읍 독립만세 시위운동에 적극 참여함.
주경문 (朱敬文. 倂五)	애족장	2002	국내항일	통영	1927년 3월 친일파 도평의원(道評議員) 김 기정(金淇正)을 응징하는 시민대회를 개 최함.

주기철 (朱基撤)	독립장	1963	국내항일	창원	1938년 9월 일제의 강요와 탄압에 굴복하여 전국 장로회총회가 신사참배를 가결하자 정면으로 대항하며「일사각오(一死覺悟)」라는 제목의 설교를 하며, 신사참배를 거부에 나섬. 1944년 4월 21일 옥중에서 순국함.
주남고 (朱南皋)	건국포장	1993	국내항일	거창	1938년 12월 거창교회 목사로 있으면서 신사참배 반대운동을 계속함. 1940년 1월 경남일대의 각 교회를 순회하면서 이를 강조하는 모임을 이끌다 체포됨
주남수 (朱南守)	애족장	1990	국내항일	거창	1919년 8월 형 주남고(朱南皋)의 권유로 만주군정서에 의용병으로 파견됨. 1921년 9월에 만주에서 독립군으로 활약하던 중 순국하였다고 함.
주병화 (朱炳和 (朱炳甲))	대통령 표창	1995	국내항일	진해	1923년 6월 진해에서 진해소작회를 조직하여 농민운동을 전개함. 1927년 10월 17일 신간회 창원지회를 설립하고 초대 회장에 선임됨.
주쇠이 (朱釗伊)	건국포장	1993	3 · 1운동	산청	1919년 3월 20일 신등면 단계리 장날과 3월 21일 단성면 성내리 장날 독립만세운동을 주동함.
주순이 (朱順伊)	대통령 표창	2009	국내항일	통영	1927년 경남 도평의원으로 있던 친이파 김기정(金淇正) 시민징토대회를 주최함.
주영호 (周泳鎬 (周永鎬))	대통령 표창	1993	3 · 1운동	함안	1919년 3월 24일 함안군 칠원읍 만세운동을 전개했으며, 4월 3일 2차 의거에서도 경찰주재소를 습격하다 경찰에 체포됨.
주종찬 (朱宗贊)	애족장	1998	3 · 1운동	통영	1919년 4월 3일 거제군 이운면 옥포리에서 전개된 독립만세운동을 주도함
지용준 (池龍俊)	대통령 표창	1992	3 · 1운동	양산	1919년 3월 17일에서 19일에 걸쳐 동래군 범어사 지방학림의 생도로서 독립만세 시위운동 참가하다 체포됨.
진택현 (陳宅賢)	대통령 표창	2009	3 · 1운동	합천	1919년 3월 23일 합천군 삼가시위 적극 가담.
진평헌()	애족장	1990	3 · 1운동	통영	1919년 3월 13일 통영읍 독립만세운동을 계획하고, 격문 등사과정에서 경찰에 체포됨.
차은표 (車恩表 (車隱豹))	건국포장	1993	의병	거창	1907년 9월 전북 순창에서 일어난 김동신(金東臣) 의병장의 비장(裨將)으로 활약함. 1908년 6월 8일 비장출신 성문길(成文吉)과 함께 500여 명의 의병을 인솔하고 경북 성주지방에서 크게 활약하다 전사순국함.
천재환 (千載桓)	애족장	1990	국내항일	고성	1919년 3월 서울중동학교를 졸업하고. 3 · 1독립운동에 참가함. 1920년 1월 제정 러시아군의 하사관으로 임명되어 활동하였고, 동년 11월에는 대한독립단에 입단하여 독립군으로 활약함.

최광(崔 廣(崔秉 璜))	건국포장	1993	만주·노 령방면	의령	1910년 러시아로 망명해 동년 8월 일제의 한국 병탄(倂呑)의 부당성을 규탄하고 이 의 무효를 선언한 성명회 선언서가 발 될 때 서명하여 항일의지를 천명함.
최금경(崔 金莖 (鳳植) (良))	건국포장	1993	국내항일	남해	1930년 7월 재동경조선유학생학우회의 5 개 순회강연반 가운데 중앙반 연사로서 전국 순회강연을 함. 1931년 7월 6일 만보 산사건이 조선총독부의 실정에서 비롯되 었음을 알리는 격문 약 2,000매를 인쇄함.
최기복 (崔基福)	애족장	1990	3·1운동	양산	1919년 4월 5일 양산읍 기장읍 장날 독립 만세운동을 주도함.
최낙종 (崔洛鍾)	건국포장	1993	일본방면	고성	1919년 3월 20일 고성군 구만면의 국천(菊 川)모래 사장에서 군중과 함께 봉기함. 3 월 21일 「한인관리 퇴직권고문(韓人官吏 退職勸告文)」을 구만면 면사무소에서 첨 부하고, 다음날 각 도·군의 관공서에 발 송함.
최내홍 (崔乃洪)	건국포장	1993	의병	창원	의병으로 전북 일대에서 활동함. 1908년 1 월 경에는 80여 명의 의병과 함께 전북 김 제(金堤)를 습격함.
최달수 (崔達守)	건국포장	2007	국내항일	양산	1931년 4월 창립한 양산농민조합에 가입 하여 양산지역 농민운동에 참여함.
최동락 (崔東洛)	건국포장	1993	3·1운동	창원	1919년 3월 21일 마산에서 기독교 인사들 과 창신·의신학교 학생들을 중심으로 전 개된 독립만세운동에 참가함.
최명석 (崔命錫)	애족장	1996	국내항일	사천	1933년 3월 부산에서 비밀결사인 경남교 육노동자협의회를 결성하고, 학생들에게 민족교육을 실시하는 등 항일운동을 전개 함. 1933년 3월 29일 교육노동자협의회를 조직함.
최범술 (崔凡述)	애족장	1990	3·1운동	사천	1919년 3월 독립선언서를 만여매 인쇄하 여 합천·의령·진주·사천 등 일대의 책 임을 맡아 배포하면서 해인사를 중심으로 한 만세시위를 주동함. 1931년 3월 한용 운이 불교계의 비밀결사인 卍당을 조직하 자 이에 가입 활동함.
최병규 (崔秉圭)	애족장	1990	3·1운동	의령	1919년 3월 14일 의령읍 장날 독립만세운 동을 주동함.
최봉기 (崔鳳基)	건국포장	2005	국내항일	남해	1933년 5월 남해공산주의자전위동맹 조직 하여 조선공산당 재건과 농민 계층의 계몽 및 권익 옹호를 위한 항일운동을 전개함.
최봉선 (崔鳳善 (崔鳳 仙))	애족장	1992	국내항일	마산	1919년 3월 21일 마산의신학교, 창신학교 학생들과 장터에 모인 군중까지 3,000여 명을 헤아리는 시위군중과 함께 독립만세 를 고창함.
최봉용 (崔奉用 (崔松 直))	대통령표 창	1992	3·1운동	창녕	1919년 3월 13일 창녕군 영산읍에서 결사 단을 조직하여 독립만세 시위운동을 계획 하고 독립만세를 고창하다 체포됨.

최봉조 (崔奉祚)	건국포장	2011	만주방면	사천	1928년 4월 중순경 요녕성(遼寧省) 봉천(奉天)에서 김여련(金汝璉) 등과 함께 군자금 모금을 계획함.
최부근 (崔富根 (崔鶴柱))	애족장	1990	국내항일	통영	1921년 5월 17일 통영군 통영읍 문화동에서 독립쟁취를 계획하고 5월 29일 항일격문 다수를 인쇄하여 주민들에게 배포하다 경찰에 체포됨.
최상림 (崔尙林)	건국포장	1993	국내항일	양산	1938년 9월 10일 조선예수교장로회에서 신사참배를 결의하였으나 끝까지 이를 거부함.
최석호 (崔碩鎬)	건국포장	1993	만주·노령방면	합천	1925년 3월 북만 영안현(寧安縣)에서 김좌진(金佐鎭) 등과 함께 신민부에 참가하여 참의원에 선출됨.
최세권 (崔世權)	애족장	2008	3·1운동	창원	1919년 4월 11일 창원군 천가면 가덕도에서 독립만세운동을 주도함.
최수봉 (崔壽鳳)	독립장	1963	의열투쟁	밀양	1920년 12월 27일 밀양경찰서 서장이 전 서원을 모아놓고 훈시한다는 정보를 입수하고, 즉시 폭탄을 찾아 경찰서에 투척함.
최여봉 (崔汝鳳)	애족장	2009	국내항일	김해	1927년 울산 언양에서 김해청년회 집행위원장, 1928년 신간회 김해지회간사로 활동함. 1931년 9월 적색농민조합동부위원회라는 비밀결사를 조직하여 책임자가 됨.
최연종 (崔演鍾)	애족장	1990	국내항일	사천	1943년 진해의 일본군 제51해군항공창에서 군속으로 근무하다 11명의 동지와 함께 친목을 가장한 항일결사 일심회(一心會)를 조직하여 한국인 노동자의 항일투쟁의식을 고취함.
최영순 (崔榮淳)	건국포장	2007	3·1운동	거창	1919년 3월 22일 거창군 가조면에서 독립만세운동을 주도하다가 체포됨.
최용규 (崔鏞奎)	애족장	1990	3·1운동	마산	1919년 마산 상남읍 독립만세운동을 주도함.
최용덕 (崔龍德)	애족장	1990	광복군	남해	중국 강소성(江蘇省) 소주(蘇州)에서 일본군을 탈출하여 광복군 제1지대 제2구대에 배속되어 항일운동을 전개하다가 광복을 맞음.
최용락 (崔龍洛)	건국포장	1993	3·1운동	합천	1919년 3월 23일 합천군 삼가면 삼가시장에서 일어난 독립만세운동에 참가함.
최우순 (崔宇淳)	건국포장	1993	의병	고성	1911년 3월 일본천황이 주는 은사금을 거부함. 일제 헌병이 돈을 받지 않으면 연행하겠다고 하므로 그날 자정 북방을 향하여 재배한 다음에 광복을 기원하며 독약을 마시고 자결함
최원형 (崔垣亨)	건국포장	1993	일본방면	사천	1941년 일제가 태평양전쟁을 도발하자 독립운동 자금을 마련하려다 경찰에 체포됨.
최정원 (崔正元)	건국포장	1993	국내항일	고성	1919년 3월 20일 고성군 구만면에서 만세운동을 주동함. 3월 21에는 고성읍에서 동지들과 함께 한인관리 퇴직권고문을 작성하여 각 군면에 발송함.

성명	훈격	연도	운동계열	지역	공적개요
최정학 (崔正學)	애족장	1990	3·1운동	의령	1919년 3월 14일 의령읍 장날 독립만세운동을 주동함.
최제학 (崔濟學)	애족장	1990	의병	하동	1905년 을사조약이 체결되자 조약의 무효화를 위하여 최익현의병대에서 활동함.
최종관 (崔鍾貫 (崔鍾寬))	대통령 표창	1993	3·1운동	밀양	1919년 3월 13일 밀양군 밀양읍 윤세주(尹世胄) 등과 함께 장날 독립만세시위를 계획하고 전개함.
최종근 (崔鍾根)	건국포장	1993	학생운동	밀양	1943년 5·6월경 창원)에서 조국 독립을 위한 목적으로 비밀결사를 결의함.
최창용 (崔昌鎔)	애족장	1990	3·1운동	양산	1919년 4월 5일 양산군 기장읍 장날 독립만세운동을 주도함.
최천(崔 天(崔學 騏))	애족장	1990	문화운동	통영	1927년 3월 경상남도 도평의원(道評議員) 친일파 김기정(金淇正) 징토시민대회(懲討市民大會)를 개최함.
최철룡 (崔喆龍)	애족장	1993	국내항일	마산	1927년 3월 마산에서 신간회 지회 설립을 위한 준비위원으로 활동함.
최한규 (崔翰奎)	애족장	1990	3·1운동	의령	1919년 의령군 부림면 신반리(富林面 新反里)에 거주하고 있었으며 이곳에서 전개된 독립만세운동을 주도함.
최해도 (崔海都)	건국포장	1993	국내항일	창원	1930년 경술국치기념일에 항일의식을 고취하는 격문을 배포함.
최현호 (崔鉉浩)	애족장	1990	3·1운동	김해	1919년 4월 12일 장유면 무계리에서 전개된 독립만세운동을 주동함.
추용만 (秋鏞滿)	건국포장	1993	3·1운동	합천	1919년 3월 20일 합천읍 독립만세운동을 주동하다 발사한 흉탄에 맞아 현장에서 순국.
추홍순 (秋鴻順)	대통령 표창	1997	3·1운동	하동	1919년 4월 6일 하동군 고전면 주교리 장날 독립만세운동에 참가함.
탁영래 (卓泳來)	애족장	1990	국내항일	충무	1941년 강제 지원병 1기생들을 동지로 규합하여 무력으로 일제에 항거할 것을 계획함.
팽동주 (彭東柱)	애족장	1993	국내항일	창원	1920년 2월 29일 야간에 「대한독립 1주년 기념 축하 경고문」이라는 제목의 등사판 유인물 30여 매를 마산(馬山) 시내의 노상에 뿌렸다가 일경에 체포됨.
팽삼진 (彭三辰)	애족장	1990	3·1운동	마산	1919년부터 1935년까지 동안 마산의 독립만세운동을 주동함.
하겸진 (河謙鎭)	애족장	1995	국내항일	진주	1919년 3월 파리장서에 서명함.
하계업 (河啓業)	대통령 표창	2011	일본방면	김해	하계업은 1943년 일본 북해도(北海道) 공란시(空蘭市) 소재 일본제철(日本製鐵) 윤서(輪西)제철소에 강제 동원되어 노동자로 일하던 중 민족의식을 고취하는 각종 격문을 작성하여 배포하는 하는 등의 활동을 전개함.
하동로 (河東老)	애족장	1993	국내항일	진주	1919년 4월 10일경 진주 읍내에서 경남단(慶南團)을 조직함.

하봉수 (河鳳壽)	건국포장	1995	3·1운동	진주	1919년 3월 파리장서에 서명함.
하상근 (河祥根)	애족장	1990	3·1운동	남해	1919년 4월 3·4일에 걸쳐 남해읍 일대 독립만세운동을 주동함.
하상세 (河相世)	애족장	1990	국내항일	창녕	1944년 6월 13일 일본의 군수공장인 원산 철도공장에 노력동원을 나간 것을 계기로 공장을 폭파하려다 일본헌병대에 체포됨.
하상운 (河相運)	애족장	1997	3·1운동	함안	1919년 3월 19일 함안읍 장날에 전개된 독립만세운동에 참가함.
하승현 (河升鉉 (河燦鉉))	건국포장	1993	3·1운동	함양	1919년 4월 2일 함양읍 장날 독립만세운동에 참가함.
하영규 (河靈圭)	대통령 표창	1992	3·1운동	창녕	1919년 3월 13일 창녕군 영산읍에서 결사단을 조직하여 독립만세 시위운동을 계획함.
하용제 (河龍濟)	애족장	1995	3·1운동	산청	1919년 3월 파리장서에 서명함.
하은호 (河銀浩)	대통령 표창	1992	3·1운동	창녕	1919년 3월 13일 창녕군 영산읍(靈山邑)에서 22명의 동지들과 함께 독립만세 시위운동을 펼 것을 계획하고 결사단(決死團)을 조직함.
하익봉 (河益鳳)	애족장	2010	학생운동	사천	1943년경 진주군 진주공립중학교 재학 중 광명회(光明會)를 조직함. 광명회는 독서 모임으로 우리 역사를 토론하고 일제에 투쟁을 결의한 단체.
하인출 (河仁出)	대통령 표창	2010	3.1운동	창원	1919년 4월 11일 창원군 천가면 가덕도 만세운동을 주도함.
하일로 (河一魯)	대통령 표창	1993	3·1운동	하동	1919년 3월 24일 하동군 옥종면 안계리 독립만세 시위운동을 결의하고 시위를 주도함.
하장환 (河章煥)	건국포장	1993	국내항일	진주	1926년 1월 김창숙(金昌淑)과 함께 군자금 모집 활동에 참여함.
하재연 (河在衍)	대통령 표창	2006	3·1운동	함양	1919년 3월 28일 함양읍 함양읍 시장에서 독립만세운동에 참여하였다가 총상을 입음.
하재익 (河在翼)	애족장	1990	3·1운동	함양	1919년 4월 2일 함양읍 장날 독립만세운동에 참가함.
하종진 (河鍾璡)	애족장	1990	국내항일	함양	1919년 3월 함양군 안의면 독립만세시위 참여, 1922년 10월 대구고보의 맹휴운동을 주동함.
하준호 (河準互)	애족장	1990	3·1운동	남해	1919년 4월 3·4일에 걸쳐 남해읍 일대 독립만세운동을 주동함.
하찬원 (河贊源)	애족장	1990	3·1운동	창녕	1919년 3월 1일 함안에서 독립만세운동에 참여함.
하치량 (河致亮)	애족장	1996	일본방면	사천	1942년 일본 대판(大阪) 북야(北野) 제2중학교 유학생으로 정승현(鄭承漢) 등 5명과 함께 항일결사인 백두회(白頭會)를 조직, 활동함.

한갑개 (韓甲開)	대통령 표창	1992	3·1운동	합천	1919년 4월 3일 오후 5시경에 합천군 가야 면 청현리 독립만세 시위운동을 계획하고 참여함.
한계수 (韓桂壽)	건국포장	1993	국내항일	진주	1930년 1월 17일 진주고등보통학교 1학년 재학 시 광주학생운동에 참여하여 학년주 모자(學年主謀者)로 활동함.
한관렬 (韓灌烈) (韓瓘烈)	애족장	1990	3·1운동	함안	1919년 3월 19일 함안읍 장날 독립만세운 동을 주동함.
한규상 (韓圭相) (韓判道)	애족장	1990	3·1운동	진주	1919년 3월 18일 진주 장날 독립만세운동 을 주동함.
한동선 (韓東善)	대통령 표창	2010	국내항일	양산	양산군에서 양산농민조합원의 구금에 항 의하여 조합원들과 함께 이들의 석방을 요구하다 투옥됨.
한봉근 (韓鳳根)	독립장	1980	의열투쟁	밀양	1919년 11월 조국의 독립투쟁을 목적으로 조직된 의열단(義烈團)에 가입하여 독립 운동에 적극 참여.
한봉삼 (韓鳳三)	건국포장	1993	국내항일	밀양	밀양합동노동조합에 가입해 간부로 활약 하면서 밀양지역 노동운동을 주도함.
한봉인 (韓鳳仁)	건국포장	1993	의열투쟁	밀양	만주로 망명하여 1919년 11월 길림성 호림 (吉林省 虎林)에서 의열단에 참여, 무력투 쟁을 통한 조국독립을 결의함.
한세홍 (韓世泓)	대통령 표창	2007	국내항일	통영	1944년 7월 통영 통영공립수산학교 3학년 에 재학중 한국인에 대한 일본인의 차별 대우, 근로봉사대 등을 통한 일제의 근로 동원 등을 비판함.
한일동 (韓一東)	애족장	1990	3·1운동	함안	1919년 3월 19일 함안읍 장날 독립만세운 동 주동함.
한임길 (韓林吉)	애국장	2006	의병	김해	1909년 6월 12일 곤양군 금양면 정재시 등 에게 군자금을 모금하다. 경찰에게 체포됨.
한종순 (韓鍾淳)	애족장	1990	3·1운동	함안	1919년 3월 19일 함안읍 장날 독립만세운 동을 주동함.
한종헌 (韓鍾憲)	애족장	1990	3·1운동	함안	1919년 3월 19일 함안읍 장날 독립만세운 동을 주동함.
한필동 (韓弼東)	대통령 표창	2009	3·1운동	합천	1919년 3월 3일 오후 1시경 삼가 시장으로 나가 '조선독립기(朝鮮獨立旗)'라고 쓴 깃 발을 흔들며 독립만세를 소리 높여 외치 며 군중을 격려함.
허경두 (許瓊斗)	건국포장	1993	3·1운동	거창	1919년 3월 22일 거창군 가조면 만세시위 운동에 참가함.
허만준 (許萬準)	애족장	1990	일본방면	의령	일본 대판 중학교 재학중인 1941년 9월에 민족차별에 분개하여 항일투쟁을 전개하 기로 결의함. 충성회(忠誠會)를 조직하여 항일활동함.
허신 (許 伸)	건국포장	1993	3·1운동	산청	1919년 3월 20일의 신등면 단계리 장날 과 3월 21일의 단성면 성내리장날을 이용 하여 독립만세운동을 주동함. 일본헌병의 야만적인 발포로 선두에 서서 만세운동을 이끌다 현장에서 순국함.

허위균 (許偉均)	건국포장	1993	국내항일	통영	1944년 7월 20일 통영수산학교 4학년 재학 중에 급우 10여명과 함께 소위 일본황실의 상징인 신전을 파괴하고 일본의 군사훈련과 징병제도를 반대하는 운동을 전개함.
허윤송 (許潤松)	애족장	1990	광복군	김해	광복군 제1지대에 입대하여 대적 선전공작 및 적정 수집 또는 일군 포로 심문 등을 담당하고, 유격전에도 참가함.
허장완 (許璋完 (許璋浣))	건국포장	1993	3·1운동	통영	1919년 3월 13일 통영읍 독립만세운동 계획함.
허재기 (許在其 (許在基))	애족장	1990	3·1운동	고성	1919년 3월 30일의 고성 회화면 배둔리 장날 독립만세운동 주동함.
허전 (許典)	건국포장	1993	3·1운동	함안	1919년 3월 평북 구성군(龜城郡)의 만세시위운동에 참여하였다가 피살 순국함.
홍두익 (洪斗益)	건국포장	1993	3·1운동	창원	1919년 4월 3일 삼진의거에 참여하다 일제의 야만적인 발포로 8명이 현장에서 순국하고 22명이 부상당하였는데, 이때 그도 흉탄에 맞아 순국함.
홍수원 (洪秀瑗 (洪基守))	애족장	1990	국내항일	진주	1919년 4월 진주 소재 광림학교(光林學校) 기숙사에서 비밀결사 혈성단(血誠團) 조직하여 단장이 됨.
홍재문 (洪在文)	건국포장	1993	3·1운동	밀양	1919년 4월 3일 부산지방의 독립만세운동을 주도함.
화진선 (化進宣)	대통령표창	2010	국내항일	하동	흠치교 교도로 독립을 위한 동지를 규합하다가 체포됨.
황귀호 (黃貴浩 (黃南勳))	대통령표창	1977	만주·노령방면	창녕	
황덕윤 (黃德允)	애족장	1990	국내항일	통영	1930년 12월 14일 신간회 통영지회 집행위원장으로 선임.
황만우 (黃滿宇)	대통령표창	1999	3·1운동	양산	1919년 3월 18일 범어사 학생 독립만세운동에 참가.
황문익 (黃文益 (黃永周))	애족장	1990	국내항일	밀양	1919년 3·1독립운동 후 만주로 건너가 흥업단(興業團)에 가입하였으며, 무송현(撫松縣) 백산학교(白山學校)에서 군사훈련을 받음.
황봉석 (黃奉石 (黃鳳石))	애족장	1995	국내항일	통영	통영(統營)에서 친일파의 매국적 발언을 응징하는 항일투쟁전개.
황상규 (黃尙奎)	독립장	1963	의열투쟁	밀양	1918년 만주 길림으로 망명하여, 김좌진 등과 함께 무오독립선언서(戊午獨立宣言書)를 발표하고, 1919년 4월 대한정의군정사(大韓正義軍政司)에 가담하여 회계과장 맡음. 1919년 11월 9일 김원봉 등과 함께 의열단 조직, 이후 신간회 중앙간부, 조선어학회 간부 등 역임. 그

황수룡 (黃守龍 (聖伊))	건국포장	1993	국내항일	고성	1924년 8월 마산에서 마산공산청년회라는 비밀결사 조직, 동년 10월 마산노농동우회(馬山勞農同友會) 위원으로 활동.
황영환 (黃英煥)	대통령 표창	2010	3.1운동	함안	함안군 칠원면 구성리(龜城里)만세운동 참가.
황종화 (黃鍾和)	건국포장	1993	국내항일	진양	1919년 3 · 1독립운동 당시 경남일대의 독립만세시위에 가담함. 1940년에는 창씨개명 반대활동벌임.
황진생 (黃鎭生)	건국포장	1993	국내항일	진양	1930년 1월 진주고등보통학교 재학시 광주학생항쟁에 호응하여 교내에서 동맹휴교를 주도함.
황찬숙 (黃贊淑)	애족장	1993	국내항일	김해	1930년 2월 15일 자택에서 「약소민족 제군에게 격(檄)함」이라는 제목으로 「아수와 같은 일본제국주의를 타도하라」등의 구호를 넣은 격문 작성.
황태익 (黃泰益)	애족장	1990	국내항일	창원	1919년 4월 1일 천도교인으로서 창원군 진전면 일암리에서 변상태 등과 시위군중 1,500여명을 지휘함. 1920년 6월에는 부산 축항기념축하회(釜山築港紀念祝賀會)에 참석코자 오는 총독부 정무총감 등 일제 고관을 처단하려 했으나 실패함.